运动训练理论与实践

YUN DONG　XUN LIAN　LI LUN　YU　SHI JIAN

李国忠　李晓通 ◎ 主编

人民体育出版社

图书在版编目（CIP）数据

运动训练理论与实践 / 李国忠, 李晓通主编. -- 北京 : 人民体育出版社, 2021（2024.12重印）
　　ISBN 978-7-5009-6020-1

　　Ⅰ.①运… Ⅱ.①李… ②李… Ⅲ.①运动训练—高等学校—教材 Ⅳ.①G808.1

　　中国版本图书馆CIP数据核字(2021)第047571号

*

人民体育出版社出版发行
三河兴达印务有限公司印刷
新 华 书 店 经 销

*

787×1092　16开本　13.5印张　294千字
2021年8月第1版　2024年12月第3次印刷

*

ISBN 978-7-5009-6020-1
定价：75.00元

社址：北京市东城区体育馆路8号（天坛公园东门）
电话：67151482（发行部）　　　邮编：100061
传真：67151483　　　　　　　　邮购：67118491
网址：www.psphpress.com
　（购买本社图书，如遇有缺损页可与邮购部联系）

编写组

主　编　李国忠　李晓通

副主编　和春云　鲁天学　刘正之

编　委　沈凌锟　陈恒兴　罗　斌　王多壮
　　　　　杜盈珏　李　沛　王冰川　邱伊凡
　　　　　雷朝兵　牟军东　滕海东　康祺炎
　　　　　宣红波　廖玉燕　郑　熠

前　言

随着中国体育及教育事业改革的深入，高校体育人才的培养面临着如何按"四有"好老师及"一践行，三学会"的总体要求、体育专业人才培养目标、定位和要求进行教育教学改革的新课题。基于这样的思考，本教材在系统总结整理国内外运动训练学最新理论成果的基础上，以运动训练理论学习效果与体育人才培养目标的达成度，体育人才培养目标、要求与国家和社会需要的达成度，运动训练理论知识与技能体系构建与专业能力培养的达成度为主要标尺，以运动训练典型理论在学校体育及体校训练中实际应用为核心，构建形成了体育教师及教练员从业必备的专业知识与能力体系。主要体现在三个方面：一是结合课程设计的整体要求，立足于学生的职业能力培训，梳理形成了运动训练三项基础目标。二是系统阐述了运动训练理论体系构建的依据，运动训练的基本原理、基本原则、基本方法。三是从宏观、中观、微观三个层面，针对运动员的科学选材、体能训练、技能训练、心理能力训练及参赛等问题进行了有针对性的论述及案例分析。本书既可以作为运动训练方向研究生及体育教育专业本科生的专业基础理论教材，也可以作为指导各级体校教练员从事运动训练工作的工具书。

当然，由于编者学识水平有限，在国内外有关运动训练新成果、新理论的梳理和介绍，运动训练典型案例选择和分析等方面需要进一步深入和完善。敬请各位方家批评指正！

李国忠
2020年9月22日

目　录

- **第一章**　绪　论　　　　　　　　　　　　　　　　　　　　　/ 001
  - 第一节　运动训练理论与实践概述　　　　　　　　　　　　　/ 002
  - 第二节　运动训练理论体系　　　　　　　　　　　　　　　　/ 004
  - 第三节　运动训练实践范畴　　　　　　　　　　　　　　　　/ 012

- **第二章**　运动训练的基本原则与方法　　　　　　　　　　　　/ 015
  - 第一节　运动训练的基本原则　　　　　　　　　　　　　　　/ 015
  - 第二节　运动训练的基本方法　　　　　　　　　　　　　　　/ 022
  - 第三节　运动训练的基本原则与方法的运用　　　　　　　　　/ 026

- **第三章**　运动员科学选材　　　　　　　　　　　　　　　　　/ 032
  - 第一节　运动员选材概述　　　　　　　　　　　　　　　　　/ 032
  - 第二节　运动员选材的目的与任务　　　　　　　　　　　　　/ 036
  - 第三节　运动员选材的应用与实施　　　　　　　　　　　　　/ 041

- **第四章**　运动员体能及训练　　　　　　　　　　　　　　　　/ 046
  - 第一节　运动员体能训练概述　　　　　　　　　　　　　　　/ 046
  - 第二节　运动员体能训练的内容　　　　　　　　　　　　　　/ 047
  - 第三节　运动员体能训练设计与实施　　　　　　　　　　　　/ 065

- **第五章**　运动员技术能力训练　　　　　　　　　　　　　　　/ 069
  - 第一节　运动技能训练概述　　　　　　　　　　　　　　　　/ 069
  - 第二节　运动技能训练的基本内容　　　　　　　　　　　　　/ 076
  - 第三节　运动员技能训练设计与实施　　　　　　　　　　　　/ 092

第六章 运动员战术能力训练 / 095
第一节 运动员竞技战术能力概述 / 095
第二节 运动员竞技战术方案内容及制定程序 / 101
第三节 运动员竞技战术能力设计与实施 / 108

第七章 运动员心理训练 / 117
第一节 运动员心理训练概述 / 117
第二节 运动员心理能力评价与训练的基本方法 / 125
第三节 运动员心理训练设计与实施 / 136

第八章 运动智能及其训练 / 139
第一节 运动智能概述 / 139
第二节 运动智能训练的基本要素 / 141
第三节 运动智能训练的设计与实施 / 144

第九章 运动训练活动的要素整合与过程控制 / 148
第一节 教练员素养及其行为要求 / 148
第二节 运动员角色意识培养及其行为规范 / 158
第三节 运动训练活动的过程控制与各要素互动 / 168

第十章 运动员竞赛调整与控制 / 178
第一节 运动员赛前准备 / 178
第二节 参赛过程控制 / 186
第三节 参赛总结与调整 / 200

参考文献 / 207

第一章 绪 论

随着我国现代社会高速发展，社会的不断进步，人们的价值取向逐步地由单纯的生存需要转化为包括健康、娱乐、交流及各项活动在内的多元需要，人们出于强身健体、文化交流的目的而参加的竞技活动现象越来越普遍。

竞技体育形成与发展的基本动因是多元的，圈内人士从生物学、心理学和社会学等不同的层面对竞技体育与人类社会的同步发展对竞技体育在世界范围内广泛开展及体育竞赛活动日益活跃的内在与外在因素作了进一步的分析。

现代竞技体育从运动选材、运动训练、运动竞赛和竞技体育管理等主要构成部分展开分析，我们认为社会经济文化的发展，科学的选材、运营的改善、有效的组织、科学系统的训练对竞技体育的发展起到了积极的推动作用。在运动训练过程中，人们从过去传统的单一性训练发展到对众多学科的综合运用。作为一个多学科训练理论支撑体系，进一步加快了运动训练的科学性与实效性，运动训练科学化前进的步伐永远不会停止，未来运动训练的科学化程度也必将会不断得到重视和提高。现代运动训练已经与经济和社会的发展，与科学技术的发展形成了一个不可分割的系统。

体育强国，就要把握体育强国梦与中国梦息息相关的定位，把体育事业融入实现"两个一百年"奋斗目标大格局中去谋划。我国推行"全面建设计划"和"奥运争光计划"以来，竞技体育的发展与群众体育的发展形成一个较好的协调机制，一方面竞技体育的发展推动了群众体育活动的开展；另一方面群众体育活动的开展也为竞技体育的发展创造了良好的社会环境。同时竞技体育的巨大的市场价值也必将给其从业者带来丰厚的经济效益。竞技体育的发展必会赢得广大人民群众的认可与支持，为其发展奠定坚实的基础，并在进一步推进我国社会主义经济与文化建设中画上浓墨重彩的一笔。

第一节　运动训练理论与实践概述

一、运动训练概念

2017年，田麦久主编的高等学校教材《运动训练学》中的定义为：运动训练是竞技体育活动的重要组成部分，是为了提高运动员的竞技能力和运动成绩，而专门组织的有计划的活动。[1]

运动训练学是研究有效组织运动训练及运动训练活动规律的一门综合性的应用学科。[2]其中项群训练领域、一般训练领域、专项训练领域的三个层次实践中所出现的问题和现象、不同阶段不同时期的运动训练的实践所发现的问题和采用的方法手段都是有所区别的。对于不同时间和不同阶段所反映出的问题要用科学化的方法作为导向，总结经验和研究问题，进一步推动运动训练学科的建设和发展。[3]

二、运动训练理论与实践研究现状分析

1. 运动训练核心概念的遴选

核心概念在概念群中居于核心地位，覆盖着学科核心内容，反映着学科基本内涵，通过核心概念可以系统地了解运动训练这门学科所阐述的知识和科学研究方向及相关问题。核心概念的遴选是运动训练这门学科的基础理论建设。运动训练学者所提炼出的诸多概念，为构建运动训练学理论体系添砖加瓦。田麦久及其团队在自身运动训练教学中不断总结，以及参考其他运动训练学相关文献，遴选出运动训练学理论10个核心概念为：运动训练、竞技参赛、竞技能力、竞技状态、运动成绩、训练原则、训练内容、训练方法、训练负荷、训练计划。对运动训练核心概念的界定及认知深化过程的历史性梳理，映射出我国运动训练学者几十年来对科学理论认知的孜孜追求，展示了我国运动训练基本理论重要的创新成果，也必将会促进我国运动训练理论发展迈出新的步伐。[4]

2. 我国运动训练领域研究

我国运动训练学研究所涉及领域主要是从理论研究与实践探索两方面着手，研究对象主要涉及高水平运动员、青少年、教练员；研究用途主要服务于世界大赛（如奥运会、世锦赛）的科技攻关服务、科研保障，服务日常训练、竞赛工作；研究的思维主要以前期的

---

[1] 田麦久. 运动训练学 [M]. 2 版. 北京：高等教育出版社，2017：2.
[2] 田麦久. 运动训练学[M]. 北京：高等教育出版社，2006：11.
[3] 王三保，田麦久，刘大庆. 运动训练理论与实践研究进展综述[J]. 当代体育科技，2013，3（24）：48–49.
[4] 田麦久，田烈，高玉花. 运动训练理论核心概念的界定及认知的深化[J]. 天津体育学院报，2020（5）：497–505.

核心训练理论为基础，将理论反哺于实践；研究学科主要涉及运动训练学、运动生理学、生物学、医学、心理学等多门类综合性学科；研究内容主要涉及运动训练的各个构成部分（体能、技能、战术能力、心智等层面），同时研究出提高该部分能力的训练理念与方法，如方法有高原训练法、高强度间歇训练法等，训练理念有一元与二元训练理论、超量恢复理论、周期训练理论等；研究的方法与手段主要涉及动物实验、训练计划分析、研究综述、运动员训练诊断、评估与干预等。[1]

3. 运动训练理论与实践研究热点与重点

经历了30余年的探索，我国运动训练学已经建立了运动训练理论与方法的科学体系，并在项群训练、竞技能力结构和高原训练等领域提出了新的观点。运动训练学作为体育科学中的一门综合性应用学科，其在训练实践中发挥的作用越来越重要。近几年的研究逐渐向更深、更广的领域发展，如运动训练基础理论研究、国外训练思想研究、大数据在运动训练中的应用研究、冬季项目训练以及冬奥会主场因素等。在职业体育蓬勃兴起、各类赛事数量增加、规模增大的背景下，竞技体坛的"体能"竞争也日益激烈化。[2]

体能不仅成为全球竞技体育发展的热点话题，也成为运动训练研究人员关注的焦点，学者们在核心力量训练、功能性训练、耐力训练等方面取得了较大进展。当代体能训练，不仅在训练方法和手段上进行了大幅度的创新，而且还吸收了伤病预防与运动康复等新的训练理论与方法。注重"动作"质量的把控、对人体"核心部位"的重新定位、"两极化"耐力训练模式的提出，以及高强度训练和短距离速度训练理论与实践的探索，是近年来世界竞技体能训练的关注点，其研究进展对我国竞技训练实践具有重要启示。[3]

三、运动训练理论与实践相互关系

运动训练学的建立是为了科学指导各专项运动训练实践，使各专项的训练活动建立在科学的训练理论基础之上，努力提高训练的科学化水平。同时随着时代快速的发展，实践活动对运动训练理论体系提出了具有时代特征的要求，促使运动训练理论体系不断完善与发展。运动训练的实践证明，训练理论是运动训练过程系统化和科学化的基础，是获得运动训练成功的根本保障。任何一种训练理论都要经历训练实践给其带来的危机，所有危机的开始都源于训练理论支点的认识模糊，而每一次训练理论的变迁都是人们对训练实践认知的升华和迈出超越性的一步。

运动训练学是一门重视理论与实践相结合的学科，是主要服务于竞技体育领域的一门应用性学科，必须充分将现有科学化、普遍化的运动训练学的一般训练学规律与我们各个

---

[1] 向军. 我国运动训练理论研究进展的Citespace分析[J]. 南京体育学院学报, 2019, 2（8）: 66-73.
[2] 张莉清. 运动训练学热点问题进展（2016—2019）[C]. 中国体育科学学会第十一届全国体育科学大会论文摘要汇编, 2019: 2.
[3] 张莉清, 刘大庆. 近5年我国运动训练学若干热点问题的研究[J]. 体育科学, 2016, 36（5）: 71-77.

不同竞技体育项目相结合，以运动训练学核心理论要求作为支撑，以科学化训练作为导向，与我们的竞技体育项目相融合。运动训练学不能只从实践去出发，或者将其他专项和个人成功案例经验直接套用在本专项或单个运动员的日常训练当中，这是不可取的。将运动训练学理论知识结构作为基础和导向，以实践和专项需要作为重要出发点，理论与实践相辅相成，通过运动训练学理论指导实践，从中不断总结经验，不断挖掘各个竞技运动专项普遍的内在联系，进一步推动运动训练学发展，遵循运动训练学科的客观规律。

第二节　运动训练理论体系

一、运动训练学理论框架

运动训练学是研究运动训练规律以及有效组织训练活动行为的科学，是发源于运动训练实践的本源性学科，是体育学理论体系中重要的核心学科之一。运动训练活动的直接任务是培养和发展运动员的竞技能力，进而在比赛中将其转化为运动成绩。[1]

运动训练学是研究有效组织运动训练及运动训练活动规律的行为科学，是一门综合性的应用学科。运动训练学理论是通过与教育学理论、社会学理论、生物学理论等的有机结合（图1-1），主要围绕"怎么练""练什么""练多少"，制订科学的训练原则、手段和方法，为训练实践提供最直接的方法导向。

运动训练学理论的主要目的是在于揭示运动训练活动的普遍规律，指导各专项运动训练实践，使各专项的训练活动建立在科学的训练理论基础之上，努力提高训练的科学化水平。而想要运动员提升竞技能力和比赛成绩，需要在教练员的指导下，专门组织有计划的体育活动，通过运动训练的原理、原则、方法和手段，制订适宜的训练计划并实施，从而提升运动员的竞技能力、创造优异的运动成绩。

---

[1]　田麦久. 运动训练学 [M]. 2版. 北京：高等教育出版社，2017：1.

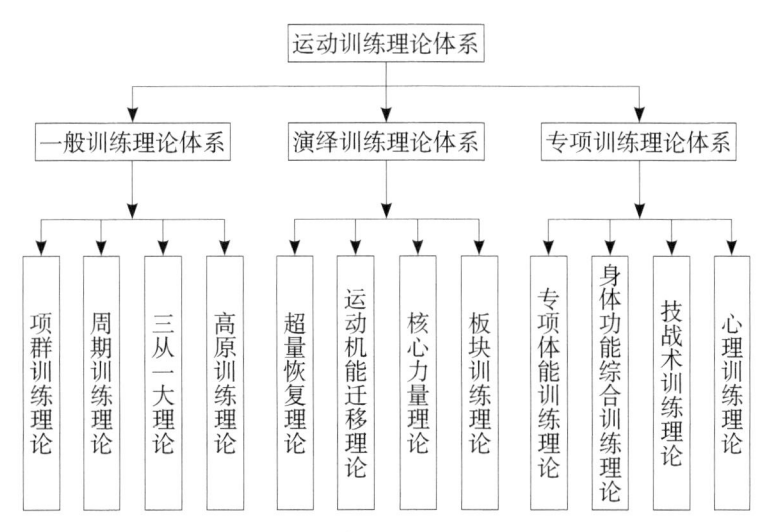

```
                    运动训练理论体系
            ┌──────────────┼──────────────┐
     一般训练理论体系    演绎训练理论体系    专项训练理论体系
     ┌──┬──┬──┬──┐   ┌──┬──┬──┬──┐   ┌──┬──┬──┬──┐
     项 周 三 高   超 运 核 板   专 身 技 心
     群 期 从 原   量 动 心 块   项 体 战 理
     训 训 一 训   恢 机 力 训   体 功 术 训
     练 练 大 练   复 能 量 练   能 能 训 练
     理 理 理 理   理 迁 理 理   训 综 练 理
     论 论 论 论   论 移 论 论   练 合 理 论
                     理              理 训 论
                     论              论 练
                                        理
                                        论
```

图 1-1 运动训练学理论涉及相关学科展示图

在各种时段的运动训练活动中，确定什么样的训练内容，选择什么样的训练方法，安排什么样的训练负荷，制订什么样的训练计划，都对培养和发展运动员竞技能力的效果有着重要的影响。[1]

二、运动训练学理论研究领域

运动训练学的研究主题是运动训练活动的规律以及运动训练活动的组织行为。运动训练活动的规律存在于运动训练活动的各个构成要素与运动训练的进行过程之中。在运动训练活动的各个环节、各个方面，都需要人们依循运动训练活动的客观规律，去设计训练的组织，去实施训练的行为。运动训练学就围绕这些内容构建起自己的学科理论体系。

运动训练学的理论体系可在理论覆盖领域以及构成要素这两个维度上进行构建[2]。

根据运动训练学理论研究所覆盖的领域，可将运动训练理论分为一般训练理论、项群训练理论和专项训练理论三个层次。一般训练理论研究各个运动项目的共同特性，覆盖着所有的运动项目；项群训练理论研究高度相关的一组运动项目的共同特性，覆盖着同一项群的运动项目；专项训练理论研究一个专项的独有特性，只涉及所研究的那个专项。三层次理论体系是对运动训练学理论体系的纵向描述。在任何一个层次上，都可以开展关于运动训练原则、运动训练内容、运动训练方法、运动训练负荷以及运动训练安排诸方面的研究。

服务于运动训练实践的理论研究，涉及运动训练活动的基本准则即运动训练原则，以及训练内容、训练方法、训练负荷、训练安排共5个构成要素，分别回答训练实践对于理论指导的需求（表1-1）。

---

[1] 田麦久. 运动训练学 [M]. 2版. 北京：高等教育出版社，2017：7.
[2] 田麦久. 运动训练学 [M]. 2版. 北京：高等教育出版社，2017：7.

表 1-1 运动训练学理论研究的构成要素

运动训练实践提出的问题	理论构成要素	理论构建依据
训练行为准则有哪些？	训练原则	运动员竞技能力提高的规律
练什么？	训练内容	发展运动员竞技能力的需要
怎么练？	训练方法	训练方法的实用性与实效性
练多少？	训练负荷	人体对外加负荷的适应性实现训练目标的需要
怎样组织训练活动？	训练安排	运动员竞技能力提高与竞技状态变化的规律

三、运动理论体系分类

运动训练的理论体系研究是当代一个难度较大的问题，专家学者对运动训练理论体系的划分存在很多的观点。本书在大量参考研究学者们相关成果，在结合运动训练实际中从运动训练过程理念的形成、方案的制订及方法与手段的选择几个层面加以思考，根据其研究的维度和层面不同提出宏观一般训练理论、中观归纳演绎理论和微观针对性训练理论（图1-2）。宏观一般训练理论主要是对运动训练的整体过程实施在顶层设计与控制基础上提出解决方案，为运动训练全过程开展理论研究进行指导；中观层面理论研究主要根据运动训练过程如何根据运动项目的特征及运动员的现实状态进行评价，并根据实际情况开展运动训练指导，同时理论主要是对运动训练过程进行监督，对运动训练过程的科学性提供理论依据；微观层面更为具体地根据运动项目特征、运动技术环节、运动员个性差异等众多的实际问题，针对性训练过程中方法、手段及负荷是否科学有效开展指导。

图 1-2 运动训练经典理论展示图

（一）一般训练理论体系

1. 项群训练理论

田麦久教授和他的团队将运动项目的类属聚合命名为"项群"。将揭示项群训练基本规律的理论命名为"项群训练理论"。[1]

项群训练理论促进着理论与实践的相互联系，并推动中国特色运动训练理论的形成，对竞技体育的发展有着重要的影响。

项群训练理论的提出和建立，为一般训练理论和专项训练理论之间架起了沟通的桥梁。

---

[1] 田麦久. 运动训练学[M]. 北京：人民体育出版社，2000：11-12.

它既是一般训练理论的延伸，同时又是专项训练理论的拓展。通过项群训练理论，把运动训练理论体系中原有的两个理论层次紧密地联系了起来。

项群训练理论的研究者用竞技能力发展及特征、运动训练手段与方法的创新、运动负荷的设计与监控、运动训练过程的组织与监控等问题，对运动员选材、运动竞赛、竞技体育发展等问题进行了卓有成效的研究，揭示了同项群内部的运动与训练规律，丰富了体育训练和教学的方法、手段，很大程度地推进了运动训练学理论和竞技体育学理论的发展。其视角与思维方法，对体育学科的发展和理论创新具有重要的启示与推动作用。

2. 周期训练理论

适应过程的生物学观点是现代运动训练理论和发展的重要趋势，但不可否认，传统周期训练理论对运动训练学产生巨大影响，对现代青少年运动训练仍有较大指导意义。传统的周期训练理论很显然不能适应现代运动参赛节奏。但在周期训练理论的基础上，我国竞技体育的教练员和体育科研工作者对现代运动的周期规律进行很多的探索和实践，并取得了一定的成绩。周期训练理论就是根据人体竞技状态具有周期性、阶段性的规律，即运动员竞技状态的形成需经过"获得""保持"和"消失"阶段，把运动训练过程以年度作为单位，作为训练的大周期，并分为准备期、比赛期和过渡期3个时期。针对不同时期的特点提出各个时期的训练目标、训练任务和训练内容，不同训练时期"一般训练与专项训练的不同安排"和"负荷量与负荷强度的不同比例"，即在训练的不同时期训练手段（一般训练与专项训练）和负荷（量与强度）的重点是不同的，而在全年的大周期中比赛安排呈现出单高峰特征。[1]

（1）高水平运动员专项能力提高的生物适应性

马特维耶夫训练周期理论在准备期强调长时间、大负荷量的一般性训练，要求运动员多种能力的平衡发展。由于每一项素质和能力适应性提高的生物学机制具有不同步的特征，也就是每项素质和能力在负荷疲劳—恢复—适应提高过程的时间是不同的，若每项素质和能力没有足够的时间给予适应性提高和保持的话，某种素质和能力就会下降或丢失（存在训练后的"置后效应"），尤其是对专项能力具有重要支撑作用的能力。显然，这种状况对提高高水平运动员的参赛能力是非常不利的。[2]

（2）高水平运动员是否适应新的参赛机制

20世纪90年代以来，竞技体育商业化和职业化的发展，导致了比赛数量的大幅度增多，而且比赛的形式和规模也发生了很大的变化。例如田径项目的国际单项比赛日益增加，各类大奖赛、黄金联赛、锦标赛等一个接一个，并且依据商业比赛的相关需求，比赛时间大大缩短，比赛密度加大、周期变短，而且比赛的形式、规模发生变化，以及各赛次与运动员的利益、资格和排名也密切相关。马特维耶夫训练周期理论强调准备期必须要有足够的时间，且以突出负荷量来发展运动员的一般训练，以便为准备后期的专项训练奠定基础。

---

[1] 陈小平. 对马特维耶夫"训练周期"理论的审视[J]. 中国体育科技，2003，39（4）：6-9.

[2] 陈晓英. 对训练周期理论与板块训练理论的再审视[J]. 体育学刊，2008（11）.

显然训练周期模式已不能适应目前高水平运动员的赛制变化。[1]

3. "三从一大"理论

"三从一大"是指从难、从严、从实战需要出发、大运动量训练。"从难"是指训练中必须要有难度，"从严"是指管理者通过制订较为具体的规章制度、合理的训练标准等来约束大家，大运动量是指挖掘人体的生理和心理极限，使运动员的生理和心理得到最大限度的改造。

"从实战出发"是整个"三从一大"的核心。能否真正贯彻"三从一大"，关键在于训练能不能从实战出发。[2]

4. 高原训练理论

高原训练理论指有目的、有计划地将运动员安排到适宜的海拔地区进行阶段训练的方法。目前从高原训练发展出来的主要模式有3种：间歇性低氧训练法、高住低训训练法、低住高训训练法。在开展高原训练过程中，要根据运动项目不同的发展时期选择性实施，高原的特殊地域条件与环境对训练实施者训练目标与任务的达成度是否吻合，同时对安排运动训练方法、训练手段及运动负荷的科学性、有效性需进行进一步的研究探讨。

①高原训练时，机体优先选择维持生命基本活动需求的心肺功能应激，而把运动负荷、运动强度增加带来的缺氧应激作为次要需求，这是长时间高原训练在心肺功能提高的同时、运动能力退化的原因，对此，我们暂称为高原训练"天花板"现象；高原上人体消耗大于平原，人体首先应满足生命特征的生理需求，运动缺氧次之，因此高原训练对心肺功能的提高有积极作用，但不利于运动负荷、运动强度增加。这正是高原训练只能发展小强度运动能力的原因。

②亚高原训练时，氧的分配既有利于提高心肺功能、又有利于骨骼肌对氧的利用。因为在亚高原，机体的心肺功能在满足维持生存需要后有能力应对运动负荷、强度增加带来的运动缺氧应激，使亚高原训练通过增加强度、运动负荷，提高有氧工作能力成为可能。"高原—亚高原交替训练"能干预高原训练"天花板"现象，有利于运动员有氧工作能力、成绩的提高。

③平原运动时，有利于提升骨骼肌肉力量，但对心肺功能的提高有不足。因此，在高原训练过程中，将高原—亚高原—平原训练相结合，既能促进心肺功能有氧耐力的提高，又能提高机体承受运动负荷的能力。[3]

（二）归纳演绎理论体系

1. 超量恢复理论

机体在负荷的刺激下，其能量储备、物质代谢以及神经调节系统的机能水平出现下降（疲劳），在负荷后这些机体能力不仅可以恢复到负荷前的初始水平，而且能够在短期内超

---

[1] 陈晓英. 对训练周期理论与板块训练理论的再审视[J]. 体育学刊，2008（11）.
[2] 付玉坤. 重新解读"三从一大"的训练原则[J]. 山东体育学院学报，2005（5）：92-93.
[3] 钱钰，蒋丽，殷劲. 高原训练理论探新—高原训练"天花板"理论的构想及其初步实验研究[C]. 中国体育科学学会第五届中国多巴高原训练与健康国际研讨会论文摘要集，2018：2.

过初始水平，达到超量恢复的效果。如果在超量恢复阶段适时给予新的负荷刺激，负荷—疲劳—恢复—超量恢复的过程不断在高的水平层次上周而复始地进行，由此机体的能力得到不断的持续提高。

超量恢复过程一般可分为3个阶段：①运动时的恢复阶段。运动时能源物质主要是消耗，体内能源物质逐渐减少，各器官系统功能逐渐下降；②运动后的恢复阶段。运动停止后消耗过程减少，恢复过程占优势，能源物质和各器官系统的功能逐渐恢复到原来的水平；③超量恢复阶段。运动中消耗的能量物质在运动后一段时间内不仅恢复到原来水平，甚至超过原来水平（超量恢复），保持一段时间后又回到原来水平上。[1]

2. 运动机能迁移理论

任何一个竞技运动项目的发展过程，都不可能处于完全闭锁式的状态，在与外界的信息交流中，很自然地会从其他项目吸收那些对自己适用的训练方法，这就是运动训练方法的项间移植现象。移植包括本项内的，也包括外项的；有整体的，也有局部的。移植的范围不仅在技术动作上，在战术上、理论上、训练方法等各方面均有巨大的潜力。运动训练方法的移植来自于运动训练实践。在具体的训练实践中，运动训练方法的移植主要发生在同项群的不同项目之间和不同项群的不同项目之间。运动训练方法的项间移植主要有3种基本类型。[2]

模仿型移植（又称成果推广型移植）：这个类型的移植在训练实践中大量存在，移植过程的特点是对训练方法的改变不大，可以借鉴训练方法、思路和步骤，但是一定要结合本专项实际训练内容进行合理的安排。移植过程中，需要注意的首先是了解清楚训练方法的基本原理和使用范围，其次是需要考虑移植后能否产生更好的训练效益。

改进型移植（又称解决问题型移植）：移植过程的特点是对训练方法的改变程度较大。从专项训练中有待研究的问题为出发点，改变的训练思路、训练手段和组合关系等都是具有创造性的。移植过程中，需要注意的首先是要了解清楚移植的目的是什么，其次通过联想、类比等手段，找到被移植的对象，再次是确定移植的具体形式和内容，最后是通过具体实验研究和设计活动实现训练方法的移植。

发展型移植：移植过程的特点是需要依据相关学科理论来对训练方法的改进、创新和发展。以此为依据，进行科学理论向专项训练方法转换的具体方法包括创造、增加新的训练手段、改进已有训练手段的功能、变化训练手段的参数及其组合关系。[3]

3. 核心力量训练理论

从运动能力的宏观分类上看，核心力量仍属于一般力量能力，它具有一般力量素质的所有特性。但核心力量同时还具有鲜明的不同于传统上一般力量素质的特点，它更加突出神经对肌肉的支配与控制，更加强调小肌群的发展以及大肌群与小肌群之间的协作，更加

---

[1] 仇乃民. 复杂性科学视角下运动训练超量恢复原理的重新解读[J]. 山东体育学院学报, 2018, 34（4）: 99-104.

[2] 陈笑然. 运动训练方法的项间移植[D]. 北京：北京体育大学, 2005.

[3] 郜平泉. 网球运动员专项体能训练手段方法移植研究[D]. 苏州：苏州大学, 2013.

重视力量与协调之间的联系。

鉴于这些不同的特点,核心力量的训练与协调和柔韧能力的发展密切结合,它不仅把提高核心部位肌肉的力量能力作为训练的目标,而且非常重视核心力量对上下肢力量的传递和衔接作用。在这个意义上,核心力量与专项能力的关系更加紧密,对专项成绩具有重要的支持作用。

4. 板块训练理论

板块训练是在3~4周时间内有选择性地确定较少的素质和能力加以训练,使高水平运动员在相对集中的时间内,接受单一或者两个比较大的训练刺激,便于在每个训练板块中通过身体素质、比赛结果和生理、生化医学指标测试检查训练效果。[1]

板块训练其实是专门针对克服高水平运动员整体竞技能力中"短板效应"而提出的一种训练模式。与其各种竞技能力都得不到实质性的提高,还不如利用4~6周的时间集中精力提高1~2种专项竞技能力,这比起一个大周期中分别提高不同的竞技能力更有针对性。这样不但能够较好地克服竞技能力中的"短板效应",而且可实现竞技能力的补偿效应。

(三)专项训练理论

1. 专项体能训练理论

专项体能是运动员通过先天遗传和后天训练所形成、在专项运动中所表现出来的机体持续运动的能力。与运动员形态、机能、运动素质水平、能量物质贮备、基础代谢水平、心理因素以及意志品质和外界环境等因素都密切相关,是运动员能否在专项竞技运动比赛中取得优异运动成绩的关键因素。现代竞技体育对运动员的高质量专项体能的集中要求表现为"更快、更大、更强"几个方面,同时对运动员机体与外界环境的有机结合并在训练与比赛中充分得以表现提出了新的要求。因此,专项体能主要包括运动员机体自身的内部体能和运动员机体与外界环境结合的体能两个方面。各项目运动员的专项体能特征主要表现为以下几方面:高度专项性、时间局限性、客观评估性、动态平衡性和非衡互补性等。

2. 身体功能综合训练理论

身体功能训练是一种新型体能训练理论。国外对于身体功能训练的研究较为广泛,美国体能训练机构将身体功能训练定义为将运动解剖学、运动生物力学、运动医学、运动心理学等学科融为一体,从多学科视角来制订科学的体能训练方法。

身体功能训练最早应用于运动康复领域,后逐渐运用到竞技体育和大众健身领域,同时身体功能训练基于人体运动链理论,强化运动链中的每一个环节,强调多关节效应以及多角度、多维度的训练模式,主要以提高身体基础稳定性和灵活性训练为主,注重双重素质训练,强调力量传递的效率而非大小。

---

[1] 倪俊嵘,杨威. 从运动训练周期的"板块结构"理论看刘翔的训练特点[J]. 军事体育进修学院学报,2006(2):60-63.

国内对于身体功能训练理论的探索大都是在国外研究的基础上，对其进行进一步探索。在训练要求方面，认为身体功能训练更具科学性及合理性，能够达到最佳的竞技运动效果，不仅注重整体性的训练，而且要兼顾到局部多关节训练，强调身体动作的训练而不是单一肌肉的局限力量训练。因此，身体功能训练是通过针对性训练，从而准确及时地达到最佳的体能训练效果，强化素质与机能的完美融合，提高神经系统对肌肉精准的控制力，关注身体素质的平衡发展，避免单一关节肌肉的重复性训练，预防疲劳，防止运动损伤的发生。

身体功能训练理念就是将注重肌肉力量的训练转化为注重提高动作质量的训练，避免大强度重复性训练，注重训练的质量而非数量，从而提高全面身体素质能力。[1]

功能训练动作筛查是一套伤病预测和动作质量评估系统，用来检查运动员动作整体控制能力、身体稳定性、灵活性、平衡性，以及本体感觉等基本能力的评价体系。通过功能动作筛选，能够排查潜在伤病，可以识别个体的功能限制和身体不对称性发展，通过提高人体的动作质量预防伤病的发生，提高训练水平和竞技能力。[2]

3. 技术、战术训练理论

（1）技术训练理论

运动技术即完成体育动作的方法，是运动员竞技能力水平的重要决定因素。正确的、合理的技术动作有利于运动员生理、心理能力得到充分发挥，有助于运动员取得好的竞技效果。

运动技术主要由动作要素、技术结构、运动技术基本特征所构成。运动技术的产生包含着生理学原理、生物力学原理、心理学原理和社会学原理。影响运动员技术能力的影响因素包括人体结构力学特征、感知觉能力、动作技能贮存数量、运动素质发展水平和运动员个性心理特征的主体因素以及竞赛规则、技术环境、器材设备场地的客体因素。[3]

（2）战术训练理论

运动战术旨在比赛中为战胜对手或表现出期望的比赛结果而采取的计谋和行动。

运动战术由战术观念、战术指导思想、战术意识、战术知识、战术形式和战术行动等构成。依据战术方案的制订和运动员战术能力影响因素，战术训练方法分为分解和完整训练法、减难与加难训练法、虚拟现实训练法、想象训练法、程序训练法、模拟训练法。在战术训练中，应当准确把握项目制胜规律，深刻领会战术意识培养的核心作用，着重培养运动员战术运用能力，处理好个人战术与集体战术配合关系，重视战术组合和加强战术创新研究。[4]

4. 心理训练理论

运动员心理能力指运动员与训练竞赛有关的个性心理特征，以及依训练竞赛的需要把握和调整心理过程的能力，是运动员竞技能力的重要组成部分。运动员超常的心理素质和

---

[1] 康士华, 刘硕. 身体功能训练在青少年摔跤运动员身体素质训练中的应用[J]. 辽宁体育科技, 2020, 42（3）: 126-128.
[2] 王隽. 我国男排运动员下肢关节稳定性的评价指标和干预手段研究[D]. 北京: 北京体育大学, 2014.
[3] 田麦久. 运动训练学 [M]. 2 版. 北京: 高等教育出版社, 2017: 111-113.
[4] 田麦久. 运动训练学 [M]. 2 版. 北京: 高等教育出版社, 2017: 120-143.

高超的心理技能并不是先天就有的，而是通过系统训练和个人的努力而形成的。

系统的心理训练分为基础心理训练和有针对性的心理训练两大部分。基础心理训练的目的和任务在于发展运动员参加比赛和日常训练必需的基本心理素质，包括：掌握各种心理技能、发展专项心理素质、培养良好个性品质。有针对性的心理训练旨在为某个具体比赛做好心理准备。其目的和任务在于消除运动员某些心理障碍和帮其做好赛前心理准备。

从运动员心理能力的因素来看主要包括：个性特征、竞赛情绪、注意特征、感知觉能力、比赛动机水平、意志品质、自信水平和中枢神经疲劳。常用的心理训练方法依据这些影响因素包括目标设置技能、想象技能、放松技能、注意集中技能。

第三节 运动训练实践范畴

一、运动训练理论与实践学习目标

运动训练学课程是一门重视理论与实践相结合的体育专业核心课程，是主要服务于竞技体育领域的一门应用性课程。运动训练理论与实践是以运动训练内容作为导向，科学化训练规律作为支撑和出发点，以研究一般训练学规律作为基本原则，来帮助各类运动项目寻求最符合运动专项需要及个性化的运动训练方案。理论多为宏观的、概念性的、方向性的，而实践中的问题多为个性化的、具体的、因素关系纷繁复杂的。在总结训练实践当中发现的训练问题，需要回归到课程运动训练理论的内容当中寻找问题的答案，将实践与理论相结合争取探索和创新的训练模式和训练规律，进一步推进运动训练学的发展。

本书由运动训练理论与实践概述、运动训练基本原则和方法、运动员科学选材、运动员体能及训练、运动员技术能力及训练、运动员战术能力及训练、运动员心理能力及训练、运动员参赛安排、运动训练活动的要素整合与过程控制、运动竞赛10个板块内容构成，系统介绍了运动员在日常训练当中所面临的各种问题及应对的训练方法，同时为各个不同的运动项目提供了相对应的运动训练理论，对不同项目日常的训练计划安排提供理论依据。

学习者必须熟练掌握各板块的内容知识体系，将运动训练学理论知识结构作为学习的基础和导向，以自身运动训练实践和专项需要作为学习重要出发点，理论与实践相辅相成，遵循运动训练学科的客观规律，并学会从中不断总结经验，不断挖掘各个竞技运动专项普遍内在联系，提升自身教学和训练水平。[1]

---

[1] 吴鲁梁,谢军.运动训练专业应用型人才培养的路径探析[J].青少年体育,2016（5）:106-107.

二、运动训练理论与实践学习要求

应用型人才是在本专业领域内的理论知识的指导下，将专业领域内的理论性知识运用于实践，从事非学术研究性工作的一类知识群体。也就是说，应用型人才既拥有深厚的专业理论知识，同时又擅长实际工作中的实践需求，是能够理论联系实际并应用于实际的人才。应用型人才的培养是高等教育发展到一定阶段的必然方向。随着高等教育规模的不断扩大，尤其是普及化和大众化的到来，整个高等教育从学术型和研究型转向应用型已成为大势所趋。

运动训练学习的重点在于熟练掌握各个板块的理论知识，同时需要不断优化自身的理论性知识结构，将理论知识与运动训练实践相结合，从实践当中寻找问题并将理论化知识应用到实践当中，进一步深层次地挖掘运动训练学课程的内涵，探索训练学的规律，总结实践当中的经验，结合理论进行突破和创新。

运动训练学习的难点在于如何能够有效地让学生理论与实践相结合。通过长期教学摸索发现学生对所表现出的运动训练理论性知识结构能够清晰认识，并进一步避免在实践的过程当中存在无法将理论化知识应用到实践需求当中去的情况，造成理论与实践的脱节。因此对于该情况需进一步加强学生对于不同专项的认知能力，主动引导学生对不同专项之间的差异进行思考，对不同训练方法和训练手段进行思考，同时联系到其他体育学科当中，举一反三应用于实践，科学化、可持续化进行理论指导实践，让实践反馈理论的循环推动学生自我思考，培养学生自主学习能力，以社会对于体育类人才的实际需求作为导向培养复合型应用型人才作为中心目标和核心价值。[1]

三、运动训练的三项基础目标

1. 运动训练的价值目标

运动训练的终极价值目标就是要创造优异的运动成绩。主要是帮助各个不同的竞技体育运动项目组织日常的训练活动，提升专项运动员的综合竞技能力水平和运动表现，搭建科学化训练基础平台，科学指导训练活动，为更高的运动成绩做好必要的准备。

运动训练是挖掘各个不同竞技运动专项之间的联系，探索一般训练规律。现代运动训练学是指运动场上的身体性练习活动，而且也包括运动员选材、运动竞赛、体育科技、组织领导、生活管理、心理、智力和思想教育活动，以及恢复和营养措施等一切与提高和保持运动成绩有关的全过程。[2]

2. 运动训练应实现的理论目标

在探求运动训练实践过程当中如何实现运动训练的终极价值目标，我们需要充分理解运动训练的内容是什么，把握好训练方法和训练内容，科学化地解读其内在含义，从不同

---

[1] 田麦久. 运动训练学 [M]. 2版. 北京：高等教育出版社，2017：141-143.
[2] 徐本力. 运动训练学[M]. 北京：人民体育出版社，1999.

专项竞技运动项目和一般的体育锻炼活动当中搭建理论方法体系，系统化地整理从实践当中获取的理论性经验，进一步完善当前运动训练活动的理论知识结构。不断挖掘各个运动专项内在的普遍联系，探索相关运动训练的客观有效的训练活动的规律，并阐明相关理论性原理，不断推动运动训练学科的建设和发展，从而更加有效地反馈到实践活动过程当中，拓宽视野，举一反三，优化现有运动训练活动理论体系框架，形成理论指导实践，实践反馈理论的良性循环。

3. 运动训练的实践目标

运动训练的实践包括了训练过程和训练存在的问题。通过科学化训练理论性知识作为基本导向，在实践过程中提升训练的效率，使训练符合一般训练规律，通过科学化的实践把握实践过程中问题的重点，解决主要矛盾，选择最佳的训练方法和手段，提升训练效率。在实践的过程中，应建立运动员档案，合理进行运动监控，及时了解运动队或重点队员的身体状况，相应地进行训练计划的调整和安排，通过科学化实践把控训练过程。通过合理的实践来选择正确运动训练原则和训练方法，科学的正确的运动训练原则应是运动训练活动客观规律的反映，应该是运动训练普遍经验的概括和科学研究成果的结晶。

综合运动训练的研究成果认为，在运动训练活动与参赛活动中，人体运动竞技能力的变化与表现的规律主要有以下几点：人体的运动竞技能力是决定其参赛结果的重要因素；人体的竞技能力由其体能、技能、战术能力、心理能力与知识能力所组成；人体的运动竞技能力是不断变化的；人体运动竞技能力的变化主要受遗传、环境和运动训练3方面因素的影响；运动训练可使人体运动竞技能力产生明显的改变；外部施加的运动负荷可引起人体生理与心理系统产生积极的或消极的应激反应，系统的结构与功能相应地得到提高或者下降；在适宜的比赛环境中，经过专门的准备，运动员可高度动员其生理与心理系统，充分发挥和表现出在训练中已经获得的运动竞技能力；人体心理与生理系统高度动员后，需要在必要的条件下进行调整与恢复；科学的运动训练原则的提出与确定，应当能指导运动员进行符合人体运动竞技能力的变化、提高与表现规律的训练活动，取得理想的训练效果。[1]

思 考 题

1. 试述运动训练三项基本目标？
2. 试述运动训练理论体系构成？
3. 试述超量恢复三个阶段？

---

[1] 田麦久.关于运动训练原则的辩证思考[J].北京体育大学学报,2010,33（3）:1-9.

第二章 运动训练的基本原则与方法

运动训练理论的主要任务是研究和揭示训练活动规律,并应用于运动训练活动中,进而创造出理想的运动成绩。[1]运动训练理论离不开运动生理学、运动心理学、运动生物力学、运动生物化学的基础。掌握运动生理学可以引导人们在运动训练过程中自觉地用所学的简易生理指标与理论去认识自身功能能力的发展状况和安排运动训练计划,使运动生理学的研究能更有效地提高其服务对象的体适能、运动效果以及健康水平;掌握运动心理学可以为人们在训练、竞赛的过程中提供科学的心理学依据,揭示体育活动与心理之间的关系,从而促进体育运动技术学习和竞赛成绩的获得;掌握运动生物力学可以以力学和生物学的角度研究人体运动的内在联系及基本规律,同时还对体育运动对于人体相关结构及机能的反作用进行研究,从而提高运动者的运动能力并预防运动损伤;掌握运动生物化学可以研究人体在运动中体内化学变化的特点和规律,探究运动所引起的体内分子水平适应性变化及其机理,服务于竞技体育的实践活动。

第一节 运动训练的基本原则

一、运动训练基本原则分类的依据

运动训练原则是依据运动训练活动的客观规律而确定的组织运动训练所必须遵循的基

---

[1] 田麦久,雷厉,田烈. 我国竞技体育理论建设的回顾与展望[J]. 体育文化导刊, 2012 (7): 46-52.

本准则，是运动训练活动客观规律的依据，对运动训练实践具有普遍指导意义。从对训练规律和训练原则的定义，深刻揭示了训练原则的本质，我们从中可以基本看出训练原则的主要含义：①训练原则是以运动训练活动规律为反映的内容；②训练原则是以法规的形式规范运动训练行动；③训练原则以一切运动训练行动为指导对象。人们一般都是根据训练规律来阐述训练原则。遵循一定的训练原则是进行有效教学必须遵循的基本要求，它能指导教练员的教，也指导运动员的学，应贯彻于教学过程的各个方面和始终。但训练原则与训练规律的关系很复杂，根据一条规律可以提出好几个训练原则，有的训练原则也能反映好多规律。原则与规律既有联系，又有区别。毛泽东同志曾指出："事物矛盾的法则，即对立统一的法则，是自然和社会的根本法则，因而也是思维的根本法则。"规律是客观存在的，是不以人的意志为转移的；原则是人们制定的，在制定和贯彻执行中总有主观意识的参与，这是二者的区别。训练规律是制定训练原则的依据，而训练原则是训练规律的体现，两者密不可分，这是二者的联系。随着运动训练的发展，人们对训练规律的认识也在深化，因而对训练原则的研究也将进一步深入发展，不断改进、充实和完善。[1]

二、运动训练基本原则的具体分类

不同的运动项目有不同的特点、结构和供能方式。依据这些异同点我们可以总结归纳出他们各自的训练原理，并通过这些原理总结出相应的训练原则，在训练原则指导的基础上制订相应针对性的训练方法以及具体的训练手段。这其中的每一个步骤都是环环相扣的，都是建立在前一步基础之上的进一步细化。按照运动训练的实践操作及其发展逻辑，我们把运动训练的规律按不同层次进行了分类。

（一）运动训练基本原则

1. 竞技需要原则与区别对待原则

①概念：竞技需要原则与区别对待原则是指根据提高运动员竞技能力及运动成绩的需要、从实战出发、科学安排训练的阶段的划分及训练的内容、方法、手段和负荷等因素的训练原则。对于不同专项、不同的运动员或不同的训练状态、不同的训练任务及不同的训练条件，都应有区别地组织安排各自相应的训练过程，选择相应的训练内容，给予相应的训练负荷。体育竞赛是竞技体育的主要特征，运动员先经历长期的训练不断提高竞技能力，再通过运动竞赛的形式表现出来，才能得到社会的认可、满足社会的需要。对于不同专项、不同的运动员或不同的训练状态、不同的训练任务及不同的训练条件，都应有训练原则，也应有区别地组织安排各自相应的训练过程，选择相应的训练内容，给予相应的训练负荷。竞技运动项目是多样化的，一部分的项目以体能为主导，另一部分的项目则以技能为主导；

---

[1] 邓运龙.竞技体育的训练原则与训练规律的基本关系[J].体育科技文献通报，2008（4）：12-14.

有的项目以个人竞赛为主，有的以团队竞赛为主；一些项目是速度素质为主，[1]另一些则以耐力素质为主。由此可见，不同的运动项目其制胜因素各不相同，那么在训练的过程中，教练员需要了解项目特点和训练要求，合理制订训练计划。

②如何运用：运动训练的目的是提高运动员的竞技能力和运动成绩，所以运动员需要在教练员的指导下，完成专门组织的有计划的体育活动。围绕竞技需要原则开展运动训练，可以让运动员更有针对性地提高竞技能力，从而获得更好的运动成绩。每个运动项目专项竞技的不同特点，决定了其竞技能力构成因素的差异性。例如，短跑选手必须有强大的爆发力，足球、篮球、排球运动员则需要与同伴默契配合的合作精神，射击类项目运动员需要有稳定的心理状态。因此，只有对所从事的运动项目的竞技特点做出正确的分析，才能够确定相应的训练要求，选择适宜的训练内容、训练方法和训练负荷。即使是同一运动项目、同一年龄段、同一性别的运动员，他们的竞技能力以及训练的要求也是不一样的，同一个运动项目的运动员竞技能力的结构特点和训练要求也都有着明显的差别。运动员作为独立的个体，存在诸多差异。每一个运动员都是一个独立的个体，都有只属于他本人的形态、机能、素质、个性心理特征以及技术、战术特点；每个人既有各自的优势，也有各自的短板，各有不同的需要和不同的训练任务，因此，每个运动员的训练中应安排有不同的内容。而同一名运动员在不同阶段时，也有着不同的即时状态、不同的发展目标和不同的训练要求，竞技能力以及训练要求也是在不停变化的。由此可见，因为运动员的个体差异，需要教练员做到区别对待，需要更详细地制订训练计划。

2. 系统训练原则与周期安排原则

①概念：系统训练原则与周期安排原则是指持续地、循序渐进地、周期性地组织运动训练过程的训练原则。人体机能在长期的训练负荷中通过机体自身的各个部位逐渐适应，要想提高运动员的竞技能力，需要运动员适应规律的系统训练。竞技能力由体能、技能、战术能力、心理与智能构成，但同时也受到先天、后天的影响，因此，只有长期的科学的训练计划才能提高运动员的竞技能力。长期的全程性多年训练计划是由若干个训练周期组成的，每一个新的运动周期都应该是在原有基础上螺旋式上升的。运动员每一次竞技能力的提升都反映了运动训练的周期安排原则。运动员在一定的负荷下，机体产生疲劳，继而解除负荷，慢慢恢复机体，这一过程中，运动员的竞技能力会随之得到提高。但是运动员的竞技状态是在不断变化的，竞技状态的出现会存在提高期、保持期和下降期，不同的训练阶段中，运动员的竞技状态水平所处的时期也不相同。[1]

②如何应用：在团体项目中，在运动员提升个人竞技能力的同时，还需要培养队员之间的默契和战术运用。例如篮球项目，需要5人之间配合完成布置的战术安排，必须经过长期的系统训练才能在比赛场上的24秒之内发挥出默契的配合。其次，运动员的竞技能力是不稳定的，当运动训练的系统性被打乱的时候，运动员就会出现运动素质下降的情况。为

---

[1] 田麦久.运动训练学[M].北京：人民体育出版社，2000.

了避免技能、体能的消退，克服训练效应的不稳定性，必须在出现训练适应时重复或变化负荷刺激，使得训练负荷的积极效应得到强化和累积，使得运动能力得到不断改进和完善。因此，要想获得理想的训练效应，有效地发展运动员的体能、技能、战术能力、知识能力及心理能力，就必须注意保持训练过程的持续性，系统地、不间断地参加训练。最后，运动员作为人体生物，其适应的过程也是阶段性的。运动员经过系统性的运动反复的经历"疲劳、恢复、超量恢复"的过程，但是长期的高强度训练也不能使运动员一直提升竞技能力，所以在到一定的时期运动员需要进入调整阶段，使心理和生理上都得到充分的恢复，有助于运动员逐渐提升竞技能力。学者田麦久提出，在准备期，往往是竞技状态形成的阶段，该阶段的主要任务是发展一般和专项竞技能力促进竞技状态的形成；而在比赛期，往往是竞技状态保持的阶段，该阶段的主要任务是提高专项竞技能力，发展稳定的竞技状态并创造新成绩；最后在恢复期，往往是竞技状态消失的阶段，该阶段的主要任务是积极恢复并消除心理和生理疲劳。[1]

3. 适宜负荷原则与适时恢复原则

①概念：适宜符合原则与适时恢复原则是指，根据运动员的现实可能和人体机能的训练适应规律，以及提高运动员竞技能力的需要，在训练中给予相应量度的负荷，以取得理想训练效果，但在运动员疲劳达到相应程度时，又依照训练的统一计划，适时安排必要的恢复性训练，采取有效的恢复措施，使运动员的机体得到充分的恢复和提高的训练原则。运动员在训练中承受了一定的运动负荷后，必然会产生相应的训练效应。但并非只要施加了负荷，就一定会产生良好的训练效应。训练负荷的安排对训练效应的好坏有着重要的影响。[1]

②如何应用：机体对适宜的负荷会产生良性的适应，但如若负荷过小，则不能引起机体必要的应激反应，而在过度负荷作用下则会出现劣变反应。运动员在经过长期的训练后会产生一定的负荷。当负荷保持在一定程度的条件下，机体的应激以及随之产生的一系列变化，都会保持在一个适度的范围内。这时负荷的量度越大，对机体的刺激越深，所引起的应激也越强烈，机体产生的相应变化也就越明显，人体竞技能力提高得也就越快。但是，运动员在长期的运动训练中会受到生理、心理的双重疲劳，此时，如果不能及时调整训练负荷，会对运动员的机体造成较大的损害。所以教练员应该调整训练负荷，使运动员进入机体恢复阶段。对于心理疲劳也是必须重视的问题，如果忽略了运动员的心理疲劳，运动员可能会出现受伤或者竞技状态停滞不前的现象。[1]

4. 全面发展原则与特长优先原则

①概念：专项发展原则与特长优先原则是指，结合运动专项本身的特点进行相应的练习，发展运动员的专项身体素质，提高专项运动水平，但同时因为每个运动员的竞技能力构成都有区别、而同一名运动员的子能力也有高低，所以在运动训练过程中，教练员应该找出运动员的特长，充分发挥其特长以弥补短板，从而取得最佳竞赛成绩的训练原则。

---

[1] 田麦久. 运动训练学[M]. 北京：人民体育出版社，2000.

第二章　运动训练的基本原则与方法

②如何应用：专项训练的内容和手段，对于一般训练在范围上来说比较狭窄，具有专门化性质。运动训练的主要目的是提高专项运动的成绩，因而离开专项训练来谈运动训练是没有意义的，同样，离开了专项训练来谈一般训练也是没有意义的。[1]运动员的竞技能力由体能、技能、战术能力、心理与智能构成，不同的竞技项目制胜因素不同，中长距离的跑步、游泳就是体能主导的项目，而体操、蹦床等就是技能主导的项目。在各个不同的子能力下，先发展运动员的优势去弥补短板，提升运动员的整体竞技能力，从而获得最佳运动成绩。

5. 目标激励原则与集群组训原则

①概念：目标激励原则与集群组训原则是指，通过设置目标，使运动员积极参与到运动训练过程中，并以小组或队伍的集合形式共同训练的训练原则。目标可以是来自运动员内部，也可以是来自外部的。学者田麦久提出，动机是推动人们从事任何活动的内部驱动力。运动员参与运动训练的过程是艰苦的，需要运动员克服很多困难，同时树立强大的意志品质。运动员通过建立积极的动机，可以主动地参与运动训练中，同时提高训练课的效率。[2]

②如何应用：运动员长期处于系统性训练之中，在产生生理疲劳的同时，还会受到心理负荷的影响。这种心理负荷不仅指心理疲劳，还包括运动员的伤病问题，以及外界事物的干扰。所以，运动员需要不断地给自己设置正确的目标，以积极的身心状态投入训练，在系统性的训练中得到自我满足和自我认可的同时，提高自身的竞技能力，取得更好的成绩。集体项目的运动员为了培养团队之间的默契，往往采用集群训练的模式，而个人项目的运动员也应当考虑这种形式。个人项目的运动员，在经历长期的单独训练模式后，更容易产生生理、心理上的疲劳，同时运动训练的最终目标是取得更好的竞赛成绩，运动员需要在突破自我的同时超越对手，所以个人项目的运动员也应该采取集群训练的模式，这样有利于运动员之间的互相促进和发展，提高整体的竞技水平。

6. 有效控制原则与适时调节原则

①概念：有效控制原则与适时调节原则是指要求对运动训练活动实施有效控制。运动员在达到一定生理和心理的疲劳后，或是竞技能力停滞不前时，及时调整训练计划，使运动员恢复机体，并调整竞技状态的训练原则。[3]该原则是指运动训练中的各个方面以及每一个环节的训练方法、训练内容都需要合理的控制，并通过训练的反馈进行相应的调节，保证运动员能达到训练的最佳效果。

②如何应用：为了保证运动训练的终极目标达到预期设定，就需要对运动训练过程进行有效的控制。因为运动训练的过程是复杂多样的，运动员作为参与运动训练的主体之一，其竞技能力是在不断变化的，而教练员作为运动训练的另一个主体，需要根据运动

---

[1] 黄宝军. 浅谈运动训练的原则[J]. 辽阳石油化工高等专科学校学报, 1999（3）: 3–5.
[2] 田麦久. 关于运动训练原则的辩证思考[J]. 北京体育大学学报, 2010, 33（3）: 1–9.
[3] 田麦久. 运动训练学[M]. 北京: 人民体育出版社, 2000.

员的竞技能力时刻调整训练计划。同时运动员的状态还受到许多其他因素的影响，例如社会交往关系、伤病问题、气候环境等不可控因素，这些因素都会对运动员的竞技能力产生不同程度的影响，所以教练员需要实施有效控制原则，制订合理的训练计划，帮助运动员达到训练的目标。运动训练的过程是复杂多变的，在多年的训练计划中，运动员会受到生理、心理的双重疲劳，同时可能会出现影响运动员竞技状态的多种不稳定因素，例如人际交往能力、运动员的伤病问题等，而这些问题不及时解决，会对运动员造成很大的影响。教练员应该及时发现运动员的消极训练状态，及时调整训练计划，帮助运动员恢复积极的训练状态。

（二）运动训练基本原则运用的注意事项

科学的正确的运动训练原则应该是运动训练活动客观规律的反映，是运动训练普遍经验的概括和科学研究成果的结晶。[1]正确地运用运动训练基本原则，可以有效地指导运动员进行符合人体竞技能力变化、提高与表现规律的训练活动，取得理想的训练效果。所以教练员们要充分了解运动训练基本原则的内涵，才能使训练事半功倍。

1. 运动训练基本原则运用的重点

①不同的运动项目所主导的竞技能力不同，有的是以技能为主导的，有的是以体能为主导的，教练员和运动员首先要了解运动项目特征以及训练特点，再制订和完成相应的训练计划。运动员作为独立的个体，也存在诸多差异。即使是同一运动项目、同一年龄段、同一性别的运动员，他的竞技能力及训练的要求也是不一样的；而同一名运动员在不同阶段时的竞技能力以及训练要求也是在不断变化的。

因为运动员的个体差异，需要教练员做到区别对待，更详细地制订训练计划。

②教练员需要充分了解项目的竞赛规则，根据竞赛规则的演变调整训练计划。最后运动训练的最终目标是运动员创造优异的运动成绩，所以一切的训练计划都应该围绕竞技需要去制订。

③运动员应该保持长期的系统性训练，保证在最佳年龄段发挥出最好的竞赛水平。其次，教练员要制订合理的系统性训练计划，合理设置体能训练和恢复训练的训练计划，保证运动员在长期的、连续性的运动训练中可以发挥自己最佳状态。最后，在系统性的训练中，运动员要保持良好的积极的动机，在遇到低谷期时，要积极调整自己的心理状态。

④要掌握不同的周期的时间构成，同时根据专项特征选择最适宜的周期，制订训练计划。其次，由于运动员的竞技状态是在不断变化的，教练员应该根据运动员的竞技状态调整训练安排。最后，每个周期之间的衔接也是很重要的，如何从上一个周期的恢复阶段转至下一个周期的准备阶段，需要教练员根据运动员的个体差异进行安排。

⑤在实施运动训练计划时，教练员所设计的训练计划应该紧紧围绕专项需求，不能一

---

[1] 田麦久. 关于运动训练原则的辩证思考[J]. 北京体育大学学报，2010，33（3）：1—9.

味地实行一般训练，而是将一般训练与专项训练相结合。

⑥运动员在树立目标的时候，尽量设置在自己能力范围内的阶段性目标，而所有的阶段性目标都应该围绕取得更好的竞赛成绩而设置。目标分为长期和短期目标，短期的目标更容易实现，从而使运动员获得自信心和积极的训练状态。我国著名的田径运动员苏炳添曾在接受采访中提到："对于间歇训练而言，首先应该设定目标。先去了解它，因为所有运动都是从了解它到熟悉它最后才能达到一定的高度。目标也不要定得太高，一下子肯定接受不了，就应该从小开始，再慢慢加量，这是一个循序渐进的过程。"其次，运动员作为运动训练的主体之一，目标应该由运动员本身设置，但是一些缺乏经验的运动员应该在教练的协助下设置正确适合的目标，如果盲目地设置目标，会降低运动员自信心。最后，目标应该是具体的、清楚的、能让运动员可以产生明确的行为的，内容应该是围绕某一个技术或者环节，尽量避免胜负、名次的目标。

2. 运动训练基本原则运用的难点

①如何判定负荷的强度并正确了解运动负荷，是遵循运动训练基本原则的难点。做到循序渐进的形式，可以采用直线式、阶梯式、波浪式和跳跃式几种方法，而反映负荷量大小的指标一般为次数、时间、距离、重量等，负荷的量和强度构成了负荷的整体，所以在比较负荷大小的时候一定要从这两方面综合考虑。最后，我们应该科学地探求负荷的临界值，合理有效的负荷会给运动员带来更好的效果。如何确定负荷量的大小是应该探索的，越接近临界值大小的负荷量越能充分发挥运动员的潜能。

②如何判别运动员疲劳程度，也是遵循运动训练基本原则的难点。常见的方法是自我感觉和外部观察。此外，通过生理、生化指标的监测可以比较客观地诊断运动员机体的生理疲劳程度，而运动员的心理疲劳程度可以通过心理测试来判别。其次是考虑最佳恢复的时期和手段，如训练学恢复手段、医学生物学恢复手段、营养学恢复手段、心理学恢复手段等。

③如何发挥运动员的特长去弥补短板。例如一名健美操运动员有很强的跳跃能力和爆发力，但是柔韧素质不能充分发挥时，应该在编排动作的时候尽量避免柔韧类难度，多选择跳跃类难度。但是教练员还应该注意一个误区，特长优先原则不是只提升运动员的优势而放弃他薄弱的子能力，我们应该在充分保证发挥特长的前提下，弥补运动员的短板，使运动员的整体水平不会因为短板而受到影响。所以在实施运动训练的过程中，不能扼杀运动员的个性化特点，需要注重训练的共性内容和运动员的个性发展之间的联系。

④教练员首先要了解项目特征和制胜因素，其次确定训练目标，最后围绕该目标制订和实施科学的训练计划。但是运动员的机体是复杂多变的，所以要通过运动员的反馈时刻控制和调整训练计划，通过对各个环节进行有效的控制，使运动员可以发挥自己最好的竞技水平，最终达到训练的目标。

⑤首先，教练员需要了解运动员的一般训练状态、最佳训练状态、消极训练状态，在发现运动员出现消极训练状态的时候要及时调整训练计划。其次，需要了解运动员是由于

什么原因出现消极训练状态，如果是伤病的原因，应该及时与队医交流沟通，调整训练计划，帮助运动员积极恢复；如果是由于生理、心理的过度疲劳，可以使用训练学恢复手段、医学生物学恢复手段、营养学恢复手段、心理学恢复手段等，帮助运动员消除疲劳，调整训练状态。

第二节　运动训练的基本方法

一、运动训练基本方法概述

运动训练方法是教练员科学完成具体训练任务的基本工具，也是运动员科学提高运动成绩的基本手段。构成运动训练方法的主要因素是练习动作及其组合方式、运动负荷及其变化方式、过程安排及其变化方式、信息媒体及其传递方式、外部条件及其变化方式等要素。任何训练方法的出现和创新，都是训练原理科学具体的体现，也是对于运动实践的高度总结。因此，正确地认识和掌握不同训练方法的功能和特点，有助于顺利完成各个训练过程，有助于达到不同时期的训练目标，有助于有效控制各种运动能力和身体素质的发展进程，有助于科学提高整体的运动竞技能力。[1]

（一）运动训练方法的释义

运动训练基本方法是指在运动训练具体活动中，对提高运动员生理机能、运动素质、技战术水平和心理机能等具有普遍作用的基本途径及手段的总称。

运动训练方法是指教练员和运动员共同为完成训练任务，取得最佳的训练效果，达到创造优异的运动成绩目的，而采用的现代化的、科学的先进手段和途径。在训练的过程中，运动训练方法也是教练员进行训练工作和提高运动员能力的应用工具。

（二）运动训练方法的特征

1. 方法多元性

不同的运动项目具有不同的特点和结构等，依据这些异同点对项目进行细分，在这个过程中就出现了竞技运动项目的分类。各个类别的项目都具有其主要的训练原理和原则，在其原理和原则的基础上选择与其相适应的训练方法和手段，才能更有效、更有针对性地提高运动员的运动成绩和竞技能力。根据众多的训练方法，还可以列出许多种不同的分类

---
[1] 马雷. 网球正手击球动作主要用力肌训练方法手段的实验研究[D]. 大连：辽宁师范大学，2010.

标准和方法体系。考虑到对理论的完整归纳和便于实际应用，依据不同训练方法的适用范围和基本特征，可以把运动训练方法分为训练基本法和训练控制法两大类。训练基本方法又称基本训练方法或基本操作方法，主要包括完整训练法、分解训练法、持续训练法、间歇训练法、重复训练法、变换训练法、循环训练法、比赛训练法以及高原训练法这9种最基本、最直接的训练方法；训练控制方法主要包括模式训练法、程序训练法和CAD训练法这3种具备控制特征的训练方法。[1]

2. 模式化特征

运动训练方法相比运动训练原则和原理来说要更具体一些，具体到如何练和怎么练上，例如持续训练法、间歇训练法等具体的训练方法。同时这些训练方法对于提高运动员某一项身体机能水平又起着主要作用，例如持续训练法对提高以有氧能力为主的运动员的竞技能力更有效；间歇训练法对提高无氧糖酵解供能为主的运动员的竞技能力更有效，所以运动训练方法具有模式化特征。

3. 针对性

训练基本方法主要目的为完成运动实践中的实际操作，它是甄选训练手段的依据，是运动训练理论认识作用于具体实践的途径。虽然说在运动过程中没有绝对的单一供能系统，但是在具体运动条件下，都存在主要的供能系统。不同的训练方法具有不同的特点、结构以及应用条件，所以其针对提高的具体生理机能和运动素质也不相同，在具体运用的时候具有一定的针对性。

二、运动训练基本方法的分类

（一）宏观层面：模式训练法和程序控制法

程式训练原则与模式训练原则最大的不同之处是控制运动训练过程的依据，模式训练是以训练模型为控制依据，程式训练则以训练程序为控制依据。[2]

1. 程序训练法

是由训练内容、时间序列和联系形式构成的训练程序为控制依据。其基本结构是由训练程序、检查手段、评定标准、训练手段构成的，每个构成部分又是由不同因素组成的，具有系统化、定性化和程序化的特点。使运动员的训练结果通过科学的程序控制达到训练程序指示的预定目标。

2. 模式训练法

指通过宏观信息来控制运动训练的过程，具有信息化、定量化和循环性的特点。使教

---

[1] 陈笑然. 运动训练方法的项间移植[D]. 北京：北京体育大学，2005.
[2] 田麦久. 运动训练学[M]. 北京：人民体育出版社，2000.

练员更全面地认识各项训练内容具体发展的内在联系，同时合理审视运动员的训练情况合理修改训练目标和任务。

（二）微观层面

1. 完整训练法

指不分部分和环节，从技战术开始到结束，连贯地对动作进行练习的方法。使运动员有效、完整地掌握技战术的配合，同时保持技战术配合的完整结构和连贯性。

2. 分解训练法

将一套完整的技术动作或战术配合分解成多个环节，以环节为单位进行针对性的训练。使复杂的动作细分开来，运动员能更好地掌握动作的细节。分解训练法包括4种类型：单纯分解法、递进分解法、顺进分解法和逆进分解法。

3. 间歇训练法

指对组间练习时间有严格规定，使运动员机体在没有完全恢复的情况下再次进行练习，使运动员机体产生与项目需要的适应性变化，保持技术的稳定性，提高乳酸耐受力。间歇训练法包括高强性间歇训练法、强化性间歇训练法和发展性间歇训练法。

4. 持续训练法

指持续时间长、不间歇、负荷量相对较低（平均心率保持在130~170次/分钟）的练习方法。主要用于提高运动员的一般耐力素质，使内脏器官产生适应性变化。持续训练法包括短时间持续训练法、中时间持续训练法和长时间持续训练法。

5. 重复训练法

指对同一个动作或环节进行反复的练习，两次练习之间使机体得到充分的恢复，使运动员掌握和巩固技术动作，通过稳定负荷的反复刺激产生较高的适应性机制，最终形成条件反射的作用。重复训练法包括短时间重复训练法、中时间重复训练法和长时间重复训练法。

6. 循环训练法

指将若干个练习手段设置为相应数量的练习点，运动员依次按顺序进行练习。通过交替刺激不同的器官和系统，来激发运动员的训练积极性。根据不同的间歇时间和负荷特征，循环训练法又可细分为循环重复训练法、循环间歇训练法和循环持续训练法。

7. 比赛训练法

指模拟或真实的比赛环境下，依照比赛的规则和方式进行训练或实际比赛，来达到提高训练效果和质量的目的，使运动员提高比赛的适应能力，使机体达到适度的应激状态，并激发运动员的心理动机。比赛训练法包括教学性比赛训练法、检查性比赛训练法、模拟性比赛训练法和适应性比赛训练法。

8. 程序训练法

程序训练法是由训练内容、时间序列和联系形式构成的训练程序为控制依据。其基本结构是由训练程序、检查手段、评定标准、训练手段构成的，每个构成部分又是由不同因素组成的，具有系统化、定性化和程序化的特点。使运动员的训练结果通过科学的程序控制达到训练程序指示的预定目标。

9. 模式训练法

指通过宏观信息来控制运动训练的过程，具有信息化、定量化和循环性的特点。使教练员更全面地认识各项训练内容具体发展的内在联系，同时合理审视运动员的训练情况，合理修改训练目标和任务。

10. CAD 训练法

指运用现代运动训练控制原理与科学技术相结合的训练方法，具有自动化、菜单化和一体化特点。通过技术手段将训练目标转化为人体目标体系，用定量和自动分析使繁多的训练内容转化成系统的训练内容，在自动分析和逻辑分析的基础上选择训练手段和训练内容，最终达到模拟过程状态和预测训练结果等，使运动训练更加有效。

三、运动训练基本方法的运用要求

对运动训练方法朴素的研究，可追溯到奴隶制社会后期，处于较自然简单的起源状态；近代运动训练可分为靠经验指导与模仿学习时期和向科学训练过渡时期两个阶段；现代运动训练方法的发展基本上是一个由简单到复杂、由单一到完整、由局部到综合的过程。纵观现代训练方法的发展进程不难看出，现代运动训练方法正在与现代科技、医学、生物学、社会科学和教育学基础的发展紧密结合，逐步完善模型化训练方法，更有针对性地适用于专项训练的需求，同时也与运动训练学的三层次相对应。[1]

（一）医学、生物学的发展

从医学和生物学的角度出发，深入研究和探索运动过程中身体机能出现的适应性变化以及规律，为运动训练方法和手段提供更多的可能性选择，并成为竞技运动发展过程中强有力的支撑。

（二）科学技术的进步

我国体育科技的发展从无到有，逐步成为体育事业发展的源动力，"体育事业发展必须依靠科技进步"成为体育事业发展的原则。体育科技的发展离不开人、财、物的投入，更离不开对体育科技活动的管理与指导。

---

[1] 陈笑然. 运动训练方法的项间移植[D]. 北京：北京体育大学，2005.

目前我国体育科技人才队伍规模逐步增加，素质不断提高，体育科技经费投入力度日益加大，体育科研条件逐步改善，体育科技成果日渐丰富，体育科技的知识传播渠道逐步增多，体育科技管理体制不断创新，这些变化都在对竞技体育事业的发展起着重要的推动作用。

第三节 运动训练的基本原则与方法的运用

一、运动训练基本动作选择的整体要求

运动训练的目的是提高运动员的竞技能力和运动成绩。任何一名运动员的全程性多年训练过程都需要经历这几个阶段：基础训练阶段、专项提高阶段、最佳竞技阶段、高水平保持阶段。在基础训练阶段，主要是循序渐进地发展多种运动能力，例如协调能力、基本运动能力、多项基本技术、一般心理品质、基本运动素质等。而体育运动按人体参与活动的基本方式分类，可分为走、跑、跳跃、投掷、攀登、爬跃、悬垂支撑和平衡、角力等。所以教练员在制订基础训练阶段的训练计划时，应该围绕该专项的特征选择适合运动员发展其竞技能力的练习动作。

（一）符合运动训练的原理

运动训练的内容，都应该围绕如何发展运动员的竞技能力来选择。科学化训练与训练科学化是现代竞技体育获胜必不可少的训练手段、方法，给现代竞技体育注入了新的活力，提高了运动员的竞技水平。如果没有科学训练，运动员的竞技成绩将停滞不前，运动员将无法突破人类运动的极限。[1]所以训练计划需要遵循其原理、原则、方法。首先需要遵循以下几个原理：

1. 专门性原理

只要给机体施加刺激，机体便会产生相应的生物性效应，若长期刺激则会发生特定的适应性变化。运动训练的本质便是刺激，因此，特定的刺激必然引起特定的适应性变化。

2. 超负荷原理

运动成绩要不断增长，负荷不断增长是其前提条件。这就要求训练负荷不断超过原有负荷，此即超负荷。但超负荷并非过度负荷，而是指在不引起机体衰竭的情况下刺激机体使之发生预期的适应性反应。[2]

---

[1] 郝选明.运动训练基本原理[J].中国体育教员，1994（4）：12-13.
[2] 汤鸿波.运动负荷在体育教学与训练中的应用[J].内江科技，2009，30（11）：148-149.

3. 持续性原理

进行一般身体练习及专项身体练习必须持之以恒。即从时间上讲，负荷必须具有持续性，这就意味着训练安排必须具有严密的逻辑性。训练过程应以年为周期，年周期必须符合多年发展计划，每次训练课都应是上次训练课的继续与发展，并在逻辑上遵循既定的发展轨迹。

4. 渐进性原理

随着运动能力的不断增强，训练负荷亦应相应加大，这是毫无疑义的。但负荷的增加并非呈直线性，依照负荷与恢复的变化，而应呈波浪形向上发展。两次训练课的变化构成一个小波浪，两周或几周训练的变化构成一个中波浪，每年各个训练期则构成一个较长的波浪。

5. 个体化原理

每个运动员都是一个独特的个体。没有一个训练计划能适用于所有运动员。所以教练员在安排训练计划的时候，需要根据每个运动员的特长和发展目标，制订相应的具体的训练手段，保证运动员可以取得最佳训练效果。

（二）以运动员竞技能力全面发展为导向

运动训练的基本动作需要围绕发展运动员竞技能力来制订，而运动员运动技术水平的提高，优异运动成绩的取得，不是由某一个因素决定，决定因素是多元的，所以无论是参加什么项目的运动员，都会接受身体素质训练、运动技术技能与战术技能的训练以及心理智能的训练。例如冰球这项运动，有少数教练员认为技战术训练完全可以代替体能训练，没必要进行专门的体能训练与身体训练。这部分教练员没有认识到现代激烈的冰球比赛对体能的高度要求，以及体能对技战术掌握与运用的双重性促进与限制，这是制约我国冰球项目发展的一个因素。[1]

二、基于技能和心理训练的不同程式的动作组合

（一）单个动作重复

是按照一定要求反复练习某个技术动作的训练方法。单个动作重复的练习方法，需要根据训练任务以及训练对象，确定数量和负荷强度。同时，如果运动员处于学习掌握技术时，应该严格要求动作完成质量，不能一味强加数量和强度；而在提高和巩固技术时，除要有一定的数量外，对强度也要逐步提高要求，确保运动员能在困难的条件下正确地掌握技术，在比赛中能够充分运用。

（二）简单动作组合练习

将简单动作组合训练，技术动作或战术配合的开始到结束，不分部分和环节，完整地

---

[1] 申利军,左斌. 冰球运动员竞技能力形成的主导影响因素[J]. 冰雪运动,2013,35（6）:19-22.

进行练习的训练方法。运用完整训练法便于运动员完整地掌握技术动作或战术配合；保持技术动作或战术配合的完整结构和各个部分之间的内在联系。[1]

（三）成套动作练习

在单个动作和组合用于个人成套动作的训练时，可根据练习的不同目的而有不同的要求。在着重提高动作质量时，可中途要求运动员停止练习，指出问题，加深印象，重练改进；在着重发展完成全套动作的参赛能力时，则不拘泥于个别动作细节完成质量的情况，而强调流畅地连续演示全套动作。动作都能完全掌握的情况下，进行成套动作的练习。

三、基于体能发展的需要选择运动训练的基本动作

（一）发展形态的健身动作

身体形态是人体内部与外部的形态特征，同时也是体能发展水平的外在表现。反映外部形态特征的指标通常有：高度（身高、坐高等）、长度（腿长、手长等）、宽度（肩宽、髋宽等）（如图2-1、图2-2、图2-3）。

图 2-1　改善驼背、圆肩膀　　图 2-2　改善驼背、圆肩膀　　图 2-3　改善驼背、圆肩膀

（二）发展身体机能的调节动作

身体机能反映了一个人的身体状态，在日常生活中能经常体现出来。提高运动员的身体机能，可以增强呼吸肌的力量。常见的方法有跑步和跳绳。

（三）发展身体素质的系列动作

1. 力量素质

力量素质是人体所具备的基本素质，发展力量素质是运动员获取运动技能的基本保障，同时也可以使运动员更好地发展其他身体素质。

（1）静力性力量的练习方法

静力性力量锻炼的一般方法是以最大用力来维持某一动作，主要是注意掌握持续时间的长短。主要手段如对抗性静力锻炼、负重静力锻炼、动静结合锻炼。

---

[1] 桑帅. 山西省青少年蹦床运动员冬训期技术训练负荷特征研究[J]. 山西大同大学学报：自然科学版，2013, 29（6）: 78-81.

（2）动力性力量的练习方法

①动力性力量：肌肉做非等长收缩时产生的力量。最大力量是指用最大力量克服阻力的能力，如举起杠铃的最大重量。发展最大力量的方法主要是采用克服大阻力（最大力量的80%以上强度）、重复次数少的练习。②速度力量锻炼：速度力量又称爆发力，它是在最短时间内发挥最大力量的能力。速度力量锻炼的特点是适当减少阻力（最大力量的60%~70%），用最快的速度完成动作，如跳远、立定跳远的弹跳力。③绝对力量锻炼。绝对力量的锻炼一般采用附加重量（次极限重量）或最大重量（极限重量）的重物，如在卧推杠铃、深蹲和半蹲杠铃时经常使用。④相对力量锻炼。相对力量要求锻炼者具有较大克服自身体重的能力。锻炼的主要方法有体操、短跑、武术、摔跤、拳击等。⑤速度力量锻炼。速度力量的锻炼一般是以中等或中小负荷，重复次数较少，以最快速度完成动作，这种锻炼效果最好。⑥力量耐力锻炼。力量耐力是指长时间克服阻力的能力。它要求既要克服一定的阻力（约50%的强度），又能坚持较长时间的练习，达到一定的疲劳感觉为宜。如俯卧撑、仰卧起坐等。[1]

2. 速度素质

速度是人体所具备的一项必不可少的素质，同时在肌肉的协调能力上也有明显的体现。速度素质分为反应速度、动作速度、位移速度。运动员需要根据其不同的专项特点，着重发展其所需要的速度素质。

（1）反应速度练习

不同项目的运动员对反应速度的训练方法是不同的，如短跑运动员需要在裁判员发出枪响指令后以最快速度完成起跑阶段。所以短跑运动员在发展反应速度时，可以让运动员成半蹲踞式姿势准备，在听到教练员的指令后快速向上起跳并完成摸高动作。

（2）动作速度练习

游泳项目的运动员在完成转身动作时，需要有充分发挥动作速度的能力。所以在训练的时候采取负重训练法，在加大阻力练习后，再减小阻力，利用之前运动员对运动系统的较高要求完成练习。

（3）位移速度练习

位移速度在很多运动项目中都有体现，例如短跑运动员的步幅以及排球运动员的快速位移。所以在发展位移速度时，要根据其不同的运动项目制订相应的练习方法。例如排球运动员在加速动作频率时，可以采用快频率、小步跑等练习手段。

3. 耐力素质

耐力素质可以很好地反映人体的健康水平，同时帮助运动员克服运动训练所带来的疲劳。练习耐力素质主要分为肌肉耐力练习和心肺耐力练习两种方式。

（1）肌肉耐力练习

自重深蹲或俯卧撑：每组60秒，5~6组，组间歇1分钟。强度为60%~70%；

---

[1] 翟士伟. 浅析摔跤力量素质专项训练[J]. 科技信息，2009（26）：275.

（2）心肺耐力练习

原地波比跳或弓箭步交换跳：每组60~90秒，4~6组，组间歇1~2分钟。强度为60%~80%。

4. 柔韧素质

柔韧素质对运动员各个关节的活动度都有很大的影响，发展运动员的柔韧素质可以减少运动员在运动训练过程中的损伤。常见的练习方法主要分为静力性练习和动力性练习（如图2-4）。

图 2-4 柔韧素质训练

（1）静力性练习

将肌肉、肌腱和韧带缓慢地拉伸到一定程度，当产生到一定的酸、胀、痛的感觉时，维持身体姿势并稍加施力，然后停留一定时间的练习方法。静力性练习可以避免关节过度伸展造成的伤害。

（2）动力性练习

随着一定的节拍进行速度较快的多次重复练习，同时逐渐加大动作幅度。在运用时注意不要用力过猛，以免对身体造成伤害。

5. 平衡素质

平衡这一项基本素质是我们在日常生活中和运动时都需要的。而人体平衡主要受到前庭器官、本体感受器和视觉器官的影响。练习平衡素质可以帮助运动员提高运动器官和前庭器官的机能水平，保证身体活动的顺利进行。发展平衡能力可以通过静态平衡活动和动态平衡活动两种方式练习。[1]

（1）静态平衡活动

常见的静态平衡活动主要有单脚站立、燕式平衡等动作，在一定的基础上可以加上平衡垫或者通过闭眼进行加阻训练（如图2-5）。

图 2-5 静态平衡训练

（2）动态平衡活动

运动训练的过程是动态化的，在静态平衡训练的基础上，通过大量的动态平衡练习，

---

[1] 苏珊珊. 利用平衡板进行核心力量训练对游泳专项学生平衡能力的影响[D]. 北京：北京体育大学，2018.

可以帮助运动员在完成动作时，更好地调整人体重心和控制身体姿态。常见的方法有站在平衡球上完成深蹲练习等（如图2-6）。

图 2-6　动态平衡练习

思　考　题

1. 试述运动训练基本原则的释义。
2. 试述在训练中如何贯彻竞技需要原则与区别对待原则。
3. 试述间歇训练法、重复训练法、持续训练法的差异点。
4. 简述运动训练的方法及作用。
5. 简述发展力量素质的方法与手段。
6. 结合你所从事的专项，设计一堂训练课中所需要用到的训练方法及手段。

第三章 运动员科学选材

第一节 运动员选材概述

运动员选材是选拔优秀后备人才的过程，也是培养优秀运动员、展现优秀运动员竞技实力的重要环节。[1]运动员科学选材是指根据各个体育项目竞技能力构成的基本特点，运用科学测试和预测的方法，从后备人才中，选拔出具有先天条件和后发优势的优秀人才。运动员选拔的过程其实就是对运动员将来的竞技能力潜能进行诊断、综合评价及预测。

优秀运动员的成长一般需要7~12年的时间，才能够达到奥运会的水平。新的时代，随着经济、科技的不断飞速发展，更多科技元素融入竞技体育领域，促使运动技术、运动成绩不断得到突破及发展，竞技运动之间的竞争的背后，往往是科技的竞争。随着现代竞技体育技术与运动成绩的不断提高与发展，培养成世界冠军水平越来越难，竞争也越来越强。实践证明，科学选材在培养运动员中具有非常重要的作用，只有优秀的、具有天赋的运动员才能达到国际体坛的高峰，才能更好地展现其竞技实力，训练也才会有更好的效益。所以，选材的成功意味着训练成功的一半。

20世纪70年代末至80年代初，由原国家体委科教司、部分直属体育院校及省市科研所组织专家学者，从运动解剖学、运动生理学、运动生物化学、运动生物力学、运动心理学及运动专项理论的视角，研究了部分运动项目的形态学、生理、生化、心理及竞技能力特

---

[1] 吴长稳,张健,于奎龙.中国运动训练学理论研究热点与前景展望[J].山东体育学院学报,2012,28（2）:68-75,107.

点，并编辑出版了《运动员选材研究论文集》，从而为运动员科学选材的研究奠定了初步的理论基础。[1] 20世纪80年代中后期至90年代初，由原国家体委科教司和全国运动员选材中心组共同领导和组织部分直属体育院校及科研所参加了规模更大的运动员科学选材研究课题，先后分别制定了15个项目青少年运动员选材标准（包括田径、游泳、体操、举重、篮球、足球、排球、乒乓球、羽毛球、射击、自行车、柔道、皮划艇等项目），编辑出版了首部《运动员科学选材》专著，促使我国初步形成了运动员科学选材的理论与方法体系。[2] 这一研究成果的明显特点是奠定了我国运动员科学选材工作的特点，即选材指标定量化、评价方法的规范化、年龄分组（骨龄）科学化，而且简便易行，可操作性强。可以认为，这两个重要时段所完成的研究课题，为我国竞技体育的可持续发展奠定了扎实的"竞技人才"基础。

但是，伴随竞技体育的发展，我国的运动员科学选材工作仅仅适用于青少年运动员显然是不够的，所以，在2001年北京奥运会申办成功以后，体育总局委托北京体育大学启动了"奥运优秀运动员科学选材的研究"项目（国家"十五"重点攻关计划）。至此我国已经形成了适合和满足"四级"训练体系要求的运动员科学选材服务网络。可以看到选材服务网络将会得到长足的进步。

一、运动员选材的释义

（一）运动员选材的发展过程

1. 运动员选材的阶段划分

运动员的选材一般分为：自然选材阶段、经验选材阶段及科学选材阶段。

自然选材阶段主要是以期初的运动成绩作为选拔运动员、运动员后备人才的标准。

经验选材是教练员、教师在长期的训练、教学实践中积累的经验总结，是教练员及教师凭借自身的经验，以及较为简单的测量指标进行监测，所进行的粗略性的选材。

科学选材是运用相关系统的、科学的理论及方法进行的选材，通过综合测试与考察，根据所具有的选材指标进行筛选，而所进行的选材。

运动员科学选材，是指正在实施的并且随着相关学科发展不断完善的运动员选材体系。运动员早期选材是指针对那些有培养前途的儿童少年所进行的初期选材，包括一般性观察、调查、测试，以及最后确定其是否能够进行长期系统训练的过程。在运动员选材的早期，主要对运动员由遗传因素所决定的先天才能进行选拔，注重对运动员或后备人才的生长发育和一般运动能力进行测试、评价及对运动员发展潜能进行预测。

---

[1] 侯海燕. 我国运动员选材的研究进展及展望[J]. 河北体育学院学报, 2016, 30（3）: 47-51.
[2] 陆国田. 我国12~17岁中长跑运动员选材指标体系构建与评价标准研制[D]. 北京：北京体育大学, 2018.

2. 我国运动员选材发展

（1）《我国优秀青少年运动员科学选材成果汇编》

1980—1984年，原国家体委科教司设立优秀青少年运动员选材研究课题，其研究成果为《我国优秀青少年运动员科学选材成果汇编》，对田径、游泳、体操、排球等运动项目运动员选材标准与选材机制进行了初步系统探讨。

（2）《运动员科学选材》专著的出版

1987—1992年，由原国家体委科教司组织，汇集全国运动医学、运动训练学、体育测量与评价、体育统计、部分项目教练员等各学科专家学者组成的全国运动员科学选材中心组，完成了田径、游泳、体操、举重、篮球、足球、排球、乒乓球、羽毛球共9个项目青少年中级选材标准的研究，其研究成果以《运动员科学选材》研究专著的形式出版。同时，在各省市科研所已建立了选材研究室，我国运动员科学选材研究和选材工作从组织体系和管理等方面得到完善，并为我国竞技后备人才的培养和竞技运动训练科学化水平的提高，起到了巨大推动作用。

（3）《运动员竞技能力模型与选材标准》专著的出版

1993—1994年，由原国家体委训练竞赛司组织，汇集全国10个体育科学研究所、大学、国家、省市运动队的44名专家学者，历时1年半完成了赛艇、皮划艇、璞泳、自行车、帆船、帆板、射击、射箭8个运动项目的《运动员竞技能力模型与选材标准》专著。本专著指出：明确提出优秀运动员竞技能力的结构模型对运动员选材具有重要的导向作用……运动员选材标准的制定，以及运动员选材工作的组织实施，其目的都在于创造有利条件，使得被选出的儿童青少年的竞技能力结构，经过多年系统的训练，逐步逼近优秀运动员竞技能力的结构模型，从而实现运动训练的目标。本研究的另一项重要成果是专门成立了心理研究组，根据上述8个项目的选材要求，对运动员个性特点的测试指标和方法进行了专题研究，开发了"WT"智力测试系统。为运动员心理选材的个性测试提供了可参考的方法。

（4）2000年后运动员选材国家重大课题情况

2001—2004年，国家科委启动了国家科技攻关计划项目、奥运科技专项奥运优秀运动员科学选材的研究，对体操、跳水、羽毛球、乒乓球、举重、柔道、跆拳道、自行车等15项目奥运、亚运优势项目进行了生物学、心理学选材指标及专项素质选材指标等，根据遗传特征和项目特征进行指标筛选、开发利用和体系的构建，建立了约2500人的我国优秀竞技后备人才库。

2002—2004年，国家体育总局科研所承担的国家自然科学基金项目，杰出运动能力的分子遗传学研究探讨人类运动能力相关的基因标记与分子机制，为运动能力遗传标记的筛选与研究提供了有效方法，具有广泛应用前景。

2003—2005年，国家科委启动了国家科技攻关计划项目、奥运科技专项优秀中长跑运动员分子生物学基础的研究，该项目对决定优秀中长跑运动员有氧能力的分子生物学基础进行了有益的探索。表明我国运动员选材已开始进入分子生物学水平。主要任务：运动员永生细胞库；优秀运动员DNA库；基因多态分析。

（二）运动员选材的释义

运动员选材是依据科学的原理和方法，对运动员的综合指标进行科学分析及预测，挑选或选拔出具有潜力或是某一方面具有天赋的"苗子"。

在竞技运动的初期，运动员选材并不受到重视。随着竞技运动的发展，竞争能力不断地增强，科学技术不断地运用到竞技体育中，相应的分析、预测方法的不断出现，运动员科学选材才得以应运而生。

根据运动员竞技能力构成要素，通过对客观指标的测试，进行科学的综合评价，在综合分析的基础上对运动员竞技能力做出科学的预测必将成为科学选材的最终目标。

二、运动员选材的价值

（一）为运动员培养确立方向

①科学选材是用现代的科学技术和方法，去对后备人才的竞技能力现状评价，并对相应的数据进行科学性及准确性的分析，预测出成才率高的后备人才。

②随着竞技运动训练水平的不断提高，所有的运动训练手段、方法等方面的差距越来越小，到一定的运动训练水平上，运动员的突破性越来越难，很多教练员把目光转向运动选材，运动选材受到越来越多的重视。

③为提高运动员的运动训练效益，提高培养运动员的实效性，应提高选材的实效性，从而加强对运动员的培养。[1]

④任何运动项目对运动员身体条件的要求各不相同，同时各个运动项目对运动员身体遗传度要求也较高，因此应加强运动员的科学选材，提高运动员训练的效率及成才率。

⑤随着现代竞技运动的不断发展，很多项目的竞技运动水平已经接近人类的极限，在这样的情况下，更好地实现科学选材，须进一步研究青少年人才的成长规律，并结合运动项目的制胜规律，把具有天赋的苗子选拔出来，而怎样发现或探索青少年的天赋能力就显得格外重要。

（二）为人力资源培训奠定基础

①运动员科学选材能有效提高运动员的成才率，能提高人才培养的效益，更能省时、省物及省力，可以更好地实现竞技人才培养的资源配置，运动员科学选材已受到越来越多的重视。

②运动员后备人才的培养，需要重视人才培养体系的构建，重视培养后备人才梯队，

---

[1] 郭可雷.现代运动训练发展趋势探究[J].山东体育学院学报，2011，27（6）：74-81.

形成一条科学、合理及高效的运动员输送渠道，从而源源不断地输送运动员队伍，为竞技体育的发展奠定基础。

③随着竞技运动训练方法与手段的不断提高，运动员竞技能力接近极限，科技在竞技体育领域占的比重逐渐增加。科学选材为竞技体育选拔、培养提供了更多的可能，为优秀运动员的成长成才奠定了基础，同时也成长了大批优秀教练员，为竞技运动人才的培养提供了人力资源基础。

第二节 运动员选材的目的与任务

一、运动员选材目的和任务

（一）现实状态信息的获取

通过调查和测试，获取青少年运动员身体形态、遗传、生理、心理指标，并对相应的指标进行科学、综合的定量分析和预测，获得运动员真实的信息。

运动选材期初的运动能力及相应的指标，可以分析其运动潜力，并根据运动项目的制胜规律，确定运动员的发展方向，并依据综合指标，作为运动员训练方向及专业训练的重要依据。

选材诊断是分析判断运动员合适从事的运动项目，选材诊断主要是通过现实竞技能力状态分析预测未来可能的运动能力水平。而运动训练过程中的竞技能力的诊断，主要是对已实施的运动训练效果的判定以及后续训练计划制订的依据。

（二）整体状态评价

1. 相对评价

将运动员所进行的综合测试的指标进行综合判断与分析，并对照相应项目的选材标准，可对目前运动员发展现状及今后发展的潜力进行一个判断，这种方法称为相对评价。

2. 绝对评价

将运动员现在的综合测试数据与一名优秀运动员的标准进行对比，判断该运动员与一名优秀运动员的差距，同时判断运动员的成长成才概率，这种评价称为绝对评价。

（三）发展潜力预测

运动员选材是运用相关的学科理论与方法，科学地对青少年各项指标进行综合的分析与判断，并结合运动项目的运动特点及运动项目的制胜规律，对青少年未来竞技运动的发展潜力进行预测，判断今后发展的可能性，从而为训练打下基础与准备。能够选拔出优秀的、具有天赋的"苗子"是运动员选材的最终任务，对"苗子"的竞技能力、潜能的预测是运动员选材的目标。[1]

二、运动员选材应注意的问题

（一）选拔对象与年龄确定

运动员科学选材主要是针对儿童青少年，运动员科学选材应掌握及理解儿童青少年的发育成长规律，了解儿童青少年运动能力发展的时间规律，再针对运动员的特点，确定出选拔的对象及预测出发展的潜力见表3-1。[2]

表3-1 各项目运动员成才时间跨度表

项群		训练年龄		首次成为奥运选手年龄（岁）		奥运选手成才时间（年）	
		男	女	男	女	男	女
体能主导类	速度性	11.5	11.3	21.7	20.9	10.2	9.6
	快速力量性	14.1	13.0	23.9	24.1	9.8	11.1
	耐力性	15.9	14.1	24.1	21.7	8.2	7.6
技能主导类	表现准确性	15.7	15.1	24.3	23.1	8.6	8.0
	表现难美性	8.7	7.9	21.5	18.1	12.8	10.2
	隔网对抗性	12.2	11.9	23.5	23.1	11.3	11.2
	同场对抗性	13.1	12.8	25.3	22.9	12.2	10.1
	格斗对抗性	15.4	14.4	23.3	23.6	7.9	9.2

注：根据男208人，女169人的调查结果（田麦久，1994）。

（二）现实诊断与潜力评价

对运动员的综合指标进行诊断及竞技潜力的预测是运动科学选材的任务。一个优秀的运动员的成长，都要经历从低层次训练阶段到高层次训练阶段的过渡，所以，运动员科学选材应处理好运动员先天优势条件与后天训练的关系。先天因素主要包括在生长发育过程中能够自然增长，并表现出来的所有生理和心理等特征。而许多竞技运动训练实践表明，运动员的很多先天优势条件通过后天的训练才能够有效地激发出来，运动潜力才能够得到更多的挖掘，才能够表现出超强的竞技能力。因此，对运动员的竞技潜力的预测、运动员竞技能力提升的幅度的预测是对青少年竞技能力诊断的重要内容。[3]

---

[1] 陈玉梅.论教练员与运动员选材的关系[J].广东科技，2012，21（11）：47，23.
[2] 王鸿斌.青少年手球运动员战术执行能力的培养与发展[J].长春教育学院学报，2015，31（13）：77-78.
[3] 侯海燕.我国运动员选材的研究进展及展望[J].河北体育学院学报，2016，30（3）：47-51.

（三）科学选材与人才培养的衔接

运动员的科学选材是挑选适合本运动项目发展的"苗子"。运动员科学选材的过程就是在接受过或未接受过运动训练的青少年中，选拔出具有该运动项目发展潜力的青少年进行科学的训练及培养，接受更加科学的综合训练，激发青少年运动员的运动潜能，实现运动训练的目的。所以，运动员科学的选材应与训练、人才培养做好相应的衔接，提升整个运动训练的实效性及效益。

（四）运动员科学选材与成功率分析

运动员科学选材是运动训练的开始，运动训练是过程，运动员科学选材的目的是培养出优秀的运动员，选拔出具有各运动项目优秀的"苗子"，并对优秀的"苗子"进行科学的训练，使"天才""苗子"成为真正的"人才"。[1]邢文华（1992）指出的：不能把运动员选材看成为仅仅是体校或运动队招收运动员前的一次全面身体检查。因为青少年运动员在成才过程中，由于受到遗传和环境两个主要因素的影响，使得他们的体能、技能、智能和心理等方面始终处在一个动态变化的过程中。所以，不可能通过一次测试就选准一个世界冠军。也就是说，通过测试和预测发现的天才，还需要经过系统的科学训练方能成才。在平时训练过程中，还要不断地追踪观察，分析其发展趋势，这样才能选得更准。[2]

三、运动员选材的项目迁移实践

（一）运动员跨项选材

1. 跨项选材概念

不同学者阐述了跨项选材的概念。Guellich 认为，跨项选材是选拔参与过多个运动项目的青少年运动员，在青春期重新择项；Halson 认为，跨项选材是选拔某一项目中达到一定水平的运动员，转向与其体能或技术要求相近的运动项目；Collins 认为，跨项选材是筛选具备训练背景的运动员，根据其形态机能特点，转向项目特征相似但整体水平较低的运动项目；Macnamara 认为，跨项是运动员的二次择项，跨项前后的运动项目存在动作技能上的迁移。虽然学界关于跨项选材的概念尚未达成共识，但是不同学者对跨项选材的认识存在两点类似，即运动员具有多项训练的背景和跨项前后运动项目竞技能力构成的相似。[3]鉴于此，跨项选材可被定义为：具有多项目训练背景的运动员，跨项从事竞技能力构成相

---

[1] 龙斌,王家辉,王三保. 跨项选材视角下《运动选材学》通用教材不同版本的比较研究[J]. 武汉体育学院学报, 2019, 53（6）: 72-78.

[2] 杨建军,阎智力. 运动员科学选材的人类学研究及展望[J]. 南京体育学院学报：自然科学版, 2017, 16（5）: 6-10.

[3] 田麦久,刘爱杰,易剑东. 聚焦"跨项选材"：我国运动员选拔培养路径的建设与反思[J]. 体育学研究, 2018, 1（5）: 69-77.

似运动项目的选拔和培养过程。

跨项选材主要是对实践中运动员成才过程的总结。提出跨项选材，一方面是由于传统选材和培养模式在部分项目的实施空间较小，不足以形成国家在该项目上的竞争力，因此被迫将目光转向了以跨项选材为代表的非惯例模式；另一方面是随着跨项案例的涌现，跨项由训练实践中的常见现象上升成为国家意志和政策行为的集中体现。在政策引导和支持下，跨项选材不仅解决了竞技体育后备人才匮乏的困境，而且打通了项目间人才流动的渠道，因此服务于奥运会等重大比赛的备战。[1]

2. 跨项选材训练学基础

每个竞技项目都有其特定的运动项目特点及制胜规律，同一项群不同运动项目之间具有相似的运动技术特点，在这样的情况下，才有同项群转化、转向训练成长成才率就相应地提高，运动训练就会更加的顺畅。因此，跨项选材在近些年的训练实践中得到了普遍的重视，并且通过竞技训练实践表明，同一项群中进行跨项选材容易取得更佳的效果。

王大卫、王金灿等人的研究都表明，"同群转项训练"的成才率明显高于"异群转项训练"的成才率。由于每个个体生长发育过程都会有个人的特点，有些从训的少年儿童在发育的不同阶段会显露出一些新的竞技能力特征，显示其在另外一个项目上成才的可能性更大，因势利导地让他们"转项训练"，促成"转项成才"就应该是理所当然的了。

3. 我国"跨项选材"的实践探索

为了打破各项目之间的壁垒，提高运动员成才率，提高运动员人才培养的实效性，我国对跨项选材进行了大胆的探索。在我国跨项选材往往包括"跨界训练"与"跨项训练"两种模式。

跨项训练往往是一个运动员从一个运动项目转向另一个运动项目进行科学训练。我国的跨项选材的实践主要是有轮滑运动员跨项目进行速度滑冰运动训练、中长跑运动员跨项进行赛艇运动训练、赛艇运动员跨项目进行越野滑雪训练等。

跨界选材往往指的是从体育以外职业转向体育内的一种训练模式，这种模式普遍被称为"跨界选材"。

2017年底，国家体育总局根据我国青少年运动训练体系现状，并借鉴国外青少年运动员长期发展模式的选材经验，提出了"青少年跨界、跨项目"选材训练的新模式。提出从武术、杂技、舞蹈等表演专业青少年中选拔进行雪上空中技巧、单板滑雪、高山滑雪运动员的跨界选材方案，以更好地参加及备战2018年的平昌冬奥会。

2018年2月受中国奥委会委托，中国赛艇协会组织了冰雪项目跨界、跨项、跨季选材训练工作，先后赴河南濮阳杂技团、河南登封武校、新疆阿迪力达瓦孜学校等，以及云南、湖北、贵州、广西、广东等地，组织了50多次、万人以上的冬季项目跨界、跨项测试选

---

[1] 姜志远，张莉清.经验与启示：以奥运会为导向的英国运动员跨项选材[J].沈阳体育学院学报，2019，38（2）:72-77.

拔,组建了跨界、跨项冬季项目国家集训队 11 个大项、共 28 支队伍赴冬季项目强国训练,目前运动员人数已达到 1500 多人。

"跨项选材"是竞技人才资源优化配置的途径,是竞技人才培养的重要措施,进行"跨项选材"可提高运动训练的效益,减少更多人力、物力的消耗,"跨项选材"将是未来运动员科学选材及运动训练的重要方向,也将成为运动员科学选材新的发展趋势。[1]

(二)"跨项群"选材

传统选材是运动员科学选材、人才培养的主要途径,"跨项群选材"是传统选材的有益补充;"跨项群"选材是运动员成才重要环节。传统的运动员选材及训练对一些经济基础薄弱、人口较少的国家而言,这种实施方式并不理想,这种模式从人才培养周期上及人口基数上而言,使很多国家承担着巨大的负担。[2]

纵观世界的部分成功案例,很多优秀的运动员都有从早期从事的运动项目转向后期从事的运动项目的经历,这有效提高了人才培养的效率,提升了运动项目的可持续发展,这为一些项目、一些国家运动员的成长成才提供了新的思路与可能。

从20世纪70年代开始,澳大利亚启动了规模化的运动员跨项群选材,随后,英国也组织了大规模的"跨项群"选材,这为运动员的选拔及培养注入了新的活力,一定程度上助力了竞技体育的复兴。

我国正处于 2022 年北京冬奥会和残奥会备战工作的关键时期,要在短期内提高我国冰雪项目的竞技水平,实现 2022 年北京冬奥会上全面参赛、冰上项目上台阶和雪上项目有突破的目标,有必要借助"跨项群"选材,畅通冰雪运动项目和其他项目后备人才的培养渠道,为我国相关竞技体育实践提供有益帮助。

"跨项群"选材作为传统选材的重要补充,有效地弥补了传统选材的不足,有效地提高了运动员人才培养的效益,也为一些国家提供了运动选材新的途径与方法,为一些国家竞技运动的发展带来了新的希望。

我国也在不断地总结及借鉴"跨项群"选材的发展经验,积极做好相关项目的奥运等备战工作。基于此,应积极探索项目之间、项群之间的联系,建立相应的选材标准及移植标准,积极推进"跨项群"选材,积极挖掘"跨项群"选材的价值,作为传统选材的补充,通过科学的、综合的评估、预测与分析,把"跨项群"选材作为运动员选材的二次遴选,延长运动员的运动寿命,提升运动员的培养的效益。

---

[1] 郝文亭,张雅玲,梁剑明. 塔吉克族13~17岁女生身体形态的测量与研究[J]. 海南师范学院学报:自然科学版,2007(4):381–384.

[2] 张晓玲,冯明强,张丽群. 青少年速度滑冰运动员的选材[J]. 冰雪运动,2010,32(4):1–4,50.

第三节　运动员选材的应用与实施

运动员的选材经历了从无选材到经验选材，再到科学选材的过程，不管经验选材还是科学选材都有其重要的意义，都存在着一定的可能性及合理性。同时在科学选材面前，不能一味地忽视了经验选材的作用，也不能对青少年运动员的测试指标进行一刀切的分析与判断。进行了选材，只是证明具有一定的可能性，重要的是进行选材后的培养，这是决定一个运动员成长成才的关键。而具体在选材的过程中应该注意些什么内容呢，应注重选材时机的把握、家庭情况调查及测试指标的运用等。现分别介绍以下几个步骤：

一、选材时机的把握

运动员科学选材的对象是针对儿童青少年，儿童青少年运动潜力发展巨大，同时可以有效提高训练的效率。而儿童青少年选材的时机又是特别的关键，应结合运动项目的特点、成才规律及制胜规律等综合进行考虑。避免过早进行训练，以至于终结运动员的运动寿命，也避免错过项目训练的最佳时机以及身体素质发展的敏感期，从而错失了运动训练的时机。当前，怎样准确把握青少年身体发展的敏感期，以及对体育项目训练早期的训练时机还在努力地探索之中，争取相应实验、调查数据的支撑，分析、推测及总结出相应的规律，服务于运动员的科学选材。

（一）早期选材

早期的运动员选材，主要是通过简单的测试、分析及预测，选定具有发展潜力的"天才"或"苗子"来进一步分析，有没有训练成才的可能性，以及是否可以进行运动训练。运动员的早期选材主要是对先天有优势的运动员进行选拔，更加注重青少年儿童的运动潜能的测试、评估及预测。

（二）中、高级阶段

中、高级选材是在初级、早期选材的基础上进行的，是经过早期选拔及训练，在一定基础上再一次确定及选拔出先天条件优越及后天训练效果较佳的运动员进行训练，称为中、高级选材。中、高级选材继续重视运动员的先天条件，也要重视后天的训练，并再次进行综合、科学的分析及预测，尽力使遗传充分的运动员发挥最大的运动潜质。

二、家庭情况调查

（一）调查内容

主要是采用遗传学的理论及科学选材的经验进行调查，调查对象主要包括被选运动员家庭成员和存在密切联系的直系亲属。

①身体形态特征：身高、体重和体型特点等。需要对项目特征结合起来进行调查，如篮球、排球的身高、指距等；跳高的身高、下肢长等。

②运动经历及擅长的项目、运动技能与能力，曾经达到的最佳成绩等。

③要特别注意体育世家和优秀运动员的后代，是否存在或再现亲代运动员的某些运动才能。

④健康状况：有无既往病史，重点为家族慢性病史及遗传病史。

⑤生活环境：家庭成员职业、学历、生活条件、饮食习惯；居住地域、气候等。

（二）主要调查方法

运动员选材常用的调查方法包括结构访谈法和问卷调查法。

结构访谈法是指研究人员对调查对象按照统一设计的、具有一定结构的访谈提纲所进行的调查。由于结构访谈的实施，在很大程度上依赖于访问提纲，即访问提纲的设计和谈话技巧成为保证访谈效果的关键。

问卷调查法是运用社会学、管理科学和教育科学等研究的重要手段，通过书面形式，以严格设计的调查项目，向调查对象收集相关资料和事实经验的一种手段，来描述某种现象的主要特征及解释客观事物发生与存在的原因，常常用来测量人们的心理、行为、态度等。

三、测试及观察的指标

（一）运动系统

骨、关节、肌肉的发育状况和功能直接关系到运动能力的形成和发展，尤其是体表特征、关节灵活性、姿势、步态和足底等检查至关重要。

1. 体表检查

重点观察甲状腺和淋巴结是否肿大，如发现，要做内分泌和免疫系统的检查。

2. 身体形态

身体形态是评价身体生长水平的重要指标。具有良好的身体形态，对保持身体的稳定、减少肌肉和韧带的紧张度，以及延缓局部肌肉疲劳有重要的意义。常用的身体形态检查包括坐姿和站姿，其中，站姿的检查为重点。

脊柱形状：重点检查是否存在驼背、鞍背和平背，以及脊柱前后过度弯曲和侧弯畸形等。

胸廓外形：重点检查胸廓前后径和横径的比例，儿童期两者比例基本相同，随着年龄的增加，横径逐渐加大；成年期横径和前后径的比例为4:3。在儿童少年期，严重影响胸腔内脏器发育的胸廓畸形为扁平胸、鸡胸等。

腿的形状：重点检查是否存在"O"形腿和"X"形腿等。

足形：重点检查是否存在扁平足。扁平足是由于足底肌肉和韧带松弛导致足弓下陷或消失的足形改变。扁平足是否对运动能力造成影响一直存在争议，但竞技运动实践经验表明：足弓下陷常常会伴随胯外翻和跖趾关节受伤的概率增加。

3. 肌肉系统

重点观察和检查肌肉发达程度和弹性，检查肌肉在放松、紧张和收缩时的硬度。一般而言，在放松时软，用力时硬，表明弹性指数较高；反之，若放松时呈僵硬状，表明肌肉弹性较差。

4. 关节功能

重点检查关节活动幅度，可以采用转肩、踢腿、下腰等简单动作检查肩关节、髋关节和躯干的灵活性。

（二）心血管系统

1. 心脏检查

①心率：重点检查心率是否在正常范围，跳动频率是否均匀等。

②节律：对于儿童青少年而言，由于先天性心脏发育不良或植物神经系统调节功能障碍，会造成心脏活动的频率和规律发生紊乱，出现心律失常。

③心音：重点检查心音强度和有无杂音。是否在心脏收缩期和舒张期均存在杂音。其中，后者的杂音常常提示心脏存在器质性病变，而前者在Ⅱ级以下的杂音表现为偶发性，大多数属于生理性杂音；但是Ⅲ级以上的杂音常常提示可能存在瓣膜缺损的病变。

2. 血压

青少年血压的正常值范围为100~130/60~80mmHg。但收缩压超过130mmHg，舒张压超过90mmHg时，要注意排除原发性高血压。在实践中，还需要注意排除少年高血压。

（三）呼吸系统

重点检查反映呼吸系统功能的指标，如肺活量、时间肺活量、肺通气量等；此外，还需要排除肺部疾病，如肺结核、气胸等。

（四）其他常规检查

例如，肝功能（转氨酶、澳抗等）、血常规（血细胞计数、血色素等）、尿常规（尿糖、尿蛋白、尿素氮等）。

（五）各年龄段检查重点

1. 青春前期（6~10岁）

主要排除任何先天性异常（如身体发育、体表、运动系统和心血管系统等）的可能性。国外学者Martens强调，在该年龄段的儿童，若未发现异常，但却发现有运动天赋者，要鼓励他（她）们积极投身到竞技运动中。

2. 青春期（11~18岁）

该年龄段是身体和心理快速增长期，也是性成熟的明显变化期。青少年大多数都在有组织地参加竞技运动，有的甚至已具备很高的竞技水平。所以，要高度关注人体测量、心肺功能常规检查，以及受伤和患病的记录。

（六）形态与姿势指标

1. 选材指标体系的确定原则

（1）综合性

运动员选材指标体系需具有极强的综合性。由于诸因素在遗传和生长发育过程中相互作用、相互制约，因此，要对儿童少年竞技能力进行诊断及评价。比较一致的认为应包括：身体形态、身体机能、心理、身体素质、技战术能力等。在进行测试、分析及评价时应分别给予不同的权重，然后进行综合评价。[1]

（2）典型性

根据选材的要求，根据项目的制胜规律，需充分考虑和选择那些与专项成绩密切相关的典型性指标进行针对性及重点性考虑。

2. 体能主导类项群选材指标体系

体能主导类项群包括：①耐力性项群；②速度性项群；③快速力量性项群。

体能主导类项群以体能为其竞技能力主导，在指标选择上以身体形态机能素质为主。如赛艇运动是一项运动员通过划桨使赛艇前进的力量性耐力运动项目。赛艇运动员选材评价指标体系中身体形态、身体机能、身体素质指标占重要比重。

3. 技能主导类项群选材指标体系

技能主导类项群包括：①表现性项群（准确性项群、难美性项群）；②对抗性项群（隔网、同场、格斗性项群）。

技能主导类项群以技能为其竞技能力主导，技术动作相对复杂、战术多变，选材指标体系在指标选择上以技战术心理指标为主，形态机能为辅。

---

[1] 陈皓月.青少年射击运动员选材指标与标准的相关分析[J].当代体育科技，2018，8（14）：248-249.

四、综合评判

（一）单项指标评判

根据青少年的性别、年龄及所具备的运动能力各项指标等，结合运动项目的评价标准进行评判，以此推断能否适合训练，或是有无具备潜质及成为优秀运动员的可能。

（二）综合指标评判

将所测试的各单项指标的得分相加，计算总分，并对照总分的等级标准，根据综合等级结果，并根据相关运动员的情况，做出最终判断。综合指标的判断，应注重当前运动员的竞技技术与竞技能力，并评估、推断及预测是否具有优秀运动员的潜质。[1]

> **思 考 题**
> 1. 简述运动选材的价值。
> 2. 简述运动选材的目的与任务。
> 3. 请结合自己擅长的体育项目，谈谈如何进行选材。

---

[1] 陆国田.我国12~17岁中长跑运动员选材指标体系构建与评价标准研制[D].北京:北京体育大学,2018.

第四章　运动员体能及训练

运动员的竞技能力主要包括体能、运动技能、战术能力、心理能力和运动智能等多种能力有机组成。运动员的这些子能力之间又相互联系，相互影响。运动员的体能又是其他子能力的基础，是其他子能力的发展不可缺少的基础性条件，是运动员的基本运动能力。运动员体能是以人体磷酸原供能系统、糖酵解供能系统、有氧氧化供能系统作为能量代谢活动的基础，通过骨骼肌做功表现出来的运动能力。[1]

第一节　运动员体能训练概述

体能是运动员竞技能力的基础，是运动员竞技能力的重要组成部分。运动员体能发展的水平，关系着运动员的训练及比赛的水平，起到了重要的作用。无论哪一个项群的运动技术及战术水平的发展，体能都是发展的基础，同时运动员体能的发展水平，也影响着运动员心理、比赛及临场的发挥。

进入新时期，我国体能训练得到了越来越多的重视与关注，从已出版或发表的专著、编著、教材及期刊论文来看，目前关于体能的研究呈现出"井喷式"发展，研究的主题、类型及项目越来越多，并且近些年的研究目光转向于国外，无论从竞技体育的理论与实践

---

[1] 田麦久.运动训练学[M].北京：高等教育出版社，2006：54–58.

上，都与发达国家进行积极的交流，从而使得一些体能训练的方法与手段不断呈现出更新及发展的状态。

体能是当今竞技体育研究领域重点研究、亟待突破的问题，我国在2000年后也重点对体能训练的重点、难点及突破点进行研究。我国部分项目、部分运动员的体能训练引进国外的先进理念，以及引进高水平的技术团队进行体能及康复训练，效果较为明显，不管是在竞技体育实践中，还是对于我们国家的体能训练理念都起到了推动的作用，这对我国的体能训练、发展以及竞技运动能力的提高都起到重要的作用。

体能训练国际发展特征及发展动态：

第一，体能训练职业化、体能训练专业化、体能训练产业化成为发展的趋势。

第二，体能训练的综合化体系不断完善，与运动科学等学科不断融合，与运动项目实践不断结合。

第三，体能训练科学化和系统化不断加强，体能训练体系才能真正解决训练的科学性，不断增强、不断丰富及满足不同体育项目多元化和个性化的现实需求。

第四，体能教练的科学素养和实践能力不断增强，使体能研究、人才培养、社会需求及知识传播等要素不断实现良性循环。

第五，体能训练体系不断加强，不同项目的综合体能训练体系不断呈现，体能训练也不断朝科学化方向发展，同时体能训练与新兴学科、基础学科及脑科学等交叉研究将成为体能训练的热点。

第六，随着体能训练综合体系的不断扩大，体能训练的市场也随着发展，产业化不断扩大，竞技体育、职业体育、学校体育等对体能训练的需求越来越多，使得体能训练与现实需求不断的结合，形成良性互动的局面。

第七，运动医学专家及研究员、教练及教师等将不断推动体能训练健康、持续的发展。

第二节　运动员体能训练的内容

运动员体能一般是通过身体形态、身体机能及身体素质等综合表现出来。

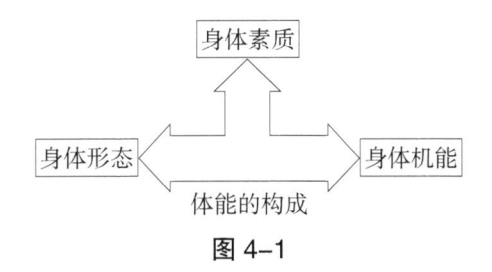

图 4-1

一、身体形态概述

身体形态是指人体的外部、内部的形态与特征，反映身体形态特征的指标有高度、长度、围度、充实度（体重、皮脂厚度等）等。

（一）身体形态训练的意义

①身体形态与运动技能、运动能力具有密切的关系。不同的运动项目对运动员的身体形态具有不同的要求，身体形态的遗传度很高，对运动员选材具有特别重要的意义。

②身体形态一定程度上反映运动员的营养水平及身体发育水平，而身体发育水平又影响着运动员的身体机能及身体素质水平。特别是一些运动项目，对身体形态要求较高，所以应采取科学的、综合的方法对运动员的身体形态进行干预，以适应竞技运动发展的需要。

（二）各项群运动员身体形态特征

1. 体能主导类速度性项群

短跑、短距离游泳等体能主导类速度性项群的运动员，体型一般较为匀称，身体较为强壮，肌肉力量好，膝踝关节围度相对较小，臀部肌肉较为紧缩，跟腱较长及足弓较为明显等。

2. 体能主导类力量性项群

举重项目、投掷项目及跳跃项目等体能主导类力量性项群的运动员所要求的身体形态各有不同。

举重项目有不同级别的项目，举重运动员小级别身材一般较矮，大级别身材较为高大。但总体来看，举重运动员一般体格较为健硕，肌肉较为发达且线条较好，胸围较为厚实，四肢较为粗大以及臀部肌肉较为紧缩等。

投掷项目运动员肌肉较为发达，且肩部及上肢力量较强，躯干整体呈桶形等。

跳跃项目运动员身材整体呈修长的状态，下肢较长，身高较高，跟腱及小腿较长等。

3. 体能主导类耐力性项群

中长跑等项目的体能主导类耐力性项群的运动员身体较为匀称，身高较高，肌肉较为强劲且富有弹性，腿较长，臀部肌肉紧缩向上，踝关节围度较小，足弓较为明显，跟腱较长等。

4. 技能主导类表现准确性项群

射击及射箭运动员的体型较为匀称，不同的项目对运动员要求有所不同。射箭运动员往往手较长、臂也较长；步枪运动员要求臂长要长一些；手枪运动员要求臂短一些，但是手较大，手指较长。

5. 技能主导类表现难美性项群

技能主导类表现难美性项群的运动员要求身体匀称，五官端正，四肢稍长，小腿长于大腿，膝关节较为平直，踝关节较细，跟腱细长清晰，骨盆较窄，臀部肌肉向上紧缩等。

6. 技能主导类隔网对抗性项群

网球、乒乓球及排球等技能主导类隔网对抗性项群的运动员身体形态各不相同。

网球运动员身体形态较为适中，手臂较长，踝关节较细，足弓明显。

乒乓球项目运动员身体较为匀称，手臂较长，腰较短，足弓明显。

排球运动员身材较高，四肢较长，手较宽，骨盆相对较窄，小腿较长，跟腱较长等。

7. 技能主导类同场对抗性项群

篮球、足球等技能主导类同场对抗性项群的运动员身材较为不同。

篮球运动员身材较为高大，手臂较长，小腿较长，手和手指较大，跟腱较长。

足球运动员身材一般在1.75~1.85米，守门员的身高在1.90米左右，下肢较长，肌肉有力，跟腱较为清晰，足弓较为明显。

8. 技能主导类格斗对抗性项群

跆拳道、摔跤及柔道等技能主导类格斗对抗性项群运动员四肢较长，肌肉较为发达，身高及体重的比例较为适当。

（三）身体形态训练方法

①科学、系统而且适合专项需要的各种身体训练方法对身体形态都有积极影响。根据需要运用符合供能系统和专项运动生物力学特征的身体训练方法，可以对运动员的身体形态产生最佳影响，有利于创造优异的专项运动成绩。[1]

②任何科学合理的专项训练手段对促使身体形态专项需要的方向发展都有显著和积极促进，几乎所有项目运动员的身体形态训练基本上都是通过专项训练手段和专项训练方法实现的。因此，专项训练是改善和提高身体形态的重要内容。[1]

（四）身体形态训练的要求

1. 注意遗传因素的影响

运动员身体形态发育水平受遗传影响较大，在训练或是选材中特别要注意遗传度较高的指标，如身高、臂长等的指标，而遗传度较低的比如体重等指标，虽然遗传度相对不高，但容易受到环境的影响，而且可以依靠后天的训练得以改善。

2. 要根据项目特点进行身体形态训练

不同的运动项目具有不同的项目特点，并且具有不同的项目制胜规律。不同的运动项目对身体形态的要求不一致，应根据不同运动项目的需要，采取相应的身体形态练习方法及手段。

3. 根据不同年龄段的身体发育特征进行身体形态训练

应根据青少年运动员的成长、成才发育规律，找准每年身体形态发育的敏感期针对性

---

[1] 田麦久. 运动训练学[M]. 北京：高等教育出版社，2006：168–171.

地进行训练,可提高训练的实效性,同时提高运动训练的科学性。应遵循运动员的身体形态的发展规律。

4. 采用多种方法和手段改善身体形态

运动员的身体形态发育水平,受到遗传因素及后天习惯等的因素的影响。日常饮食、生活习惯及训练水平都会影响运动员的身体形态水平,所以应采取多种干预的措施进行改善及提高身体形态的发育水平。

二、运动员身体机能与训练

(一)机能训练的健康价值

1. 运动员体质健康发展的重要保障

在竞技运动训练中,运动员的健康是第一位的,良好的健康状况是运动员进行训练的基本条件。运动训练可以改善运动员的体质健康状况,可以改善运动员中枢神经状况,同时可以改善及提高运动员的新陈代谢状况,提高运动员对外界环境的适应能力及抵御疾病风险的能力。

2. 能延长运动员运动寿命

运动员的竞技能力受体能、技能及心理能力等因素的影响。体能是身体形态、身体机能及身体素质的基础,体能训练水平越高,越有利于运动员竞技状态的保持,越有利于延长运动员的运动寿命。

3. 保障运动员最好的心理和竞技状态

运动员身体机能发展水平越高,越有利于运动员专项技术、战术水平的发挥,运动员在训练及比赛的过程中应变能力就越强,就越有自信,更有利于比赛成绩的获得,才能更好地使运动员的专项水平得到最大程度的提高,为最大限度地创造优异的专项成绩打下坚实基础。

4. 机能训练应和运动员形态、素质训练相结合

运动员的机能一定程度上是由先天遗传的因素决定的,身体机能的训练是在自然增长的基础上,对机体进行干预与影响,使成绩得以提高。要想使身体机能得到全面的提高,就应采用各种方法与手段,促进运动员身体素质得到全面的发展,使其更好地掌握运动技术与技能,从而为更好地提高运动技能及提高运动成绩创造条件。

(二)身体机能的训练与评定

1. 身体机能的训练

运动员身体机能的训练是通过身体训练及专项训练的途径去实现的。科学、高效的训练可以有效地发展运动员的身体机能,运动员身体机能的提高又可以有效地促进体能训练的水平及运动成绩的提高。

2. 身体机能的评定

对运动员的身体机能的评定，一般用教练员观察、运动负荷实验及运用血液生理生化实验指标进行评价。

①通过教练员的主观评价。

通过教练员平时的主观评价，对运动员训练前与训练后的身体机能进行判断，并对身体机能状态做出客观、准确的评价。这样的评价具有一定的局限性，很难准确地对机体进行科学的判断，所以对运动训练的指导存在一定的局限性。

②通过运动负荷实验进行判断。

可以采用台阶试验和cooper试验等进行判断。但是这样的话，需要承担额外的负荷，会加重运动员疲劳程度，虽然能够一定程度上反映运动员一定运动训练后的身体机能状态。但不利于运动员疲劳的恢复。

③运动血液生理生化指标进行评价。

运动员在承受了较大的负荷和训练强度后，机体才能有效地提高运动能力，血液生物学指标能够准确、客观、定量地反映运动员的身体机能状态，这利于教练员及时调整训练负荷，采取更有效的手段。这是目前国内外普遍采用的评价手段。

三、身体素质训练

（一）力量素质训练

1. 力量素质释义

力量素质是指人体神经肌肉系统在工作时克服或对抗阻力的能力。肌肉工作所克服的阻力包括外部阻力和内部阻力。外部阻力，如物体重量、摩擦力以及空气的阻力等；内部阻力，如肌肉的黏滞性，各肌肉间的对抗力，如骨骼、肌肉、关节囊、韧带、筋膜等组织的阻力。[1]

2. 力量素质训练基础

力量素质基础主要是指影响力量发展的因素。实践中，力量素质发展受肌肉横断面积、单位横断面积的肌纤维密度、跨关节杠杆的机械效率、同时收缩的肌纤维数量、肌纤维的收缩速度、肌纤维兴奋的同步化效率、神经纤维的传导速度、与运动无关的肌纤维抑制程度、大直径肌纤维激活的比例、不同类型肌纤维协作的效率、各种牵张反射的效率、作用于肌肉的神经纤维的兴奋阈值和肌肉收缩前的初长度等因素的影响。神经过程的强度、白肌纤维及其比例、能量储备特点、性激素的影响、肌肉收缩前的初长度效应等因素，对力量素质的影响最大。[2]

---

[1] 杨世勇, 等. 体能训练学[M]. 成都：四川科学技术出版社, 2002：39-40.
[2] 胡亦海. 竞技运动训练理论与方法[M]. 武汉：湖北人民出版社, 2005：80-89.

3. 力量素质的分类

根据力量素质与运动专项的关系，可分为一般力量与专项力量；根据力量素质与运动员体重的关系，可分为绝对力量和相对力量；根据完成不同体育活动所需力量素质的不同特点，可分为最大力量、快速力量和力量耐力。

最大力量是指肌肉通过最大随意收缩克服阻力时所表现出来的最高力值。

相对力量是指运动员单位体重所具有的最大力量。相对力量对体操、跳高等项目是十分重要的，因为这些项目要求运动员具有较大的克服自身体重的能力，一方面要求运动员具有较大的最大力量，另一方面还要求运动员体重不能过大，即要求运动员具有良好的相对力量。

快速力量是指肌肉快速发挥力量的能力，是力量与速度的有机结合。

力量耐力是指肌肉长时间克服阻力的能力。[1]

4. 不同力量素质的负荷安排

（1）最大力量的评定与负荷安排

①最大力量的评定。

评定运动员最大力量较为理想的方法是，测定肌肉等动练习时的最大力量值。当器械以各种不同速度运动时都可以表现出最大力量。

测定工作肌群的最大力量时，还要重视对对抗肌群最大力量的评定；在评定伸肌最大力量时，还要重视对屈肌最大力量的评定；既要重视对局部主要运动环节的最大力量的评定，又要重视对整体最大用力效果的评定，后者对运动成绩有更大的影响。[2]

②最大力量负荷安排。

负荷强度的确定，应有利于改善运动员肌肉收缩时内协调的能力，有利于增大运动员肌肉的体积。

负荷数量（次数与组数）：练习的重复次数与负荷的强度有很大关系。通常，以50%的负荷强度做20次为宜，每减少5%的强度，重复次数可增加2次；每增加5%的强度，重复次数则要减少2次。用25%的负荷强度训练时，开始可连续重复做8次，随着运动员力量的增长，练习可达到的重复次数也必定能增加，当增加到12次后，即应及时提高负荷的强度。

组间间歇时间：间歇时间的长短取决于练习的持续时间和负荷强度的大小，持续时间越长，负荷强度越大，间歇时间就应越长。此外，间歇时间的长短与参与工作的肌肉数量有关，局部肌肉参与工作，间歇时间可短些，参与工作的肌肉越多，间歇时间也应越长。[2]

（2）快速力量的评定与负荷安排

①快速力量的评定。

快速力量的大小，通常可采用动力曲线描记图分析评定；通过计算快速力量指数也可

---

[1] 田麦久,刘建和.运动训练学[M].北京：人民体育出版社,2000：191.
[2] 田麦久,刘建和.运动训练学[M].北京：人民体育出版社,2000：192-206.

评定快速力量。
$$快速力量指数=力量的赋值/达到力量极值的时间$$
周期性运动项目中,也可以通过各种形式的速度综合测定来评定快速力量。

②快速力量训练的负荷安排。

负荷强度。发展快速力量的负荷强度的变化区间很大,从30%~100%都可以,很多情况下采用不负重的练习方法,如各种单双脚跳、台阶跳、蛙跳、跳箱等下肢练习。这些超等长的练习,由于动作速度快,其实际负荷强度是相当大的。也可以体重为依据确定负荷强度,半蹲练习为体重的50%;深蹲练习为体重的30%~40%。

负荷数量。发展快速力量负荷的次数和组数的确定,应以不降低练习的速度为原则。负荷数量与负荷强度关系密切,负荷重量大,则重复次数少;负荷重量小,则重复次数多,一般每组练习重复次数为1~5次。练习的组数加以不降低每次练习的速度及不减少重复次数为原则,组数也不宜安排过多。由于此类练习对中枢神经系统兴奋性要求很高,因此,练习持续时间一般不宜过长,通常在15~20分钟之间。

间歇时间。发展快速力量练习的间歇时间,一方面要保证运动员的完全恢复,另一方面,又要避免运动员兴奋性明显降低,同时要考虑运动员的恢复能力,一般安排1~3分钟为宜。休息时应采用极性的休息手段,一方面促进恢复,另一方面保持神经系统良好的兴奋状态。[1]

(3)爆发力的评定与负荷安排

①爆发力的评定。

前面所介绍的评定快速力量的方法都可用来评定爆发力。但运动员在做爆发力练习时,所用的力量是不遗余力的,所用的时间是最短的,所以评定爆发力多用爆发力指数为指标。
$$爆发力指数=最大的力量/用力时间$$

②爆发力训练负荷安排。

负荷强度。发展爆发力训练的负荷强度依需要而定。有时以30%的强度负重练习,也有时小负重,仅克服自身体重练习。

负荷数量。在安排重复次数与组数时,注意应以降低速度为原则,同时要求中枢神经系统保持良好的兴奋状态,应注意并不是练习重复次数与组数越多越好。重复次数与负荷强度关系密切,负荷重量大,强度高,重复次数就要少;负荷重量小,强度低,重复次数相对就多些,一般以1~5次为好。组数不宜过多,以不减少每组重复次数、不降低每次练习速度为原则,不宜过多。发展爆发力训练,应用极限或接近极限的速度来完成每一次的重复练习。

间歇时间:间歇时间应以保证运动员工作能力完全恢复为原则,但也不宜过长,否则会使中枢神经系统的兴奋性明显下降,不利于下一组的训练。具体的间歇时间与工作量大小、运动员恢复能力有关。一般地说,可安排1~3分钟或3~5分钟。间歇时可做一些放松的小强度练习,以有利于强化恢复过程,使必要的休息时间缩短。

---

[1] 田麦久,刘建和.运动训练学[M].北京:人民体育出版社,2000:192-206.

（4）相对力量的评定与负荷安排

①相对力量的评定。

相对力量是指运动员每公斤体重所具有的最大力量，所以其评定可在对最大力量测定的基础上进行，用运动员体重去除最大力量，便可以计算出该运动员的相对力量。

②相对力量训练负荷安排。

发展相对力量多采用提高肌肉内协调能力的方法。这样做既可使运动员的最大力量得到提高，同时又能限制运动员体重的增加，从而发展运动员的相对力量。

负荷强度：发展相对力量要求动作快，所以不管负荷重量大小，实际负荷强度都是大的，只有这样才能动员更多的运动单位参与工作，也可使肌纤维工作同步化的程度得到提高，从而提高肌肉内协调的功能，使相对力量得到发展。

负荷数量：发展相对力量由于负荷强度高，总负荷量小，因而产生的超量恢复就少，使运动员的体重得到控制。

（5）力量耐力的评定与负荷安排

①力量耐力的评定。

对力量耐力的评定多采用多次重复完成比赛模仿动作的方法，根据运动员重复的次数进行评定。这种方法要求测试动作的运动形式和神经肌肉工作方式的特点都与比赛动作接近，如自行车运动员在功率自行车附加阻力的脚踏上蹬踏；划船运动员在专门的力量练习器上划桨；田径运动员在活动跑台上走、跑等。也有人提出用力量耐力指数来评定运动员的力量耐力，力量耐力指数等于练习器械的阻力（公斤）乘以动作的次数。即力量耐力指数；练习阻力×重复次数。

②力量耐力训练负荷安排。

负荷强度：发展肌肉的力量耐力，一般采用25%~40%的负荷强度。

负荷数量：发展肌肉耐力练习的重复次数最为重要，一般要求多次重复，甚至达到极限。具体次数视负荷强度不同而定；重复组数视运动员而定，一般组数不宜太多。企图用组数去弥补练习的重复次数不足，是不会收到良好训练效果的。

间歇时间：组间间歇时间可以从30~90秒或更多，这取决于练习的持续时间和参加工作肌肉的多少。假如练习时间较短（如20~60秒），并且完成几组练习之后，需要达到疲劳积累的目的，那就应在工作能力尚未完全恢复时，即进行下一组的训练。

若用心率控制间歇时间，可在心率恢复到110~120次/分时，进行下一组练习。假如练习持续时间比较长（2~10分钟），间歇时间也可加长，在机体基本恢复后进行下一组练习。[1]

（6）力量训练的方法、手段及要求

①力量训练的方法。

动力性等张收缩训练。人体相应环节运动，肌肉张力不变，改变长度、产生收缩力、

---

[1] 田麦久,刘建和. 运动训练学[M]. 北京：人民体育出版社,2000：192-206.

克服阻力的训练，为动力性等张收缩训练，可分为向心克制性及离心退让性两类工作形式。肌肉在做动力性向心克制性工作时，肌肉长度逐渐缩短，所产生的张力随着关节角度的变化而改变。由此，练习时根据专项运动的需要，掌握好发挥最大肌力的关节角度，可得到事半功倍的训练效果。

静力性等长收缩训练。在身体固定姿态下，肢体环节固定，肌肉长度不变，改变张力克服阻力的练习方法，称为静力性等长收缩训练。肌肉做静力性收缩时，可以动员更多的肌纤维参与工作，表现出的力量大，力量增长也快，并节省训练时间。但是由于肌肉紧张，血管封闭，肌肉中血液循环可发生不同程度的暂时中断，因而工作不能持久。

等动收缩训练。练习时，肢体动作速度保持不变，肌肉始终发挥较大张力完成练习，等动练习集等长（静力性力量）和等张（动力性力量）之所长于一身，有利于最大力量的增长。

超等长收缩训练。超等长练习时，先使肌肉做离心收缩，然后接着做向心收缩。利用肌肉的弹性，通过牵张反射，加大肌肉收缩的力量。超等长收缩的优点在于，在做离心收缩工作时，肌肉被迅速拉长，它所受到的牵张是突然而短促的，肌肉各个牵张感受器同步地受到刺激，产生的兴奋高度同步，强度大而集中，能动员更多的运动单位同时参与工作，使肌肉产生短促而有力收缩。

②力量训练的手段。

负重抗阻练习。可用于机体任何一个部位肌肉力量的训练，是训练最常用的手段。

对抗性练习。依靠对抗双方以暂短的静力作用发展力量素质。

先克服弹性物体的练习。依靠弹性物体变形而产生的阻力发展力量素质。

利用力量训练器械练习。利用力量训练器械，可以使身体处在各种不同的姿势（或坐、或卧、或立）进行练习，可直接发展运动员所需要的肌肉力量，使训练更有针对性。

克服外部环境阻力的练习。做这种练习往往在动作结束阶段所用的力量较大，每次练习要求动作要轻、快。

克服自身体重的练习。这类练习均由四肢的远端支撑完成，迫使机体局部承受体重，使机体局部部位的力量得到发展。

电刺激。用电刺激发展力量能力，电极置于肌肉起止端，电流强度以人体不感痛苦为宜。经刺激后，肌肉体积没有明显增大，脂肪减少，力量得到提高。[1]

③力量训练的要求。

在一个训练阶段中，负荷安排应大、中、小结合，循序渐进地提高负荷量度；在小周期训练中行。如在每周星期一、星期三、星期五可安排发展爆发力或最大力量为主的训练；在每组重复练习中，注意组间的休息。一般来讲，训练水平低的运动员组间休息要长些。力量训练后，要特别注意使肌肉放松。肌肉在训练后会产生酸胀感，肌肉酸胀是肌纤维增

---

[1] 田麦久，刘建和.运动训练学[M].北京：人民体育出版社，2000：192-206.

粗现象的反映，也是力量增长的必然，但应采取积极措施消除肌肉的酸胀感，以利于减少能量消耗，并更好地保持肌肉弹性。[1]

（二）柔韧素质训练

1. 柔韧素质释义

柔韧素质是指人体关节在不同方向上的运动能力以及肌肉、韧带等软组织的伸展能力。柔韧素质通过关节运动的幅度和转动的活动范围而表现出来。柔韧素质分为一般柔韧素质和专门柔韧素质。

2. 柔韧素质训练基础

发展柔韧素质，除对某些复合素质和其他基本素质具有重大作用外，对于提高技、战术水平也具有重大意义。实践中，判断运动员柔韧素质水平的标准是测量运动员所做某一动作的幅度。

影响柔韧素质的生物学因素主要是关节骨的装置结构、关节周围组织的伸展性、神经过程转换的灵活性、外环境温度的适宜性。其中，关节骨结构是遗传因素决定的，训练无法改变结构，只能使人体柔韧性水平接近骨装置固有的最大限度。软组织的伸展性是影响柔韧素质的主要因素之一，从某种意义上讲，软组织的伸展性是动作幅度的约束因素，通过训练可以提高软组织的弹性、伸展性，从而使动作幅度扩大。神经过程兴奋与抑制转换的灵活性也会影响柔韧素质，灵活性好，神经系统对肌肉收缩与放松的调节能力就强，使肌肉紧张与放松交替变换的协调性好。外环境温度也是重要因素，它直接影响着人体体表温度，人体体表温度适宜，有助于各个关节柔韧素质的充分体现。[2]

3. 柔韧素质的负荷安排

（1）柔韧素质的评定

评定柔韧素质通常采用的方法是用宣尺、皮尺、量角器等工具直接测量关节活动的最大幅度。

（2）柔韧素质训练负荷的安排

①负荷强度。

柔韧素质训练在多数情况下是采用自身用力的拉伸法，自身用力的大小应依运动员自我感觉来安排。

进行柔韧性训练有时也采用负重练习，一般地讲，长时期中等强度拉力练习的效果优于短时期大强度练习的作用。

②练习的数量。

为保持关节运动的最大幅度，应根据关节的不同特点，确定适宜的练习次数。

---

[1] 田麦久,刘建和. 运动训练学[M]. 北京：人民体育出版社,2000：192-206.
[2] 胡亦海. 竞技运动训练理论与方法[M]. 武汉：湖北人民出版社,2005：105-108.

运动员的年龄与性别不同,练习的次数也应有所区别。

应根据保证运动员在完全恢复的条件下完成下一个练习,来确定练习的间歇时间。休息时间、练习的性质与动作持续的时间有密切关系。[1]

(3)柔韧素质训练的方法

柔韧性训练基本上采用拉伸法,分为动力拉伸法和静力拉伸法。

动力拉伸法是指有节奏地、通过多次重复同一动作的练习,使软组织逐渐地被拉长的练习方法。

静力拉伸练习时,通过动力拉伸缓慢的动作将肌肉等软组织拉长,当拉伸到一定程度时要暂时静止不动,使这些软组织得到一个持续被拉长的机会。

(4)柔韧素质的训练要求

发展柔韧素质与力量素质相结合;注意柔韧性训练与温度和时间的关系;柔韧性训练应经常保持。

(三)速度素质训练

1. 速度素质释义

速度素质是指人体快速运动的能力。包括人体快速完成动作的能力和对外界信号刺激快速反应的能力,以及快速位移的能力。

2. 速度素质的分类

速度素质包括反应速度、动作速度和移动速度。

反应速度是指人体对各种信号刺激(声、光、触等)快速应答的能力。

动作速度是指人体或人体某一部分快速完成某一功作的能力。

动作速度是技术动作不可缺少的要素,表现为人体完成某一技术动作时的挥摆速度、击打速度、蹬伸速度和踢踹速度等。[2]

3. 速度素质训练基础

速度素质的发展主要受神经过程的快速性、白肌纤维及其比例、高能物质的储备量、肌纤维的物理特性、速度心理感知能力和疲劳训练不良效应等因素的影响。其中,神经过程的快速性影响重大。神经过程兴奋与抑制转换速度是速度素质的神经基础,它直接影响着肌肉收缩与舒张交替过程的快慢。由于神经系统占据支配地位,因此,改善神经系统的这一功能是提高速度素质的首要条件。

人体神经过程兴奋与抑制的转换能力具有较高的遗传度。在儿童少年的早期阶段,这一能力的改善具有一定的可塑性。速度心理感知能力也是影响速度素质的重要因素,速度感知能力强,可使肌肉收缩协调快速,有利于促使肌肉的协调收缩与放松活动。

---

[1] 田麦久,刘建和.运动训练学[M].北京:人民体育出版社,2000:225-230.
[2] 杨世勇,等.体能训练学[M].成都:四川科学技术出版社,2002:103-145.

白肌纤维是速度素质的肌细胞基础。研究表明：人体骨骼肌中的白肌纤维的数量和体积除与力量素质呈正相关外，还与速度素质呈高度正相关。科学的速度训练可提高白肌纤维的质量，提高肌纤维内ATP、CP高能物质的含量及细胞内酶的活性。反之，会使白肌纤维红肌化，形成一定的速度障碍。另外，速度素质依靠的能量物质基础是三磷酸腺苷（ATP）、磷酸肌酸（CP）以及无氧状态下肌糖原的释能水平。其中，细胞内ATP、CP的分解释能，可使人体维持激烈活动6~8秒（也有研究证明，可多达10秒以上）；之后，肌糖原在无氧状态下分解释能供ATP再合成、释能，以继续维持人体快速运动。因此，提高ATP、CP储量和肌糖原无氧状态下释能水平十分重要。

肌肉的物理特性主要反映在肌肉的弹性、伸展性、黏性及松弛性上。肌肉的弹性大，可产生较快的收缩速度；肌肉的伸展性强，可扩大动作幅度；肌肉的黏性适宜，可减少肌肉内部的摩擦力；肌肉的松弛性，可配合肌肉主动肌的快速收缩。因此，速度训练的一个关键因素是提高肌肉的物理特性，即肌肉的弹性、伸展性、黏性及松弛性。但是，疲劳训练往往会造成肌肉的物理特性发生异变，同时严重影响神经过程的传导速度。因此，疲劳状态下进行速度训练是速度素质训练的大忌之一。疲劳状态下进行速度训练，极易引起慢速运动的动力定型，从而导致速度障碍的形成，进而造成速度素质发展停滞不前的不良后果，甚至严重影响速度力量、爆发力的发展。因此，应科学地进行速度素质训练。[1]

4.速度力量素质的负荷安排

（1）反应速度的评定及训练

①反应速度的评定。

人们通常测定反应时，即运动员对信号刺激做出反应所需的时间来评定运动员反应速度的好坏。运动员对不同种类信号的反应时间是不同的，因此，往往根据不同项目的不同特点测定运动员对特定信号的反应速度。短跑运动员主要接受听觉信号而开始竞技，而乒乓球选手则主要接受视觉信号而做出技战术反应。对反应时的评定，可以通过实验室的精密仪器测量加以评定，也可以用简易的方法进行测量与评定。

②反应速度训练。

信号刺激法。利用突然发出的信号提高运动员对简单信号的反应能力。

运动感觉法。第一阶段是让运动员以最快的速度对某一个信号做出应答反应，然后教练员把所花费的时间告诉运动员；第二阶段是先让运动员自己估计做出应答反应花费了多少时间，然后教练员再将其与实际所用的时间进行比较，目的在于提高运动员对时间感觉的准确性。

选择性练习。具体做法是，随着各信号复杂程度的变化，让运动员做出相反的应答动作。如教练员喊蹲下同时做下蹲动作，运动员则站立不动；教练员喊向左转，运动员则向右转；或教练员喊一、二、三、四中某一个数字时，运动员应及时做出相应的动作等。[2]

---

[1] 胡亦海.竞技运动训练理论与方法[M].武汉：湖北人民出版社，2005：99-104.
[2] 田麦久，刘建和.运动训练学[M].北京：人民体育出版社，2000：179-191.

（2）动作速度的评定及训练

①动作速度的评定。

动作速度的测量是与技术参数测定联系在一起的，如测出手速度、起跳速度、角速度、加速度等。

②动作速度的训练。

利用外界助力控制运动员的动作速度，减小外界自然条件的阻力，如顺风跑等；利用动作加速或利用器械重量变化而获得的后效作用发展动作速度；借助信号刺激提高动作速度；缩小完成练习的空间和时间界限。[1]

（3）移动速度的评定及训练

①移动速度的评定。

测定移动速度的手段常常用短距离跑。

②移动速度的训练负荷安排。

一是力量训练，使运动员力量增长，进而提高速度；二是反复进行专项练习。

超等长力量练习，如用最大速度做垂直跳30秒；单足跳30~50米；立定跳远、三级跳远；三级跳箱练习；单足跳上、跳下台阶；深蹲练习等。

运动员力量得到提高，并不意味着移动速度马上可以提高，有时当力量训练负荷减少以后，才有提高，这种现象叫"延迟性转化"。

③移动速度的训练方法。

发展最高移动速度每次练习的持续时间不能过长，应使每次练习均以高能磷酸原代谢为主要供能途径。一般地讲，练习的重复次数不应过多，以免训练强度下降。确定间歇时间的长短，应能对运动员机体得到相对充分的恢复，以保证下一次练习的进行。休息时，可采用放松跑、做伸展练习。[1]

（四）耐力素质训练

1. 耐力素质释义

耐力素质是指有机体坚持长时间运动的能力。许多项目的运动竞赛都要持续较长或很长的时间。运动员要在竞赛的过程中保持特定的运动强度或动作质量，就必须具备良好的耐力素质，就必须具备能与在持续运动过程中不断积累和加深的疲劳作斗争的能力。[2]

2. 耐力素质的分类

按人体的生理系统分类，耐力素质可分为肌肉耐力和心血管耐力。肌肉耐力也称为力量耐力，心血管耐力又分为有氧耐力和无氧耐力。

有氧耐力是指机体在氧气供应比较充足的情况下，能坚持长时间工作的能力。有氧耐

---

[1] 田麦久，刘建和. 运动训练学[M]. 北京：人民体育出版社，2000：179-191.
[2] 杨世勇，等. 体能训练学[M]. 成都：四川科学技术出版社，2002：146-187.

力训练的目的在于提高运动员机体吸收、输送和利用氧气的能力，促进有机体的新陈代谢。

无氧耐力也叫速度耐力，它是指机体以无氧代谢为主要供能形式，坚持较长时间工作的能力。无氧耐力又分为磷酸原供能无氧耐力和糖酵解供能无氧耐力。

在无氧代谢的肌肉活动中，糖的酵解供能，产生乳酸。机体处在这种状态下，坚持长时间工作的能力，称为糖酵解代谢供能的无氧耐力。

依耐力素质对专项的影响，耐力素质又可分为一般耐力和专项耐力。一般耐力是指对提高专项运动成绩起间接作用的基础性耐力；专项耐力是指与提高专项运动成绩有直接关系的耐力，具体地讲是指持续完成专项动作或接近比赛动作的耐力。[1]

3. 耐力素质训练基础

耐力素质发展主要受神经过程的稳定性、能量物质的储备量、最大摄氧量的水平、红肌纤维及其比例、人体负氧债的能力和人的意志品质的程度等因素影响。其中，神经过程的稳定性影响重大。在长时间的运动中，神经过程是否保持稳定，是决定技术动作是否依然保持高度协调的重要因素之一。在耐力项目训练中，神经过程具有长时稳定性，将意味着神经机能对疲劳具有高度的抵抗能力。这种能力在运动的后段不仅直接影响着肢体活动的稳定性，而且对提高物质代谢的调节能力具有直接作用。神经过程的稳定性与心理意志力程度高度相关，两者相得益彰，互相促进。神经过程稳定性和意志品质顽强性共同促进耐力水平的发展。[2]

人体体内能量物质，尤其是糖原、游离脂肪酸的储备量，是决定耐力（中、长时耐力）水平的重要因素。一般情况下，在氧供应充足的条件下，体内糖原和游离脂肪酸含量高的运动员在运动中所表现出来的耐力水平通常较高。体内糖原的储备量大，标志着运动员在较高强度的负荷下持续运动的潜力大；体内游离脂肪酸含量多，则意味着运动员连续工作的能力强。长期、系统的训练，可以有效地改善机体能量供应系统的调节能力。如在运动中不必待机体糖原过多消耗，就可较早地动用体内游离脂肪酸参与氧化分解供能，这样，既有利于维持体内血糖的正常数值（血液中的糖原）以满足脑细胞需要，又能使高值能量物质尽早参与供能，当负荷强度提高时又可及时地启动糖原的无氧供能。[2]

最大摄氧量是衡量运动员有氧耐力的客观指标。氧是能量物质氧化释能不可缺少的主要物质，氧供应充足与否，在很大程度上决定于最大摄氧量水平。人体最大摄氧量是由心、肺、血管系统的功能所决定。在运动中，人体体内氧的来源途径是通过呼吸系统将氧吸入肺部；之后，氧通过肺泡壁与肺循环毛细血管的血液进行气体交换进入血液，并与血液中的血红蛋白结合；最后，经毛细血管进入肌细胞内供能量物质氧化释能，满足肢体活动需要。因此，从本质上讲，肌细胞内能量物质氧化释能所需的氧量，决定着能量供应水平。而肌细胞内氧量充足与否则决定于肺通气量、血液中的红细胞数量和血红蛋白量、心输出

---

[1] 田麦久,刘建和.运动训练学[M].北京：人民体育出版社,2000：216-225.
[2] 胡亦海.竞技运动训练理论与方法[M].武汉：湖北人民出版社,2005：100-105.

量及毛细血管的分布密度。因此，改善心血管系统的功能是关键因素。[1]

人体骨骼肌中的红肌纤维是耐力素质的重要物质基础。在结构上它具有肌原纤维粗、横纹少、神经末梢多的特点；在机能上它具有潜伏期长、不易疲劳、持续收缩时间长、氧化能力强的功能。其收缩主要依赖肌糖原、游离脂肪酸的氧化释能。红肌纤维之所以有此特点，就是因为红肌纤维含有较多的线粒体。线粒体是人体细胞的能量工厂。研究表明，红肌纤维的比例与最大摄氧量水平呈正相关性。在负荷强度要求人体以最大摄氧量的90%以下氧供应运动时，红肌纤维内的糖原随着负荷时间的延续而显著减少，但白肌纤维内的糖原消耗并不显著。这说明在氧供应充足的情况下，人体运动主要是红肌纤维及其内部的能量物质分解释能而起作用。显然，红肌纤维是有氧耐力素质的重要物质基础。[1]

人体负氧债的能力是判断运动员无氧代谢能力的重要标志。人体在氧供应不足的情况下，仍然能够保持较高负荷强度的持续运动能力，这说明体内抗氧债的能力高。人体负氧债能力的高低与人体抗酸能力、糖原无氧酵解能力、氧利用能力有关。一般地说，在氧供应不充分的情况下，糖原无氧酵解释放能量越多，体内氧利用率越高，人体抗酸能力越强，人体无氧耐力水平就会显得越好。研究证明，系统无氧耐力的训练，可以有效地提高上述各种能力，使人体在缺氧状态下，能够体现出高水平的无氧耐力。人体负氧债能力对于短时耐力、速度耐力和力量耐力等运动素质要求很高的运动项目来说，是一种重要生理机能。[1]

4.不同耐力素质的负荷安排

（1）有氧耐力的评定及训练负荷安排

评定有氧耐力的方法很多，经常采用的方法是定距离的计时位移运动，定时计距离的12分钟等。

训练负荷安排

a.持续训练法。

负荷强度。采用持续训练法发展有氧耐力的训练强度相对较小，心率可控制在145~170次/分。这个训练强度对提高运动员心脏功能尤为有效，对改进肌肉的供血能力、改进肌肉的直接吸收氧的能力也有特殊意义。负荷数量：负荷数量取决于运动员的训练水平，训练水平高的运动员可承受大负荷量，如持续跑可坚持2个小时，训练水平低的运动员只能承受较小的负荷量。

匀速持续跑。心率控制在150次/分左右，时间坚持在1小时以上，这种练习节省体力，效果好。

越野跑。工作时间为1.5~2小时，跑的速度可匀可变。在自然环境中练习可提高运动员的兴趣，有利于推迟疲劳的产生。

变速跑。为发展运动员的有氧耐力水平，可广泛使用变速跑，负荷强度可从较小强度（如心率达130~145次/分）提高到较大强度（如心率达170~180次/分），持续时间在半小时以

---

[1] 胡亦海.竞技运动训练理论与方法[M].武汉：湖北人民出版社，2005：100-105.

上。使用变速跑可提高运动员比赛的适应能力。

法特莱克跑。法特莱克跑有利于提高运动员训练的兴奋性,吸进更多的新鲜氧气,推迟疲劳的出现。

b.间歇训练法。

负荷强度:采用间歇训练法发展有氧耐力,在工作进行中,心率可达170~180次/分,如果工作距离长,心率就会低于这个数值。负荷量:间歇训练中的分段练习的负荷量常常用距离(米)或用时间(秒)两个指标来表示。依时间指标来表示,持续工作时间不超过2分钟,少则仅有几秒钟,这是因为间歇训练法工作的强度大,一次练习的持续时间不能过长,否则会导致训练效应的改变。间歇时间:运用间歇训练法必须严格控制间歇时间,一般要求机体尚未充分恢复、心率恢复到120次/分左右时,便可进行下一次练习。

c.循环练习。

要选好练习内容,应选作用于心血管耐力的练习为主要练习手段;每站练习负荷,可按极限负荷的1/3左右安排。[1]

(2)无氧耐力的评定与训练负荷安排

①无氧耐力的评定。

评定糖无氧代谢供能的无氧耐力可采用持续1分钟的练习作为评定指标,如400米跑。

②无氧耐力训练负荷安排。

a.负荷强度。

提高糖酵解无氧代谢供能的无氧耐力训练的强度为80%~90%,以便运动员机体处于糖酵解供能状态,其强度为80%~90%。

b.重复练习的次数与组数。

每组练习的重复次数不必过多,如3~4次训练强度。确定练习重复组数的基本原则是,使运动员在最后一组也基本能保持所规定的负荷强度,而不应下降得过多。

c.间歇时间。

间歇时间的确定又受负荷距离及强度的影响。距离长、强度大,间歇时间就长;距离短、强度小,间歇时间就短。[1]

(五)协调素质训练

1.协调素质释义

协调能力是指运动员机体不同系统、不同部位、不同器官协同配合完成练习动作或技、战术活动的能力。协调能力的好坏,对运动员的总体竞技能力有着重要的影响。[2]

依运动员的协调能力与其专项运动关系的密切程度,可将其分为一般协调能力与专项

---

[1] 田麦久,刘建和.运动训练学[M].北京:人民体育出版社,2000:216-225.
[2] 田麦久.论运动训练计划[M].北京:北京体育大学出版社,1999:84-88.

协调能力两大类。

一般协调能力。指运动员完成各种运动活动时的协调能力，它是运动员学习和掌握多种运动技巧、参加多种运动活动的重要基础。一般协调能力主要包括反应能力、时间感知能力、空间感知能力、适应调整能力以及协同动员能力五个方面的能力。[1]

专项协调能力。特指运动员完成专项运动时所需要的协调能力，其构成一般来说同样包括一般协调能力构成的各个方面，但依专项的不同而有所侧重。例如，乒乓球选手的专项协调能力，更多地表现在反应能力及适应调整能力两方面；体操运动员的专项协调能力，则主要表现在时间及空间的感知能力等方面；集体比赛项目选手的专项协调能力，则必须包括与同伴协同工作的能力。[1]

2. 协调素质训练的基础

决定柔韧的生理基础主要是运动器官的构造、关节周围组织的体积和跨关节的韧带、肌腱、肌肉及皮肤的伸展性。同时，也与支配骨骼肌的神经系统的机能状态，特别是中枢神经支配对抗肌的协调能力，以及对肌肉收缩和放松的调节能力有关。

（1）关节的结构特征

关节的结构决定着关节活动的方向和幅度，它是由遗传决定的。柔韧性的发展只能限制在关节结构所允许的范围内，否则，会引起关节损伤而降低其稳定性。其中，两关节面积大小的差别是关键。构成关节的两关节面相差越大，关节活动幅度就越大，表现为柔韧性就越好。这一因素是影响柔韧性的先天因素，体育锻炼时该因素的影响不大。

（2）关节周围软组织的伸展性

关节周围韧带、肌肉、肌腱等组织的伸展性越好，关节运动幅度就越大，柔韧性就越好。体育锻炼主要通过增加关节周围组织的伸展性来提高关节的柔韧性。关节周围软组织的伸展性与性别、年龄有关，一般女性优于男性，儿童少年优于成人。此外，也不能忽视肌肉本体感受器官对关节周围肌肉和结缔组织伸展性的作用。肌肉被动牵张，肌梭和腱器官均受到刺激，肌梭的传入冲动使该肌收缩，腱器官的传入冲动则使该肌肉放松。训练可能会使其兴奋阈值发生适应性的变化，使肌梭兴奋阈值升高，腱器官的兴奋阈值降低，伸展性加大。

（3）关节周围组织的体积

身体脂肪含量和关节周围组织的体积是限制关节活动的主要因素。如腹部脂肪的积累必然影响体前屈的幅度，大腿后群肌肉肥大必然会影响小腿向后折叠。

（4）中枢神经的协调性

关节周围的肌肉可分为主动肌和与之作用相反的对抗肌，关节活动幅度常因对抗肌群不能充分放松而受到限制。因此，改善肌群内的协调性，特别是改善原动肌和对抗肌之间的协调，是提高柔韧性的重要因素，对抗肌的协调能力主要取决于神经系统对肌肉收缩和

---

[1] 田麦久.论运动训练计划[M].北京:北京体育大学出版社,1999:84-88.

放松能力的调节。体育锻炼可以改善对抗肌之间的协调性,从而使柔韧性提高。

(5)肌肉力量

在最大增加关节活动幅度的情况下,原动肌收缩需要克服对抗肌、关节囊和韧带等结缔组织的巨大弹性阻力,而此时原动肌长度明显缩短,可能会使肌张力降低。因此,大力发展肌肉力量,有利于主动增大关节活动幅度。另外,通过训练使肌纤维内基质蛋白含量增加,也可促进肌肉的放松和柔韧性的发展。

3. 协调素质的负荷安排

(1)配合练习法

有目的地组织专门的练习去培养某两个系统或两个部位,或两个肌群之间的协同功能的练习方法,还可以专门组织非常规动作的配合练习。

(2)变换练习法

训练中经常变换练习的方式、方向、节奏、速率、力量,以及其他要求,可有效地发展运动员的协调能力。交替进行向前、向侧或向后助跑的跳跃练习;交替在快速跑进或慢速跑动中跨过栏架;用不同旋转速度完成鞍马全旋;与不同人数的同伴或对手同场练习等。

(3)渐进练习法

内易至难,由简至繁,循序渐进,逐步增加练习的内容,逐步提高练习的复杂程度,可以有效地提高运动员的协调能力。

(4)加难练习法

加大练习的难度,让练习者在更为复杂的环境、更为困难的条件下练习,也是发展运动员协调能力的有效方法。[1]

(六)灵敏素质训练

1. 灵敏素质释义

灵敏素质是指在各种突然变换的条件下,运动员能够迅速、准确、协调地改变身体运动的空间位置和运动方向,以适应变化着的外环境的能力。[2]

2. 灵敏素质训练基础

灵敏素质基础是指影响灵敏素质发展的生物学因素,它主要包括神经过程的灵活性、时空判断心理特征、技能储备量、动作结构合理性、适宜的气质类型等。其中,大脑皮质神经过程的灵活性是决定灵敏素质水平的神经基础。神经过程灵活性高,兴奋与抑制过程转换速度快,神经系统对人体肌肉收缩、放松时机、用力程度的控制能力就高,动作的快速性、准确性和协调性就容易体现。人体对时间、空间判断能力是决定灵敏素质水平的心理基础,人体时间、空间判断力强,灵敏素质在空间、时间上所表现出来的准确性就高,反之,时

---

[1] 田麦久.论运动训练计划[M].北京:北京体育大学出版社,1999:84-88.
[2] 田麦久,刘建和.运动训练学[M].北京:人民体育出版社,2000:230-232.

间、空间判断力差，灵敏素质也不会很好。运动员时空判断力具有明显的专项特点，因此，专项灵敏素质的发展必须以提高专项的时间、空间判断能力为基础。[1]

灵敏素质的基本因子是力量、速度因子。其中，爆发力、动作速度、反应速度、判断速度对灵敏素质的影响最大，因此，系统提高基本运动素质，会使灵敏素质得到发展。运动技能储备量是指运动员掌握各种动作的数量和质量，运动技能储备量越多，灵敏素质体现的水平就会越高。灵敏素质主要体现在动作的快速、准确、协调性上。动作结构的合理与否尤为重要，动作结构的合理性应符合解剖学、生物力学、专项技术的要求。灵敏性较强的人，往往在气质上多属多血质及其亚型。此类气质的运动员多为感受性低，耐受性较高，不随意的反应性强，并具有可塑性和外倾性，情绪高、反应快的特点。许多对抗性项群的优秀运动员都属于此类型气质。由此可见，科学选材也是重要的因素。[1]

3. 灵敏素质的负荷安排

发展灵敏素质主要采用变换训练法。训练强度一般较大，速度较快。练习次数不宜过多，训练时间不宜过长，因为机体疲劳力量会下降、速度变慢、反应迟钝，不利于灵敏素质的发展。每次练习应有足够的休息时间，以保障氧气的补充和肌肉中高能物质的再合成；但休息时间过长，又会使神经系统的兴奋性下降。一般地讲，练习时间与休息时间可为1:3。

第三节 运动员体能训练设计与实施

虽然体能训练可以有效地提高运动员的身体素质水平，但是训练效应并不是无限延续的，要做到长期训练与竞技能力的不断提高，在体能训练中应该做到提前计划，将训练的特异性、训练强度与训练量系统性地改变，有计划地融入训练的各个时期，这种训练计划的策略叫作体能训练的周期安排。

一、体能训练的周期性

传统的周期模式将整个训练计划分为几个特殊时期。最大的区间是大周期，基本上是由几个训练年度组成。大周期中有两个或两个以上的中周期，每一个中周期为期数月至数周，中周期的数量，依据运动员的目标和该时期内的比赛而定。每一中周期又分为两个或两个以上小周期，基本上，为期一周，但是依据计划，也可以长达四周，这样短的周期焦点在于每周或每日的训练变化。

---

[1] 胡亦海.竞技运动训练理论与方法[M].武汉：湖北人民出版社，2005：177-181.

二、体能训练周期化的时期

在整个大周期中，进行中、小周期的规划，是计划设计变量变化的基础，最主要是在最大范围内调整量与强度的变化。专项运动的训练也包含专项技术的获得与完善，对于这些训练要给予注意，依其对赛程的相对重要性而变化，改变训练的优先次序，从大量低强度的非专项体能到小量高强度的专项体能训练，同时还要防止过度训练以获得最佳的竞技能力。

（一）准备期

最初的准备期时间最长，通常安排在一年中没有比赛、只有少量专项技术或战术训练课的时段。主要的强调重点是建立坚实的体能基础，以提高运动员接受更加激烈训练的承受能力。体能训练活动从相对的大运动量低强度开始，例如，长时间较慢的长跑或游泳、低强度的增强式运动、轻至中阻力的多次重复的阻力训练。因为大运动量的训练会形成明显的疲劳与耗费大量的时间，所以运动员不是处于改善专项运动技术的最佳状况（也没有足够的时间和能量），因此本期内技术训练并非高度优先，但随着准备期的进行，小周期的设计，就需要增加阻力训练的负荷与专项体能的强度，减少训练量，并且更加重视运动技术训练。

准备期的三个阶段，可以更加精确地细分训练强度与量，特别是阻力训练成分，此三阶段依序是：肌肉肥大与肌耐力阶段、基础力量阶段、力量与爆发力阶段。

1. 肌肥大与肌耐力阶段

肌肥大与肌耐力阶段排在准备期的早期，为期1~6周。训练从很低的强度、很大的训练量开始，目标是增加去脂体重与发展耐力（肌肉与代谢）基础，为以后的各阶段与各时期的激烈训练作准备。最初，专项体能活动并非针对专项运动，然而数周之后，训练活动就变得更加针对专项运动，例如，短跑运动员可能从慢速的长跑（较比赛距离长）、低强度的增强式训练（如双脚跳跃），以及在力学和结构上并非类似跑步的阻力训练动作（蹬腿、腿部后屈）开始准备期。运动员也有可能实施很低到中等负荷的多次重复阻力训练计划。在本阶段之后，可能安排调整的恢复期，或低强度低量的小周期，作为下一阶段的开始。

2. 基础力量阶段

基础力量阶段主要安排在准备期的后段时期，目标是增加主要运动动作的重要肌群的力量。例如，短跑的训练计划逐渐地增加包含中距离的间歇跑、更复杂与特殊的增强式训练，相同地，阻力训练计划也变得更专项化（例如，自由重量的深蹲与弓箭步），而且负荷比肌肥大与耐力阶段更重，次数更少。

3. 力量与爆发力阶段

准备期的最后阶段是力量与爆发力阶段。以短跑运动员为例，间歇与速度训练的强度接近比赛速度，实施各种速度训练（例如，雪橇牵引跑、阻力式冲刺、上下坡跑）与模拟冲刺的增强式训练，而且阻力训练计划包括进行高强度低量的爆发性训练动作的负荷安排，并非遵循基本的"%1RM-重复次数关系",但其相对强度,在本阶段内仍在持续升高。

(二)第一过渡时期

在准备期与比赛期之间,加入第一过渡期,将高运动量与高强度训练分隔开。

(三)比赛期

比赛期的目标,是以更低训练量和更高训练强度,使力量与爆发力达到高峰,同时,技术动作与比赛策略的练习大量增加,而用于体能训练的时间则大幅度下降。例如,短跑运动员更加强调速度、反应时间、专为冲刺的增强式训练,以及大量模拟实际比赛的技术训练。比赛期可能为期1~3周,但是对于多数有组织的运动项目,可能包含整个比赛季节,为期数月。这么漫长的时间,强度需按周或小周期作相应调整。不过,一般而言,这个时期的特点是很高的训练强度和很低的训练量。基本上,这个中周期运动员只能维持为期3周的巅峰状态,如果要延长,将不可避免地发生过度训练。对于许多重要比赛分散于数周或数月的运动项目,即由安排强度与中量的维持性训练计划,维持力量、爆发力和运动能力水平。

(四)第二过渡期(积极性休息)

在赛季与下一周期的准备期之间,是第二过渡期,一般称作积极性休息或恢复期,为期1~4周,以低强度、低量的非结构性、非专项性休闲性活动为主。必须注意避免在巅峰状态或冗长的赛季后马上做积极性休息,有时在身心方面疗养和休息,对运动员的长期进步非常重要。例如,短跑运动员悠闲地做休闲性球类运动与游泳、作低强度低量的非专项性阻力训练。积极性休息概念的另一运用,是在各阶段或各期之间加入一周作为分隔期,这种减量周,是为机体对下一阶段或下个时期的更高要求做准备。再者,许多体能教练相信显著减少量与强度的安排,可以减少患过度训练症的概率。

三、体能训练周期在运动赛季中的应用

周期性包括因特定运动项目与运动员根据运动赛季的需要,调节运动强度与量。这种在训练中有规律的改变训练变量是有必要的,能够提供足够的训练强度与量,同时也可以避免或减少训练的单调性。许多校内、大学内或职业运动项目都有年度安排,包括季外、季前、季中和季后各个中周期,这些赛季基本上与周期性的各个时间段有关。

(一)季外期

季外介于运动员当年最后一场比赛与明年首场比赛的6周前之间,涵盖大部分的准备期。如果准备期很长(16~24周),可以分为许多较短的中周期,在此情况下,运动员可以完成两个或更多个肌肥大与耐力与基础力量阶段,甚至包括力量与爆发力阶段。

（二）季前期

接着是季前期，迈向第一场比赛，一般涵盖准备期的后段与第一过渡期。

（三）季中期

比赛或季中期包含该年所有比赛计划，包括一些需远行的比赛。许多运动项目有较长的赛季，必须围绕最重要的比赛，划分多个小周期，因此，一个长的比赛期（12~16周以上），对于训练计划的设计，提出了更高的挑战。解决方法之一，是将比赛期分为多个3~4周的小周期，使得运动员能够在主要比赛中达到运动能力的峰值。这并不表示运动员在其他比赛时的状况会较差，而是训练计划必须调整，只有在最重要的比赛期安排较大的强度和较低的量，才能达到运动能力的峰值。其他方法如前所述，将设计维持性的计划，包括中等的强度与量。

（四）季后期

最后一场比赛之后，就是季后或第二过渡期，在运动员次年的季外或准备期之前，提供积极性的或相关的休息。同时，短暂的积极性休息期，不只是用于季后，也可用于整个训练大周期。每一中周期后，为期一周的短暂休息（即低量低强度），可以排在下一中周期的开始之前。

运动员体能训练的周期性需要根据不同的运动项目及运动员赛季的需求来调节运动的强度与量，这种在训练中有规律的改变训练的负荷是十分必要的，在能够提供足够训练强度与量的同时注意避免减少训练的单调性，提高运动员参与训练的主观积极性。在为不同阶段、不同层次的运动员设计体能训练计划时都应该有年度安排，包括季外、季前、季中和季后各个中周期的过程之中，同时这些赛季要与周期性的各个阶段保持紧密的联系。

周期化将运动员的训练分为不同时期，促使运动员在最重要的比赛中达到最佳的竞技状态。全年的训练周期也可称为大周期，分为两个或两个以上中周期，包括准备期、比赛期这两个过渡期，每一中周期有两个或两个以上小周期，小周期通常分为重、轻与中等训练日。中周期从高量低强度开始，然后进展到比赛期之前的低量高强度，积极性休息的过渡期可以安排在每个比赛期之后，也可以安排在周期与阶段之间，当作减量期。运动季节的性质也决定了年度训练中周期的时间长度与次数。

思考题

1. 什么是身体形态？
2. 身体素质训练包括哪几个方面？
3. 有氧耐力的训练负荷安排有哪些？
4. 请结合专项，设计一个运动赛季中的体能训练方案。

第五章 运动员技术能力训练

第一节 运动技能训练概述

一、运动技能训练的研究前沿问题

林崇德认为，运动技能是指通过学习而形成的有法则的操作活动方式，调节、控制着操作动作的执行，是一种动作经验而非认知经验，同时又有别于心智技能，具有物质性、外显性与展开性。可分为初级操作技能和高级操作技能两类。初级操作技能指通过一定练习或模仿形成的仍带有明显意识控制特点的技能，高级操作技能则指经过反复练习使其基本成分达到自动化水平的技能。操作技能的掌握要通过对操作活动方式的认识与练习。[1]

笔者通过文献的查阅，选取了一些关于运动技能训练具有代表性的研究前沿，结果如下。

杨青在文中对运动技术的结构、分类、特征做了详细的阐述，认为运动技术是完成体育动作的方法，是运动员竞技能力的重要因素。其要素包括了身体姿势、动作的轨迹、时间、速度、速率、力量、节奏等。提出快速运动与激烈对抗相结合，稳定性与实时变化相结合，协调统一与个体差异相结合，全面性与个人特点相结合，技术运用与专项意识相结合，技术动作的稳定性、准确性和协调性，技术动作明确的经济性与时效性，技术原理与个人技术特点相结合，从9个方面系统地总结出运动训练中的要点。[2]

---
[1] 林崇德. 心理学大辞典[M]. 上海：上海教育出版社，2003.
[2] 杨青. 关于运动技术及其训练[J]. 体育世界，2009.

郑尚武在研究中指出，科学的技术训练方法是保证获得高质量技术水平的根本，在运动训练初期，由于动作还处于泛化阶段，应在训练过程中不断对训练者所做的技术动作进行比较与分析。在技术的提高阶段，强调把语言提示作为一种练习信号施用于训练过程中。在巩固阶段中，执教者应把科学合理的反馈用语作为指导用语。实际上各个阶段并没有明显的界限，阶段的划分都是相对的，因此在每个阶段要采用相对的训练方法。[1]

二、运动技术的释义及运动技能内涵

（一）运动技术的释义

运动技术指完成体育动作的方法，是运动员竞技能力水平的重要决定因素。[2]各个运动项目的各种动作，都有着符合人体运动力学基本原理的标准技术及规范的技术要求。由于各人的形态、机能、素质等条件的不同，不同的个体在完成同一动作时所表现的技术细节是不同的，即需要学习和掌握不同的技术。合理正确的运动技术须符合项目运动规则的要求。运动技术是促进运动员提升运动能力和水平的方法，能通过有效的训练促进学生运动能力的提升，运动技术强调减少不必要的损耗，强调应用运动领域的前沿技术，强调运动员快乐地获得运动技能。

（二）运动技能的内涵

运动技能是指通过学习而形成的有法则的操作活动方式。调节、控制着操作动作的执行，是一种动作经验而非认知经验，同时又有别于心智技能，具有物质性、外显性与展开性。可分为初级操作技能和高级操作技能两类。初级操作技能指通过一定练习或模仿形成的仍带有明显意识控制特点的技能，高级操作技能则指经过反复练习使其基本成分达到自动化水平的技能。操作技能的掌握要通过对操作活动方式的认识与练习。[3]

三、运动技术表现及其运动素质依托

（一）运动技术表现

由于大多数运动技能需要规则化和精细化，运动技能因其具有广泛性，从人体能力和思维、智力的混合体导致的组织和表现性问题而使得其过程变得极其复杂，其表现形式也多样化，分为外部和内部两种表现方式。外部呈现出运动员在做某一动作时所展现出的身体动作形态，包括动作的舒展性、协调性、力量性。内部则表现出运动员的心理状态，包括

---

[1] 郑尚武. 运动技术训练方法及其理论问题的实践探索[J]. 湖北体育科技, 2008.
[2] 田麦久. 运动训练学[M]. 北京：人民体育出版社, 2012.
[3] 林崇德. 心理学大辞典[M]. 上海：上海教育出版社, 2003.

运动员在场上的精神气质和状态。[1]

运动技术表现与运动技能的关系：

（1）运动技能构成系统的动作结构；

（2）运动技能的提高可导致运动技术表现的提升；

（3）运动技能是运动表现的基础。

（二）运动技术的运动素质依托

运动素质指人体在从事体力劳动或体育运动时，各器官系统表现出的各种机能能力。它主要包括速度、力量、耐力、灵敏和柔韧等方面。

1. 速度

指在单位时间里完成动作的次数或是身体快速位移的能力，可以反映人体中枢神经系统的机能状态和神经与肌肉的调节机能，也可以综合地反映人体的爆发力、灵敏、反应、柔韧等素质。其表现形式有反应速度、动作速度和中期性运动中的位移速度。

2. 力量

指整个身体或身体某个部分肌肉在收缩和舒张时所表现出来的能力，是肌肉耐力增长和增加跑速的一个重要因素，有助于灵敏性的发展。

3. 耐力

指人体长时间进行肌肉活动的能力，也称抗疲劳能力。耐力素质体现了肌肉耐力、心肺耐力和全身耐力的综合状况，它与肌肉组织的功能、心肺系统的功能以及身体其他基础系统功能的提高密切相关。耐力的训练能促进心血管系统机能的改善和肌肉耐力的增强。

4. 灵敏性

它是一种复杂的素质，是人体活动中的综合表现，指人体在复杂多变的条件下，对刺激作出快速、准确的反应，灵活完成动作的能力。灵敏性是一种综合性的能力，需要在速度、平衡能力、柔韧性等多种能力要素的共同协调作用下才能达到一定的水平。

5. 柔韧性

它是人体各个关节的活动幅度、关节周围组织（跨过关节的韧带、肌腱、肌肉、皮肤及其他组织）的弹性和伸展性的表现，是人体运动时加大动作幅度的能力。它对掌握运动技术、预防受伤的预感性和可能性、保持肌肉的弹性和爆发力、维持身体姿态等方面都具有很重要的意义。柔韧性的好坏，不仅取决于结构方面的特点，也取决于神经系统支配骨骼肌的机能状态。[2]

---

[1] 车晓波. 运动技能表现认识论探索[J]. 上海体育学院学报, 2009.
[2] 张汉强, 颜素珍. 身体素质的概念阐释及其构成[J]. 社科纵横, 2008.

（三）运动技术与运动素质的逻辑关系

运动素质和运动技术的关系是紧密的，运动素质是运动技术的内在支撑，运动技术是运动素质的展现模式。运动技术与运动素质的对立关系是建立在运动成绩的基础之上的，便于运动训练的实施或认识上的辨别。

运动技术与运动素质之间存在一定的匹配关系，且匹配关系有水平和层次之分。以运动成绩评定运动技术的水平高低，低水平专项技术的改进，必须以运动素质的整体提高为突破口；同水平下低层次专项技术的改进，是以局部运动素质的提高为突破口。[1]

四、人体感觉特征

（一）位觉

位觉是指不借助于视觉和触觉等而感受、判断身体在空间中的位置以及身体各部分的相对位置，或诱发姿势反射的本体感受性感觉。

（二）本体感觉

运动员的一切运动技能是在本体感受的基础上才能形成。运动员借助本体感受器就能感知动作过程中肌肉、肌腱、关节和韧带的缩短、放松和紧张状态，为分析并调控动作提供基础性条件。经常参加体育训练，不仅使人的本体感受器机能得到提高，而且对肌肉运动的分析能力、动作时间的判断精确度均得到发展。例如，不同训练水平的篮球运动员运球快速进攻时，水平高的运动员其控球能力强，失球次数少，而且运动速度快，表现出本体感受器具有较高的敏感性。

（三）其他感觉

1. 前庭感觉

前庭感觉掌管着人体平衡和空间方位的感应，如果发挥不佳，人对于环境给予的重力反射信息就无法做出有效的处理，人的平衡感和空间感应力就会受到干扰，出现身体失衡及方向错乱。

2. 视觉

视觉可以为人体提供环境中物体运动的信息，如球的飞行路线和速度，还可以了解到所做出动作的时间和空间，如挥动球拍、跳过高杆。[2]

---

[1] 马胜毅. 运动技术与身体素质的关系论述[J]. 福建体育科技，2013.
[2] 张英波. 竞技运动中的人体运动感觉与动作调节[J]. 北京体育大学学报，2011.

3. 听觉

在体育运动中听觉能使人对于一定距离以外环境条件的变化预先发生适应性反应，运动员凭借于听觉、视觉、本体感觉、前庭感觉的共同活动，控制动作的节奏和速度，准确地感知空间位置，保持身体平衡，对于掌握动作技能具有重要作用。

五、运动技能的形成与巩固规律

（一）运动技能形成的过程及影响

运动技能的形成既是复杂的神经过程，又是复杂的学习过程。一般认为，运动技能的形成总是要经历由不会到会，由不熟练到熟练的连续变化过程。为了讨论方便，通常将运动技能形成的过程人为地划分为泛化、分化、巩固三个相互联系的阶段，而把运动技能的发展阶段称为动作自动化阶段。

1. 泛化阶段

在学习任何一个动作的初期，通过教师的讲解和示范以及自己的运动实践，只能获得一种感性认识，对运动技能的内在规律并不完全理解。来自于体内对外界的刺激，通过相应的感受器传到大脑皮质，引起大脑皮质细胞强烈兴奋。因为皮质内抑制过程尚未确立，所以大脑皮质中的兴奋与抑制都呈扩散状态，使条件反射暂时联系不稳定，出现泛化现象。这个阶段的动作表现往往是僵硬和不协调，不该收缩的肌肉收缩，出现多余的动作。这些现象是大脑皮质细胞兴奋扩散的结果。在此阶段中，教师应该抓住动作的主要环节和学生在掌握动作中存在的主要问题进行教学，不应过多地强调动作细节，应以正确的示范和简练的讲解帮助学生掌握动作。

2. 分化阶段

经过不断的练习，初学者对运动技能的内在规律有了初步的理解，一些不协调和多余的动作也逐渐消除，错误动作也逐步得到一定程度的纠正。此时，大脑皮质运动中枢兴奋和抑制过程逐渐集中。由于抑制过程加强，特别是分化抑制得到发展，大脑皮质的活动由泛化阶段进入了分化阶段。因此，练习过程中的大部分错误动作得到纠正，能比较顺利和连贯地完成整套技术动作。这时初步建立了动力定型，但定型尚不巩固，遇到新异刺激（如有外人参观或比赛），多余动作和错误动作可能重新出现。在此过程中，教师应特别注意错动作的纠正，让学生体会动作的细节，促进分化抑制进一步发展，使动作日趋准确。

3. 巩固阶段

通过进一步反复练习，运动条件反射已经巩固，建立了巩固的动力定型，大脑皮质的兴奋和抑制在时间上和空间上更加集中。此时不仅动作准确优美，而且某些环节的动作还可以出现自动化，即不必有意识地去控制而能做出动作来，在环境条件变化时，动作也不容易受破坏。同时由于内脏的活动与动作配合得很好，完成练习时也感到轻松自如。

但是，动力定型发展到了巩固阶段，也并不是可以一劳永逸的。一方面，还可以通过继续练习精益求精，不断提高动作质量，使动力定型更加完善和巩固。另一方面，如果不再进行练习，巩固的动力定型会消退，动作技术愈复杂、难度愈大，消退得愈快。在此过程中，教师应对学生提出进一步要求，并指导学生进行技术理论学习，这样更有利于动力定型的巩固和动作质量的提高，以便促使动作达到自动化程度。

4. 动作自动化

随着运动技能的巩固和发展，暂时联系达到了非常巩固的程度以后，动作即可出现自动化现象。所谓自动化，就是练习某一套技术动作时，可以在无意识的条件下完成。其特征是对整个动作或者是对动作的某些环节，暂时变为无意识。例如，走路是人类自动化的动作，在走路时可以谈话、看报而不必有意识地想应如何迈步、如何维持身体平衡等。

自动化动作也并不是永远无意识进行的，当受到外界异常刺激时，大脑皮质的兴奋就会提高，对自动化动作又会产生意识。例如，在悬崖上行走时，步行就成为有意识的了。此外，运动员想要体会自己动作的某环节或肢节的某部分动作时，对这些动作则会产生意识。

然而要想提高运动成绩，必须尽可能地使动作达到自动化程度，但不应认为动作达到自动化后，质量就得到保证。虽然动力定型已经非常巩固，但由于完成自动化动作时，第一信号系统的活动经常不能传递到第二信号系统中去。因此，如果动作发生少许变动，一时未察觉，等到一旦察觉，可能变质的动作已因多次重复而巩固下来。因此，动作达到自动化以后，仍应不断检查动作质量，以达到精益求精。

（二）运动技能形成的主客体因素

1. 主体因素

人体结构力学特征。运动技术必须以身体动作为表现形式，而身体动作表现则以人体解剖结构作为基础。例如，动作的幅度主要取决于人体关节的结构，动作的速度取决于肌肉的结构（肌纤维构成比例）和功能等。

感知觉能力。运动员在完成技术动作时，需要各种感知觉参加，其中，肌肉运动感觉起着重要的作用。经过反复学习，运动员各种分析器的感受性得到高度发展。为了适应专项运动的要求，专门化知觉（如"水感""球感""速度感""器械感"等）也得以形成和发展。运动员能够清晰地感知自己的动作，因而动作具有高度的准确性和协调性。在运动训练实践中，运动员感知觉能力的高低，在很多情况下与技术水平存在密切的关系，技能或技战能主导类项目更是如此。例如，在乒乓球、羽毛球等隔网对抗类项目中，小肌肉群（如手指肌群）的感知觉能力，直接影响着运动员能否掌握高难技术。

动作技能的贮存数量。运动员动作技能贮存的数量越多，越能顺利地建立新的条件反射，掌握新的技术动作。

运动素质的发展水平。动作速度、力量、柔韧、协调、灵巧等运动素质对技术动作的完成和运动技术的质量有着重要的影响。这些素质的发展水平直接影响技术完成过程中时空、节奏特征及各部分肌肉用力的协调配合。运动员技能的发展在很大程度上依赖于运动素质的发展水平。运动技术的合理性依赖于参加动作的肌肉群协调程度，而这种协调程度又依赖于神经系统对肌肉合理而精细的支配，即协调能力。协调能力好，就能合理运用已掌握的各种机能储备，使大脑皮质的暂时联系很快建立起来，加快对新技术的掌握，就能在练习中把握上述时空及节奏特征，从而较快地提高运动技术学习和训练水平。

运动员个性心理特征。运动员学习技术和完成技术的质量与注意力、思维、信心和意志等心理品质有着直接关系，特别是高难技术动作的掌握更受到这些心理品质影响。

2. **客体因素**

竞赛规则。竞赛规则直接制约着运动技术的发展方向和发展速度。任何运动技术，只有在竞赛规则允许的范围内才能存在和发展。无论是运动技术的学习、训练、掌握及运用，还是运动技术的创新，都必须深入研究规则精神，合理利用规则，并准确预测规则可能发生的变化及其对运动技术发展的影响。

技术环境。技术环境是指运动员（队）周边相关群体（国家、地区或运动队）的整体技术水平。实践证明，良好的技术环境对于运动员学习和运用运动技术有着重要的作用。在很多项目的竞赛过程中，良好的技术环境对于优秀运动员发挥较高的竞技水平有着重要的作用。

器材设备与场地。从某种意义上讲，运动技术的发展离不开器材设备与场地的进步，甚至某些技术若离开了这些因素就无法存在。例如，撑竿跳高中的"弹射"过杆技术，离不开玻璃钢竿；乒乓球中的"倒拍"发球和削球技术，离不开两面不同性质的球拍胶皮。在特定的情况下，运动员所使用的器械设备是否先进，是决定其运动技术水平高低乃至其运动成绩好坏的重要原因。当代高科技不断渗入运动训练过程，促进了器材设备与场地等物质条件的飞速发展，从而为运动技术向更高水平发展提供了可能。[1]

（三）运动技能形成的训练学要点

明确目的性和针对性。技术训练的不同阶段要达到的目的和所要解决的任务是不同的，因此，选择技术训练方法应具有较强的针对性。

多层面的综合性。为完成某一技术训练任务，可采用多种训练方法进行综合训练，或采用一种技术训练方法同时完成几项训练任务，以提高训练效益。

常用方法与特殊方法相结合。各项目均可采用的方法称为常用法，各项目专用的训练方法以及针对需要解决的特殊问题而专门设计或采用的方法称为特殊训练法。[2]

---

[1] 田麦久. 运动训练学[M]. 北京：人民体育出版社，2012.
[2] 胡建涛. 采用多种练习方法对于提高篮球传球准确性的实验研究[D]. 北京：北京体育大学，2011.

第二节　运动技能训练的基本内容

一、运动技术动作分析

（一）动作要素与结构

1. 技术动作的七要素

动作要素。包括身体姿势、动作轨迹、动作时间、动作速度、动作速率、动作力量和动作节奏。

身体姿势。指身体及身体各部位练习的各个阶段所处的状态。一个完整练习的技术过程，包括开始姿势、练习过程中的姿势和结束姿势三部分。

动作轨迹。指动作时身体或身体一部分移动的路线。它具有形式、方向、幅度三方面特征。轨迹形式有直线和曲线两种。

动作时间。指完成某一动作所需要的时间，包括完成动作的总时间（完成动作所需的全部时间）和各个部分的操作时间（完成动作的某一环节所需要的时间）。

动作速度。指人体或人体某一部分快速完成某一动作的能力。

动作速率。指在单位时间内运动动作重复的次数，也称运动频率。

动作力量。指完成动作时身体及身体某部分肌肉用力克服阻力的程度。是进行练习和完成动作的基础。

动作节奏。指动作各个部分按一定顺序和间隔时间所表现出来的强弱关系。其具体表现为动作的快与慢、用力的大与小、肌肉收缩与放松等均按一定时间间隔交替进行。[1]

2. 技术动作的主要结构

（1）依托人体解剖结构

矢状面。想象有一条线，把身体分成左右两个部分。与这条线平行的任何方向，比如向前向后的动作都发生在矢状面上。在这一平面上的动作包括身体的几大关节的屈伸，比如手屈伸、脚踝、膝盖和髋部屈伸等。具体的比如臂屈伸、硬拉、深蹲等。

冠状面。我们可以用一条假想的线把身体分成前后两部分，以此来更好地理解冠状面上面的运动。与这条直线平行的任何运动，都发生在这个平面之中，常见的包括肩关节或者是髋关节的外展。在运动中的具体动作比如直立飞鸟、过头举动作及身体的负重侧屈。

水平面。假想有一条直线，把身体的上部和下部分开，与这条直线平行的旋转运动就发生在水平面上。这个平面的基础动作包括头部、脊柱旋转、臀部和肩部的任意向内或者向外旋转。当我们做钢线夹胸时，肩膀的旋转可以当作横平面的运动。

---

[1] 田麦久.运动训练学[M].北京：人民体育出版社，2012.

(2)依托动作的力学分析

每个完整的特定动作,都有它的固有的特点,它的各个动作成分之间都有着固定的联系,这就是一个动作区别于另一个动作的特点,动作的这种固有特点和固定内在联系叫作动作结构。

动作结构包含运动学特征和动力学特征两个方面。运动学特征是指动作的时间特征、空间特征和时空特征所表现出来的动作形式上或动作外貌上的特征,因此,叫作动作形式。[1] 动力学特征是指决定这个动作形式的内外的相互作用情况和特点。就是说,运动学特征是在不考虑质量和作用力的情况下研究动作的空间形态(几何关系)和动作随时间的变化,而动作的发生和变化的原因——力,则是动力学的研究任务。因此,作为动作结构,它既反映动作的时间和空间相互作用的规律性,又反映力的相互作用和能量相互作用的规律性。

3. 技术动作的层次划分

从动作的精确性、动作从开始到结束的连续性和环境的稳定性三个维度对动作技能进行层次划分可以分为:粗大动作技能(大空间、大幅度)和精细动作技能(小空间、小幅度、协调、精致);连续性动作技能(动作序列长,根据复杂外部刺激连续、不间断地调节矫正,动作间无明显起止点)和非连续性动作技能(动作序列短,一个刺激一个反应,动作间有明显起止点);封闭性动作技能(外部环境稳定、可预测)和开放性动作技能(外部环境变化、不可预测)。

(二)运动技术原理与基本特征

1. 运动技术原理

(1)生理学原理

目前一般认为,运动技术形成的生理机制,是运动条件反射的暂时性神经联系,是以大脑皮质运动为基础的,因此,学习和掌握运动技术的生理学本质就是建立运动条件反射。[2]

(2)生物力学原理

运动生物力学认为,运动技术的生物力学原理就是以下基本要素合理适宜匹配的结果。即身体姿位、关节角度;身体及肢体的位移、运动时间、速度及加速度;[3]用力大小及方向、用力的稳定性及动态力的变化速率;人体各环节的相互配合形式与方式;增大动力的利用率及减少阻力的技巧。

(3)运动技术的心理学原理

运动技术的心理学机制。目前已受到人们广泛关注。如运动技术学习与形成所需要的

---

[1] 王小虹. 关于运动生物力学研究范围思考[C]. 第十三届全国运动生物力学学术交流大会, 2009.
[2] 王红涛. 高校网球教学中应用念动训练的实验研究[J]. 商丘示范学院学报, 2013.
[3] 朱永博. 体育教育专业田径普修课挺身式跳远动作技术评价研究[J]. 甘肃省体育科学学术论文研讨会, 2014.

心理能力等，认知心理的形成与发展，表象的形成与运用都对学习和掌握运动技术有着重要的作用。

（4）运动技术的社会学原理

运动技术服从的社会学原理主要是美学原理。"运动美"从某种意义上讲，就是技术美、动作美。在技能主导类表现难美性项群技术训练中，对技术美的要求尤为严格。[1]

2. 运动技术特征

（1）运动技术与体育运动的不可分割性

这是运动技术区别于其他技术最显著的特征。运动技术只能通过运动员的身体动作表现出来。因而人们长期将运动技术又称为"技术动作""动作技术"等。

（2）运动技术不断发展的必然性

在任一特定时刻，运动技术的规范要求都是相对的、暂时的。随着运动员身心素质的不断提高和运动器械设备的不断改进，运动技术也在不断地发展，即处于一种动态变化过程之中。

（3）运动技术的个体差异性

不论何种运动技术都必须符合科学原理，具有运动的规范性和公认的动作规格。然而由于运动员在身体形态、运动素质等多方面具有不同的个人特点，所以运动技术还具有个体差异性。对每个具体的运动员来说，最合理的技术动作都不会完全相同，而有着鲜明的个人特点。

（4）运动技术相对稳定与及时应变的统一性

运动技术应具备相对稳定的动作结构。在比赛中应力求保持这种结构。同时随着比赛环境、比赛对手的变化，有效的运动技术应能随这些变化而有所调整。[2]

3. 运动技术评价

（1）评价目标

运动技术是运动员竞技能力的重要因素，是完成体育动作的基础。运动技术评价是指对于运动技术的掌握或完成状态予以描述和评定的活动。评价者在科学理论的指导下，运用现代科技手段、依据自身经验发现、描述（定性或定量的）与评价运动员在技术上存在的问题，并为运动员实现或完善运动技术提出指导性意见或建议。运动技术评价目的在于尽快帮助运动员掌握动作，提高技术质量，不断探索新技术和论证新技术的可行性及科学性，从而促进其运动水平的提高。

（2）评价标准

运动技术训练的根本目的，是为了创造优异运动成绩。是否能达到这一目的，即实效性如何，是评价运动技术的主要标准。其次，达到这一目的的过程是否符合生物学及心理

---

[1] 刘建和. 论运动技术预见[J]. 成都体育学院学报，2005.
[2] 田麦久. 运动训练学[M]. 北京：人民体育出版社，2012.

学等规律，即合理性与经济性如何，亦是评价运动技术的重要标准。在很多情况下，合理的、经济的技术会取得良好的效果，这在体能主导类项群、技能主导类表现难美性项群及技能主导类表现准确性项群中尤为突出；但在另外一些情况下（主要在技战能主导类格斗对抗性项群、隔网对抗性项群和同场对抗性项群中），尽管实效性、合理性、经济性同样存在密切关系，但由于对手的干扰和不可避免的偶然因素，良好的技术效果却不仅仅来自于合理、经济的技术完成过程。因而，我们有必要从实效性、合理性和经济性等方面对运动技术综合地给予完整的评价。

（3）评价方法

①定性评价与定量评价。

定性评价。是对于运动技术的质的特征所进行的评价，这种评价以观察法为主要手段。在采用观察法时，要注意观察的客观性、系统性和精确性。客观性将保证获取关于运动员技术情况的信息是可靠的；系统性指观察必须按运动的计划顺序进行，从而保证观察的全面性；精确性将排除错觉、幻觉以及任何主观因素的影响，发现相似事物中的微小差异，从而使观察结果符合实际。

采用观察手段评价运动员技术状况时有两种途径，即在运动员完成动作的现场直接观察、评价和借助于录像技术在间接观察中进行评价。

定量评价。是对于运动技术的特征进行评价，这种评价主要是依靠各种仪器设备，对运动员运动技术的各种生物学特征（主要是生物力学特征）进行定量描述与评价。定量评价以定量分析为基础，与评价者的经验相结合，从而使作出的评价与定性评价相比较更具有准确性和可靠性，即不仅能提供定性的信息，还能提供定量的信息，从而迅速、准确地提出改进技术的措施或建议。

定量评价往往采用"理论模式分析"和"实测"两种具体方法。"理论模式分析"方法是指把运动中的复杂人体动作进行一系列的简化性假设，建立起技术动作的数学或生物学模型，继而使用生物力学或经典力学的方法对技术动作进行分析评价；"实测"方法是应用现代科技手段对进行中的技术动作直接检测，以获取技术评价所必需的人体运动学、动力学、形态学和功能解剖学等方面的参数。

②运动学评价与动力学评价和多维测试与综合评价。

运动学评价。包括对技术动作的空间特征、时间特征及两者共含的时空特征进行描述与评价。

动力学评价。包括对人体惯性特征、动力特征及运动能量特征的描述与评价。

多维测试与综合评价。多维测试指运用多种手段，尤其是现代科技手段，从多种角度对运动技术进行测试。随着现代运动训练的发展，单一的测试手段和角度已表现出局限性，多维测试应运而生。通过多维测试所获取的多种信息进行综合评价，可对运动技术作出更为透彻和准确的分析与评价。因而，这种方法是技术评价的发展方向。[1]

---

[1] 田麦久. 运动训练学[M]. 北京：人民体育出版社，2012.

4.技术诊断与评价在训练过程中的运用价值

运动技术的诊断与评价可以在训练过程中分析技术动作的准确性，从技术上看运动技术动作是否符合技术规格要求。从所要达到的具体目的上看运动技术动作的准确性，如篮球投篮技术动作的准确性要从投篮命中率来衡量。从形式上看运动技术动作的准确性，即看其是否准确地完成了规定的运动要求。

分析技术动作的协调性。体育运动技术动作的协调性标志是动作连贯，节奏合理，各要素配合恰当，身体及身体各个部分在完成动作的过程中协调配合。

分析技术动作的力量性。体育运动技术动作要有力，是运动技术动作的一个主要质量标志。

分析技术动作的经济性。作为体育运动技术动作的经济性，就是要把动作做得好而省力。

分析技术动作的弹性。有弹性的技术动作能表现出人的活力。

二、运动员技术训练的常用方法

（一）直观法与语言法

直观法是指在技术训练中，借助视觉、听觉、肌肉本体感觉等感觉器官来感知动作的一种常见的教学方法。有助于在训练中了解动作的形象、结构、完成方法，以及与空间的关系，从而建立正确的动作表象。

语言法是指在训练中，运用各种形式的语言，指导运动员掌握技术动作进行训练的一种方法。使用语言法时要注意：讲解的内容要正确，要有明确的目的，语言要精炼，通俗易懂。

（二）完整法与分解法

完整法是指运动员从技术动作的开始姿势到结束姿势，完整地进行练习，从而掌握技术训练的方法。其优点在于一开始就使运动员建立完整的技术动作概念，不影响动作的节奏和各部分之间的联系。此方法多用于学习简单的技术动作或不能分解的较复杂的技术动作。

分解法是指把完整技术动作按其基本环节分成若干个相对独立的部分，使运动员分别进行练习的训练方法。此方法主要用于较复杂的技术及技能主导类表现难美性项群的成套技术动作练习中，在改进动作、提高动作质量时亦实用。

在运动技术教学过程中是采用分解法还是完整法，主要的焦点应该是运动技能的性质与特点，按运动技能的不同划分标准对运动技能进行比较具体的分类。

（三）想象法与表象法

想象训练法。指在练习前，通过对技术动作的想象，在脑海中对这些技术动作留下痕迹，然后在训练中激活这些痕迹，使技术动作能够更好地完成。在运用过程中要与机体各种感觉相结合，即在脑海中对技术动作想象的同时，要与各种感觉结合起来，把脑海中想象的技术动作用肢体表现出来。

表象训练法。指运动员在头脑中对过去完成的正确技术动作的回忆与再现、唤起临场感觉的训练方法。通过多次动作表象，提高运动员的表象再现及表象记忆能力，可以使运动员的注意力集中于正确的技术要求，有利于提高心理稳定性，从而促进技术的掌握。

（四）加难法与减难法

加难法指在技术训练中，以高于专项要求的难度进行训练的方法。如在排球扣球技术训练中，加高隔网，从而增加了训练难度。这种方法常在优秀运动员训练中使用。

减难法指在技术训练中，以低于专项要求的难度进行训练的方法。如在跳远训练的踏跳练习中，以弹簧板代替踏跳板。此种方法常见于初学者。[1]

三、技术训练的基本要求

（一）个人技术训练的要求

1. 处理好基本技术与高难技术的关系

运动员如想长期保持高峰状态，延长运动寿命，以基本技术为核心的"基本功""基本实力"是否雄厚，是一个必备条件。训练实践证明，没有扎实的基本功而想得到长远的发展是不大可能的。然而，我们必须注意到，除了抓好基本技术训练外，还应努力掌握高难技术。

在现代运动竞赛中，技术本身的难度价值和完成的质量情况是决定运动成绩的重要因素，因而必须加以认真对待。要注意正确处理难度与基本功的关系。因为要发展难度，必须要有良好的技术基础和身体素质基础。这样高难度技术和基本技术相互促进，都得到了提高。[1]

2. 处理好全面技术与特长技术的关系

在注重特长技术的同时，还应当全面掌握专项运动中的各项技术。

①专项运动技术动作群中的各种技术之间，往往存在着一定的内在联系，起着相互促进、相互影响的作用。这种作用我们称之为运动技术的"转移"。

②在运动竞赛中，技术是否全面，是保证特长技术能否发挥的重要条件。在竞赛实践中常观察到这样的现象：一名运动员尽管特长很突出，但因技术不全面，在某方面留下缺陷，因而在比赛中给对手可乘之机。

③技术是战术的基础，技术的全面决定了战术的多样性。在比赛中，既要给对手造成最大限度的不适应，又要使自己最大限度地适应对手。

3. 处理好循序渐进与难点先行的关系

任何一项运动技术的各个组成部分之间，都有其内在的联系。进行技术训练时，应当认识和利用技术活动内部存在的固有联系，即应当沿着由低到高、由易到难、由浅入深、由分到合、由主到次的顺序进行联系。

---

[1] 田麦久. 运动训练学[M]. 北京：人民体育出版社，2012.

无论是训练内容的安排还是训练方法手段的选择,都要服从"学习、提高、巩固、再学习、再提高、再巩固"的一般性程序。按照这种方式进行技术训练,有利于运动员打牢基础,稳步前进。

4. 处理好学习因素和训练因素的关系

训练过程中既有"学习"因素,又有"训练"因素。就运动员而言,"学习"和"训练"两大因素构成了完整统一的不可分割的技术训练过程。

运动员从"学习"开始步入这个过程,但由于"学习"必须以"身体练习"为基本手段,所以即便在此时,"训练"因素也夹杂在其中。技术学习是技术训练过程的起点和基础,它将对整个技术训练过程产生重大影响,因而,教练员和运动员有必要掌握技术学习的有关理论。

5. 改善动作结构,提高技术组合水平

运动训练实践证明,改善动作基本结构和提高技术组合水平,是提高运动技术整体水平的重要途径。对各个运动基本环节精雕细琢,并力求使环节间的联系更加流畅,可以更大限度地发挥出运动员的体能水平。[1]

(二)集体技术训练的要求

1. 处理好规范化和个体差异的关系

对运动员技术特点的重视、保护乃至有目的地加以发展,是使这些特点发展为特长,从而攀登上世界体育竞技高峰的重要环节。[2]在球类等对抗性项目中,技术的"实用性"是最为关键的因素。而"实用性"在多种情况下不仅由技术的规范化所决定,而且还由运动员的个人技术特征所决定。因而在技术训练中,对运动员进行区别对待是极其重要的,从而在技术规范化方向上,让运动员表现出不同的技术特征来。

2. 处理好合理的内部机制与外部动态的关系

合理的内部机制指运动技术必须符合运动解剖学、运动生理学所指明的神经肌肉工作原理。例如,中枢神经系统对主动肌、协同肌和对抗肌的正确支配等。另外,运动技术还应符合运动技能形成的心理学原理。与此同时,运动技术还应具备正确的外部形态。

①外部形态和内部机制往往相互影响。

②对于机制的外部形态,我们常用运动生物力学的方法进行描述。

③"技术美"在很大程度上是通过外部形态表现出来的。

3. 重视技术风格的培养

(1)技术风格的意义

在运动训练实践中,教练员、运动员越来越重视"技术风格"的培养。技术风格是运

---

[1] 田麦久. 运动训练学[M]. 北京:人民体育出版社,2012.
[2] 刘建和. 技术训练中五组关系之再思考[J]. 成都体育学院学报,1992.

动技术的"灵魂",运动员的技术风格直接关系到运动员发展的方向和技术水平。运动员技术风格的形成取决于其独特的身体素质和个性品质。在身体素质方面可将"短板"通过个性化培养成为一名运动员的制胜因素。同时,许多被公认的具有特点的技术风格往往是不能被复制的,因此,结合自身特点,寻找自我的技术风格才是培养运动员特长的必经之路。

(2)技术风格的释义

所谓技术风格,是指运动员或运动队的技术系统,区别于其他运动员或运动队的技术系统、较为成熟和定型化了的、经常表现出来的特征。[1]因技术风格是技术系统特征的集中体现,所以运动员技术风格的不同,实际上就是技术系统的不同,不同的技术系统必然会表现出不同的技术风格。

(3)影响技术风格的因素

特长技术。特长越明显,风格越突出。技术风格的培养从一定意义上讲,也就是特长技术的训练。某项特长技术的掌握,往往使运动员或运动队的风格变得更加突出。在训练中,如何选择几项技术反复精炼,使其成为运动员的特长,并结合好其他技术进行练习,这是培养运动员鲜明技术风格的一个关键问题。[2]

运动员的神经类型。运动心理学研究表明,一定的气质类型适合于一定的技术风格。例如,在技术风格中强调"变化的运动员",要求其自身的神经活动具有高度的灵活性和平衡性,这种风格运动员的气质类型,大多为典型的多血质。

种族特征。从人类学的角度看,种族特征对技术风格的影响也是较为明显的。种族形态与心理特征制约着运动技术的发展方向。如在对抗项目中,欧洲运动员的技术风格往往表现出"巧"的特征,而美国运动员则往往表现为"猛"。[3]

4. 重视技术创新与技术发展的预见工作

(1)关于技术创新

运动技术创新是运动技术发展重要乃至主要的形式,具有巨大的实践价值。如果说运动技术的渐进式发展是在较长的实践过程中得以完成,体现着运动技术发展的连续性,那么,以创新为核心的跃进式发展则更富于阶段性特征,即在某一特定时期,使运动竞技的整体水平得以跃进式的、大幅度的提高。由于新技术的出现,或使某项目的对抗更趋激烈,或使某项目比赛的难度增加,变得更加具有观赏性。[4]

运动技术创新的目的:

①直接提高运动成绩。

②提高制胜因素单个水平及因素间组合水平。

③有效的制约现有运动技术。

---

[1] 李晓光.论铁饼运动员的技术训练[J].大庆师范学院学报,2005.
[2] 邓运龙.认识运动项目本质的特征分析[J].沈阳体育学院学报,2008.
[3] 田麦久.运动训练学[M].北京:人民体育出版社,2012.
[4] 刘建和.论运动技术的序列发展与分群演进[D].北京:北京体育大学,2006.

④满足战术发展的需要。

⑤更有效地发挥个人潜能。

⑥构成运动项目竞争战略的主要因素。

（2）关于技术预见

运动技术预见是制定正确的运动技术发展战略和适宜的运动技术政策，从而有效地指导运动技术训练实践的重要前提。通过运动技术预见，人们将逐步地把运动技术发展纳入自己的理性把握之中。其中尤为重要的是，运动技术预见将引导运动技术创新。

运动技术预见包括对运动技术自身结构完善的预测；对运动技术发展与项目发展及运动员有机体发展之间关系的探讨；对运动技术发展与其所处大环境之间关系的全方位研究三个层面。

运动技术预见应处理的几种关系：

处理好与竞赛规则发展预见的关系。竞赛规则是人类根据人体竞技运动和人类社会行为的规律所制定的竞赛中的行为规范。应当认为，运动技术预见与竞赛规则发展预见是一种双向互动关系。一方面，运动技术的发展必须在竞赛规则的约束下进行；另一方面，运动技术的发展在一定历史时段，又会推动竞赛规则的修改和完善。修改后的规则将会对运动技术的发展提出新的要求，这种要求往往从"既限制又诱导"两个方面表现出来。

处理好与满足社会竞技需求的关系。运动技术的发展有其明确的目的性。除了运动员作为竞技能力的主要或重要构成部分在运动竞赛中争胜夺金之外，"服务于社会"也是必须考虑的一个因素。社会竞技需求包括市场需求、大众审美需求等。在竞技体育日趋市场化、商业化之际，以运动技术为主要或重要内容的运动项目如何适应社会竞技需求，是进行运动技术预见活动时必须面对的课题。

处理好与关键技术选择与把握的关系。从严格的意义上讲，关键技术的选择与把握是运动技术预见欲达到的目的之一。对关键技术发展问题的关注，不仅具有一定的理论价值，更具有较高的实践价值。[1]

四、运动技术分类及训练要点

（一）运动技术的分类

根据各运动项目的性质和形式的共同点及差异点，按照一定的标准，把运动项目分为不同的类别，建立正确的分类体系，对运动训练学理论研究和训练实践的发展都具有重要的意义。竞技运动项目的分类可以有多方面的标准，例如，运动项目的主导素质、运动项目的动作结构、运动成绩的评定方法、动作技术的确定性、身体受伤的可能性、比赛运动员的相互作用、比赛场地的不同特点、比赛时各方参加人数多少见表5-1。

---

[1] 田麦久.运动训练学[M].北京：人民体育出版社，2012.

表 5-1 按竞技能力的主导因素对运动项目的分类

大类	亚类	项目举例
体能主导类	快速力量性	跳跃、投掷、举重
	速度性	短距离跑、短距离游泳、短距离速度滑冰、短距离赛场自行车
	耐力性	竞走、中长距离跑、中长距离速滑、中长距离游泳、越野滑雪、长距离自行车、划船
技能主导类	难美性	体操、艺术体操、技巧、跳水、花样滑冰、花样游泳、冰舞、自由式滑雪空中技巧、单板滑雪空中技巧、U型槽滑雪技巧、武术套路
技心能主导类	准确性	射击、射箭、弓弩
技战能主导类	隔网对抗性	乒乓球、羽毛球、网球、排球、藤球、毽球
	同场对抗性	足球、手球、冰球、水球、曲棍球、篮球、橄榄球
	格斗对抗性	摔跤、柔道、跆拳道、空手道、拳击、击剑、武术散打
	轮换攻防对抗性	棒球、垒球、板球、台球、冰壶

（二）技能主导类表现难美性项群技术训练要点

技能主导类表现难美性项群包括：竞技体操、艺术体操、蹦床、技巧、健美操、跳水、花样游泳、花样滑冰、自由式滑雪空中技巧、单板滑雪空中技巧以及武术套路等项目。其特点在于："难"——技术含量高，动作（组合）难度大。"美"——体现人体美、技术美、自然美和艺术美。[1]这些项目在比赛特征、运动成绩决定因素、竞技能力结构特征和训练特点等方面都具有多维的相似性。

高水平运动训练是以参赛为目标的连续性、周期性、阶段性的实践过程，因此，训练和参赛的系统结构与功能的诸因素之间必然存在着明显的制约与影响关系。基于本项群的参赛特性，训练中自然表现出如下的项群特征：①成套动作是运动员参赛唯一表现的评判内容，成套动作的创编过程是对规则理解的专项表达过程；②动作创编，以及有伴奏项目成套音乐选择的行为过程具有周期性；③专项竞技能力的储备量决定成套动作的完成质量；④参赛套路的熟练性可以通过赛前训练的强化获得；⑤参赛套路表演的完整性是通过动作的连接以及有伴奏项目与音乐的紧密联系在情感结合上实现高度统一。

在训练中要做到，训练过程的系统化、训练内容的节奏化、难度动作核心化、审美创编艺术化。[2]

1. 技术发展趋势

规则的变化对运动技术的发展具有极为重要而直接的整体性影响，尤其在表现难美性项群项目中更为突出。因此，技术的发展也要根据竞赛规则对动作难度、动作数量、动作类型以及动作连接编排的规定和要求进行革新。

难美项群运动技术发展的主要趋势，运动技术训练的主要要求仍然还是"难、新、美、稳"。根据不同项目，其四字方针排列的顺序和侧重点是不同的，重点不同是因为时期不

---

[1] 张鹏,李炳林,张荣.论技巧类表现难美性项群表现力之异同[J].当代体育科技,2013,3（14）:130-131.
[2] 王宏.技能主导类表现难美性项群的竞技特点与训练要求[J].中国体育教练员,2016,24（4）:6-9.

同，例如，专家认为跳水要以"稳、新、难、美"排序，体操专家认为有"力"的因素才是完整的，因而体操项目训练加入了"力"，以"难、新、力、美、稳"为顺序。[1]

2. 重视人文关怀

人文关怀在中国文化中的历史源远流长，是我国以人为本的科学发展的具体化。体育是人的身体活动，是社会教育或文化的重要组成部分。[2]技能主导类表现难美性项群追求不断增加运动技术难度是一种趋势，对运动员的人文关怀也被逐渐重视，不仅包括处理"高难度"与"高稳定"的关系，还有观众的欣赏问题以及运动员受伤的风险问题。[1]我们应该认清人的本质，理性地认识和处理人与体育的身心关系，才能充分体现体育对人的关怀，建立体育与人之间融洽的本质联系，更准确地把握体育的本质。缺乏人文关怀，竞技体育就会失去它本身的价值，脱离人们的生活，变得没有意义。[2]换言之，技能主导类表现难美性项群在设计一些高难度动作以及提高动作观赏性的同时，也要注重运动员的身体承受能力，不能违背人体极限和身体机能，否则也违背了运动其本身的宗旨。

3. 注重技术创新

美是难美技能类体育项目的主要特征，每一个历史时期、每一个阶段，人们的审美观念、审美标准都是各不相同的。因此，运动员、教练员在进行动作技术的设计中要不断创新，应该考虑到单个动作或成套动作的情感愉悦性和客观社会性。

在难美技能类体育项目的技术动作创新过程中，使裁判员、观众产生愉悦的情感是非常重要的。因此在设计技术动作时，其设计者应该首先考虑在一定时期人们的审美标准是什么，然后再考虑其设计方案，将美融于难美项群的三大特点（难、新、稳）之中进行新技术动作的构思与设计，做到"难中有美""新中有美""稳中有美"。所谓难中有美，就是动作不仅要有一定的挑战性和难度，还要有美感。新中有美主要是指动作新颖，新的技术动作应该是超越传统的、不俗套。稳中有美是指动作要稳健、洒脱，动作与音乐、舞蹈相互交融。[3]

4. 重视艺术表现力训练

艺术表现力是难美类项群各项目所应掌握的重要竞技能力之一。

艺术表现力在难美项群运动员专业训练中是规则变化与发展的需要。"规则"是难美性项群各项目发展的指导性文件，不仅是裁判员评分的依据和尺度，也是运动员编排成套动作的依据。随着难美性项群各项目的飞速发展，以及运动员竞技水平的提高，规则亦朝着更加标准化、完善化、竞技化、艺术化的方向不断发展。基本上，难美项群各项目的规则会每四年修改、变化一次。

艺术表现力是进一步提升难美项群各项目竞技实力水平的需要。难美类项群各项目不

---

[1] 张鹏,李炳林,张荣.论技巧类表现难美性项群表现力之异同[J].当代体育科技,2013,3（14）:130–131.
[2] 孙琰琰.浅析人文关怀在运动训练中的重要性[J].体育科技文献通报,2017,25（8）:144–145.
[3] 苏平王,新国杨,亚红.论难美技能类项群的美学特征与技术创新[J].体育成人教育刊,2003,19（2）:79–80.

仅需要运动技术与体能的长期训练，更需要运动员艺术底蕴的培养与积淀。深厚艺术底蕴的积淀可以使参赛作品更具有深度，使整个表演看上去具备内在的精神，拥有神韵。目前，运动员的培养更注重体能的提高与技术的磨练，忽略了对运动员艺术的熏陶与文化知识的学习，以及对运动员艺术表现力的培养与训练。优秀的比赛作品不仅需要运动员通过良好的技术、技巧将编排的动作展现出来，更需要将动作呈现出生气，有强烈的吸引力以及富含丰沛情感，是对运动员"内在精神"的体现。

难美类项群的艺术表现力训练的原则：循序渐进原则、由易到难原则、全面发展原则、系统训练原则。[1]

（三）技战能主导类隔网对抗性项群的技术训练要点

技战能主导类隔网对抗项群（乒乓球、羽毛球、网球、排球）运动技术发展过程中具有以下共性特征："发球、接发球"在项目技术体系中占有极为重要的地位；极为重视"精细技术"的训练；技术和打法的发展交互作用；进攻性技战术一般先于防守性技战术发展，而后者的发展又促进前者的发展；影响技术和打法演进的因素有制胜因素、规则因素、工具因素等。

1. 重视发球、接发球技术训练

技战能主导类隔网对抗性项群的发球、接发球技术地位极其重要，是双方比赛的开始，也是使用技战术的开始，而接发球及其之后的进攻同样重要。发球是运动员最主要的得分手段之一，是比赛中每1分的开始，是唯一不受对方制约的技术，带有明显的战术意图。发球方希望能发球得分或破坏对方进攻，目的是力争直接得分，或降低对方接发球质量，为本方后续技术的使用及战术的实施做出铺垫。接发球技术要求能准确地预判和回球，并伺机进攻。成功接发球并组织有效进攻或破坏对方下一次进攻，目的是变被动为主动，先发制人，以争取接发球直接抢功得分为首要目的。因此，注重加强发球与接发球环节的训练是比赛制胜的关键因素之一。

2. 重视精细技术训练

技战能主导类隔网对抗项群训练中，极为重视所谓"精细技术"，也就是技术环节中细微技术的训练。例如，乒乓球、羽毛球、网球项目中，"拍形"的控制、调整出球的准确性和实现战术意图至为关键，如网前搓球、割对角球等。这种"控制和调整"绝大部分是由运动员的手腕乃至手指的肌群来完成的。对这些部位的专门训练，是整个技术训练的重要组成部分。在排球项目中，"手指动作"的作用也极为重要，尤其是二传运动员。从很大意义上讲，这种"精细技术"水平的高低，是运动员能否攀登上世界高峰的必备条件之一。[2]

3. 攻防技战术的交叉互促

本项群发展到一定历史阶段，进攻性技战术一般先于防守性技战术发展，而后者的发展

---

[1] 许新，李莉.难美项群青少年运动员艺术表现力提升之管窥[J].体育科技文献通报，2016，24（11）.
[2] 田麦久，刘大庆.运动训练学[M].北京：人民体育出版社，2012：02.

又促进前者的发展。在运动训练和运动竞赛实践中，当进攻和防守处于相对"不平衡"时，人们为了在比赛中赢得主动权，会积极探索、发展新的攻防技战术及打法，改进、完善原有的攻防技战术，以期实现新的"平衡"。在进攻与防守处于"平衡"状态时，又会激发人们去研究、创造新的技战术及打法，在攻防相对适应的基础上发展其新的"不平衡"。正是这种项目本身的攻防"不平衡"——"平衡"——"新的不平衡"循环往复的规律，推动各项目的技术、打法不断的演进。从某种角度上讲，战术是技术有目的的使用。由于进攻技战术在训练与比赛中的主动作用，其发展往往先于防守技战术。同时，进攻技战术的提高又刺激了防守技战术的发展。如排球扣球技术的发展，带动了拦网技术的发展；进攻的个人战术变化和集体战术配合带动了集体拦网战术的不断丰富，而拦网战术的丰富与完善又促进了立体进攻战术的出现等。再如羽毛球中下压控网打法与四方球打法的交互发展也是遵循着以进攻促防守、以防守促进攻这一发展路线的。进攻与防守的对立统一是乒、羽、网、排技术和打法不断发展的动力。[1]

（四）技战能主导类对抗性项群的技术训练要点

1. 重视身体对抗技能训练

"对抗"是同场对抗性项群最为重要的特征。身体对抗技术是同场对抗性项群中最为重要的技术种类。这种技术广泛牵涉到运动员的体格、体能、心理、时机把握等多方面因素。

强调身体对抗技术较为深刻的时代背景，即由项目发展的规律尤其是比赛的要求所使然。"强对抗"是各项目在发展过程中呈现出的一种必然趋势。篮球界直接将其称为"对抗性规律"，并认为树立全方位对抗的观念，以智对抗、以力对抗、以技对抗、抗中有抗、守中有抗和抗中有守，是现代篮球竞赛对抗的又一基本特点。足球界则视"对抗性"为本项目的"特点"，认为"比赛中双方为争夺控球权，达到将球攻进对方球门，而又不让球进入本方球门的目的，展开短兵相接的争斗，尤其是在两个罚球区附近时间、空间的争夺更是异常凶猛，扣人心弦。一场高水平的比赛，双方因争夺和冲撞倒地次数达200次以上，可见对抗之激烈"。手球界将"对抗更加激烈"列为手球运动发展的首要特点，认为现代手球比赛，朝着身体强对抗、进一步争夺时空的方向发展。比赛的激烈程度进一步加剧。

比赛中的身体对抗要求运动员掌握和发展身体对抗技术。身体对抗技术是应对强身体对抗最重要的支撑或基础。强化必须对抗、敢于对抗、善于对抗的意识和能力成为现代本项群训练和竞赛的重要特征。[1]

2. 重视技术和场上位置的结合

随着训练水平的普遍提高及训练与竞赛理念的更新，人们提出了"全攻全守""立体进攻""立体防守"等一系列概念并付诸于实践。比赛中"位置模糊化"的现象经常发生。这种情况下，直接导致了对运动员"技术更加全面"的高要求。

但比赛中"位置模糊化"并不能等同于"取消位置"。在本项群中，"位置"是实际存在

---

[1] 田麦久,刘大庆.运动训练学[M].北京：人民体育出版社,2012：02.

的。运动员在场上的攻守位置是相对固定的，而位置技术主要反映的是不同位置的技术特征。如"中锋技术""前锋技术""后卫技术""守门员技术"等。"不同位置的技术特征"从两个方面表现出来：其一，位置的专有技术，如中锋的步法、守门员的扑救等；其二，对特定技术的要求特别高，如足球中前卫队员、篮球中后卫队员的控球技术、支配球技术等。[1]

3. 重视组合技术

在比赛过程中，运动员的技术动作通常都是以组合形式完成的。因此，训练中在掌握单个技术动作的基础上要加强组合技术的训练。

在本项群中，根据对手的情况，技术运用除了有一定的固定组合形式外，还存在着随机组合形式。由于比赛中情况千变万化，这种随机组合带有很强的应变及创造性质，即在竞赛中往往可能出现平时训练中没出现过的技术组合。

从某种角度看，"随机组合"的实践基础是比赛和训练技术的非完全一致性。有研究指出："训练需要有千百次的重复和反复的技术磨炼；同时也应掌握同场对抗类集体性项目的特殊性，即球队技术和战术在训练和比赛中不可能完全一致，要求运动员在比赛中根据实际情况，进行最优化的选择。要求教练员根据项群的特征，尽可能地接近真实比赛的情景去安排训练内容，同时还要求运动员随机应变，在复杂的环境下迅速做出正确的判断和采取行动的能力。"[1]

（五）体能主导类各项群技术训练要点

1. 重视技术动作训练的实效性

运动技术训练首先要考虑实效性，同时必须兼顾技术动作的衡量标准——经济性。所谓实效性，即力求创造优异的运动成绩；经济性即在求得最大实效性的前提下尽可能节省身体能量。运动技术的先进性并不完全等同于运动技术的实效性，在运动技术训练中，首先应考虑的是技术的实效性。[2]在训练过程中，教练员要对运动员技术动作出现的问题进行分析，找出产生此问题的原因以及关键点，针对原因制定出有效的解决办法，而不是盲目地使运动员做超负荷的无用功，避免走弯路。

2. 重视技术动作训练的针对性

在训练中，运动技术的个体差异是一个带有普遍性质的问题。德国运动训练学家曼·葛欧瑟曾指出："每个人与理想动作模式都有偏差，这是正常的，因为每个人都有自己的个性和特点。技术训练的目的在于使运动员可以达到理想的动作，即每名运动员都应掌握技术当中的重要环节，同时还要保持个人的风格和特点。"学者"李少丹"也曾指出："在技术训练中除必须要求运动员按技术规格进行练习外，还应注意运动员的个人特点。由于运动员之间存在着差异，在掌握技术过程中往往在某些方面看起来不符合技术规格，但对其本人来说是合理并有效的。这一点在技术训练中充分发挥运动员个人特点及更好地完成技术

---

[1] 田麦久,刘大庆.运动训练学[M].北京：人民体育出版社,2012：02.
[2] 刘建和.论运动技术的序列发展与分群演进[D].北京体育大学,2006.

训练任务都有重要意义。"

田径、游泳、举重均属个人项目（接力除外），项目特点决定了对运动技术的个体差异必须加以特别重视。此类项目在原有动作基础上，运动员根据个体的差异性，在规则允许的情况下加入属于自己个人技术特点和风格，最有效地利用自身体能，发挥自己的技术优势，扬长避短，以达到更好的效果，创造最佳成绩。[1]

3. 重视技术发展与现代科技的结合

导致运动技术中的现代科技含量不断增高的原因有两点，其一，现代科技的渗入和人们的重视；其二，田径、游泳、举重项目专项运动技术种类相对单一，且在比赛中不太可能发生随机组合变异，意即在比赛中运动员运动技术的使用是训练的"再现"，是一个"求同"的过程。这样有利于集中科研设备对其中的关键技术进行透彻的研究。

现代科技广泛应用于运动训练之中，极大促进了其成绩的提高。例如，刘翔在备战2004年雅典奥运会时，国家体育总局田径运动管理中心和体育科学研究所等单位联合成立了刘翔备战2004年奥运会的综合攻关与服务科研组。科研组运用图像快速分析处理系统等技术手段，对他进行了长期跟踪研究及诊断等服务，确保了训练及比赛的科学性、针对性，最终夺取了奥运金牌。针对刘翔的比赛和大强度技术训练课进行监测和技术诊断，对刘翔的肌肉力量进行监测评定和日常的科技服务。

五、运动员技术训练的时间特征

（一）动作技术训练的周期安排

1. 技术体系的复杂性

在高水平的运动成绩中，身体形态和身体素质水平是一个重要的基础条件。但只有合理、有效的高水平专项技术，才能使运动员在比赛中充分表现坚实、强有力的身体能力而获得优异的运动成绩。因此，在整个系统训练的进程中，我们必须要重视基础动作训练和高水平专项技术训练，这是关键，起着决定性作用。一种错误的技术被巩固加强，甚至形成动力定型，就会直接影响整个训练计划的进程，只有在花费更多的精力和时间去改正错误之后，才能继续下面的训练内容。所以，在训练中我们必须防止和避免走这种弯路，以便更快、更好、高质量地完成每一阶段的训练计划。[2]

2. 技术训练的整体思路

最有效的技术训练，要求教练员和运动员之间要有一种高度的默契和高质量的工作，因此，训练的质量取决于参加者双方，那就是教练员和运动员在训练理论水平和训练所需要的

---

[1] 刘建和. 论运动技术的序列发展与分群演进[D]. 北京体育大学, 2006.
[2] 郑伟. 对正确实施技术训练计划的合理控制[J]. 中国体育科技, 1998（3）: 3-5.

各种能力上要有一种相对平衡的发展和提高。传统的训练方式，只片面强调教练员的理论知识水平、训练经验和综合训练能力，而忽视了对运动员所应进行的思想品德、智能和心理等方面的教育和培养，忽视了提高运动员参与训练的综合能力和专项理论水平，致使有些潜力很大的运动员在进入高层次的训练水平后，难以深刻地理解和体会教练员的目的和意图，难以同教练员建立一种很友好、很主动、很合作、很默契的相互理解的亲密关系。

高水平的教练员，对单元技术训练计划的实施，会有更大、更直接的帮助。特别是在技术训练中，教练员丰富的知识和经验，敏锐的观察力和判断力，对运动员完成每一个技术动作的正确性和合理性，加以及时的判断和分析，并以正确的反馈信息和不同的传递信息的形式和时间反馈给运动员，会对训练效果带来不同的帮助。"同步信息"的传递，会使运动员在完成每一个技术动作的过程中及时得到相应的刺激信号，产生及时的应激反应，而及时改正动作。而"快速信息"的传递，能使运动员在刚刚完成技术动作后的25~30秒内（运动员在25~30秒内对所完成的动作能保持80%的记忆），对所完成的动作和教练员所传递的信息加以迅速的对比和判断，形成一种新的、正确的动作表象。"滞后信息"是教练员在比赛和训练后，给予运动员的一个全面的、详细的技术训练评估，有助于分析技术和更好地修订技术训练计划。[1]

（二）技术训练控制

1. 技术训练课的时间安排

科学合理制订训练计划是对未来一段时间的训练作出理论性指导，它是为了提高运动员自身的竞技能力，通过训练计划一步步引导，从而取得理想的成绩。训练课质量很大程度上是由每次训练课内容的时间划分决定。伊苏林在"板块训练分期理论"中提到：在每一节训练课中，量化各种不同训练内容的时间分配、疲劳程度并强调各个训练内容之间的串联关系，是构建训练课的重要原则。他以运动生理学的相关理论为基础，分别给出了身体素质（速度、有氧耐力、无氧耐力和爆发力等）、技术（学习新技术和技术完善等）和协调灵敏等训练课对人体疲劳程度的影响作用，建议应以此为依据设计和安排训练，如在体力充沛和良好状态下进行速度、爆发力和学习新技术的训练。

在训练课以及训练课内各项训练内容和手段的安排上，也要考虑各个训练内容对机体的不同生理影响以及不同能力之间的相互兼容问题。例如，速度和爆发力的训练应该安排在耐力和最大力量的前面，有氧耐力和最大力量不应该安排在同一节训练课中进行训练。伊苏林认为，高质量小周期的构建主要取决于两个因素，第一是核心训练课的选择和安排，第二是恢复方法和手段的应用。[2]

---

[1] 郑伟. 对正确实施技术训练计划的合理控制[J]. 中国体育科技, 1998（3）: 3-5.
[2] 陈小平. 运动训练长期计划模式的发展——从经典训练分期理论到"板块"训练分期理论[J]. 体育科学, 2016, 36（2）: 3-13.

2. 内容的控制

在训练内容中，教练员应该注重运动员在技术练习中出现的错误，针对所出现的错误并结合运动员自身，找出影响技术水平发挥的原因，如：身体素质、心理状态、技术水平等，通过分析和诊断运动技术合理性、实现运动技术最佳化为研究内容，以达到解决运动员在训练过程中的技术问题，并提高运动技术水平。

3. 方法与手段的控制

运动技术的发展以技术质量提高以及对技术动作的分析为主要途径。技术质量的提高以及对技术动作的分析处理有助于运动技术的发展。在运动训练中，根据科学控制的指导思想和要求，力求使训练过程达到最佳化的程度，并针对运动员各个技术环节出现的问题，以问题为导向，选择科学的方法与手段帮助运动员高效、省时地达到训练目的并解决存在的问题，形成完整的运动链。在解决问题时，需要分析技术动作构成要素，即动作的核心、关键，通过衡量权重，结合运动员的身体条件和技术水平，制订出科学的训练方案，以提高运动员的技术水平和训练效率。

第三节　运动员技能训练设计与实施

一、运动员技能训练的设计

在不同的运动项目训练中，要求运动员有一定掌握技能的能力。合理、有效的动作技术会使运动员在竞赛中获胜，在训练中能更经济、有效地使用和发挥其体能，更合理、积极地参与竞技战术的组合与实施。因此，运动员掌握技能的能力以及教练员科学合理地训练安排对于训练效果有着重要的影响，我们必须科学合理地对运动员的技能训练进行设计，提高训练效率和训练质量。

进行运动员技能训练的设计时，需要考虑到运动项目特征、技术特点、技术环节、运动员的个体差异等诸多因素。

运动员之间的个体差异常被教练员所忽视。许多教练员采用传统方法来训练每一个运动员，但运动员们拥有不同的身体素质，因此要识别运动员之间的个体差异，并在个体基础上帮助每个运动员，使他们在需要改进的领域变得更强。另外，还要重视运动员的特长技术，使运动员拥有属于自己的技术风格，在竞技场上使出"绝招"。

技能训练前，要向运动员阐述每次训练内容的计划，以及解释每次训练的目标，确保运动员理解练习目的。训练时，教练员的技能示范也至关重要。要清楚地描述和演示每个动作练习,并向运动员解释进行这些特殊练习的原因,以及各项技术动作之间的关系。

二、运动员技能训练的实施

了解了如何对运动技能进行设计后,最重要的就是实施,将理论与实践相结合才是运动训练的最终目的。

(一)排球一传技术训练案例

排球是球类项目之一,是一项技战能主导类隔网对抗性项目,具有以下技术特点:时间短促,具有攻防两重性,主要由步法和手法组成,同时与视野活动、躯干活动和意识活动配合并融合为一体。排球分有球技术和无球技术。其中,有球技术包括发球、垫球、扣球、拦网、传球;无球技术包括准备姿势、移动、起跳及各种掩护动作。

在排球的所有技术环节中,发球是比赛的开始,而接发球是进攻的开始,高度重视发球和接发球技术训练是比赛制胜的关键因素之一。高质量的发球在很大程度上可以破坏对方的进攻强度,而良好的接发球技术可以促使扣球质量提高。

朱婷是我国乃至世界上最优秀的排球主攻手之一,她身高1.98米,扣球高度3.27米,拦网高度3米,因此在扣球进攻和拦网技术上朱婷具有明显的优势。但是也因为朱婷较高的身高,接一传就成为了她在所有技术环节中的短板,作为场上的核心队员必须全面的发展。如何提高朱婷的一传技术呢?

首先,分析接一传时需要注意的要点:重心低且身体重心保持在前,脚掌受力,后脚跟不受力甚至轻微离地;尽量保持正面击球,击球时夹紧前臂,此外还要有良好的预判能力以及较快速的脚步移动能力。因此,在进行一传训练课时,首先要安排一些关于快速脚步移动的无球练习,再进行有球练习。

其次,针对朱婷身高较高且在场上容易被连续追发的特点,对其接一传技术进行针对性的训练。在去土耳其瓦基弗银行俱乐部时,教练员对其采用了独特的训练方式——"坐在椅子上练习一传",这样做的目的就是为了加强朱婷对球的预判能力,促使其接球时始终保持正面击球,必要时再采用体侧垫球的方式,更重要的是使其接球时主动保持低重心(如图5-1、图5-2)。

| 图 5-1 | 图 5-2 |

由此可以看出,技术训练虽然有统一的方法,但是也要根据队员的优势和劣势进行设

计，提高训练效率，做到事半功倍。

（二）篮球案例

篮球这项球类运动早期传入中国发展至今，普及度非常高，有着非常广泛的影响力，也受到了越来越多的关注。篮球这项运动具有极高的对抗性与观赏性，需要运动员不仅拥有很高的动作技术水平，还需要具备较强的身体素质能力。篮球技术比较多元化，其中包括需要单一动作与组合动作相结合、规范化与个体差异相结合、相对稳定与随机应变相结合。

篮球技术主要围绕着得分来展开，而投篮是球员在进攻中最有效的得分手段，是篮球运动的主要进攻技术，也是组成战术的重要环节。高度重视投篮技术动作的教学与训练是比赛制胜的关键因素之一。

针对投篮技术动作的训练方法有很多，对初学者与投篮技术不稳定的球员可先纠正其投篮的基本姿势，包括投篮前脚的站位、投篮手型是否能够达到标准化、以及整体的动作节奏是否流畅等。对高水平运动员来说，当技术动作已经成型后，所需要的是提高投篮的稳定性与命中率。而影响投篮命中率与稳定性的因素也有很多，比如投篮的持球与出手动作，瞄准点与球的旋转，身体素质与心理因素等。其中最有效的训练手段则是先进行固定位置的投篮练习，先找到适合自己的固定得分点，从动作细节和动作节奏出发，通过大量的投篮训练使你的投篮动作形成机械化运作，强化固定投篮姿势与手型。在投篮姿势较为固定的情况下进行行进间的投篮练习，行进间的投篮具有极大的杀伤力，可以与防守人员保持一定的时间和空间，从而提高投篮的命中率，但也提高了运动员对球的掌控难度和对身体姿势的控制能力。在训练中可加强身体素质的练习和对球的控制力练习。

思 考 题

1. 试述运动技能的概念。
2. 运动技能的形成过程分为哪几个阶段？
3. 技术动作的要素分别是哪些？
4. 结合专项，阐述如何做好个人技术训练？
5. 一堂训练课内容设计需要涉及哪几个板块？结合专项，设计一堂训练课的内容。

第六章 运动员战术能力训练

第一节 运动员竞技战术能力概述

一、运动员竞技战术能力定义与分类

1. 竞技战术的定义

竞技战术是指在比赛中为战胜对手或为获取期望的比赛结果而采取的计谋和行动,是竞技比赛中不可缺少的手段和方法。虽然在不同的项目中战术对比赛结果的影响不尽相同,但无论是对战术要求高还是战术要求低的竞技项目中,战术都是运动员竞技能力及其表现的重要组成部分,也是运动员其他竞技子能力水平发展的重要影响因素。战术运用得当,就能够更好地发挥运动员技术、体能等特长;相反,则会抑制运动员特长的发挥。同时,运动员各项能力的发展,也会促进战术的不断进步。[1]宏观上讲,战术属于运动员竞技能力的重要组成部分,但战术理念是建立在思想、意识、知识等心理因素的基础之上的,所以,战术能力可认为是心理能力的组成部分,在运动训练实践中更具操作性。

2. 竞技战术的分类

战术分类是以战术行为的不同目的、性质和表现形式为依据,可分为不同类别,便于我们了解战术内涵,把握战术运用的规律,指导训练和比赛实践。[2]各运动项目在战术分类

---
[1] 盖阳.2015年亚洲杯中国国家男子足球队备战及参赛研究[D].北京体育大学,2015.
[2] 高玉花.竞技战术节奏的理论诠释及其在排球竞赛中的应用[D].苏州大学,2013.

时，都将其划分为不同的层次，在低一层次上可进行以下分类。

（1）按参赛人数分类

在一人或多人同场竞技的项目中，可按照参与人数分为个人战术、小组战术和全队战术。个人战术是指比赛中由个人独立完成的战术行为，无论是在个人项目中还是在集体项目中都广泛存在。个人项目是自始至终都由个人完成比赛，不需要考虑与同伴的配合协作。因此，个人战术就包含了所有战术内容，相对简单明了，易于掌握运用。小组战术只能在集体项目中存在，是指比赛中由2人或多人配合共同完成的战术行为，是以个人战术行为为基础的，是集体项目战术运用的基本单元。全队战术是指按照统一的战术部署，在比赛中由全部队员参与完成的战术行为，是建立在个人战术和小组战术基础之上的。全队战术的表现离不开个人战术和小组战术的实施，同时又对个人战术和小组战术运用提出具体要求。

（2）按攻防特点分类

在具有攻防特征的项目中，战术运用可体现为进攻和防守两种战术形式。进攻战术是指在比赛中采取积极主动的、有组织有目的的、以进攻为主要形式、以获得比赛胜利为目标的战术行动；防守战术是指为阻止对手达到进攻目的的战术行动。[1]在很多项目中，进攻战术和防守战术都有着本质的不同，在比赛中的价值也有明显区别。进攻与防守都是比赛中必须采取的战术行为，也是相互制约的，不能简单地认为进攻就是积极的，而防守就是保守的。

（3）按战术的适用性分类

按照战术的适用性通常可分为常规战术和特殊战术。常规战术也可称为基本战术，是竞技项目战术中最基本的战术形式，也是人们在长期竞赛实践中总结出来的、在比赛中经常用到的、带有普遍适用性的战术方法。常规战术是教练员和运动员都要熟练掌握的、在比赛中几乎都会用到的战术手段，也是比赛中最基本的战术表现形式。通常所讲的专项战术，多半属于常规战术的范畴。在专项竞技理论中，战术理论与方法基本是按常规战术为依据总结提炼的，带有相对固定的模式，能体现一定的专项竞赛规律。教练员和运动员运用情况基本反映出他们的基础能力和水平。特殊战术是指针对特殊目的或者为满足特殊需要或特殊环境而专门制定的战术形式，具有"一次性效应"的显著特征。[2]特殊战术体现了教练员和运动员对专项规律的认识水平、对专项战术方法的理解和应用能力，主要表现为临场战术运用的应变能力。在特殊环境下或关键比赛中，特殊战术运用对比赛的结果起到极为重要的作用。

（4）按规则运用分类

特定比赛规则下有以下3种战术类别。即利用规则在技术编排和技术表现上战胜对手的战术方法；利用技术表现的难度战胜对手的战术方法；通过选择人员组合及安排出场顺序在比赛中战胜对手的战术方法。第一类战术主要是利用编排的顺序、难度和表现力实现专项技术组合获得规则规定的高分，或在技术的表现上达到规则规定的高分，从而战胜对手。第二类战术主要是在比赛中依规则要求提升难度来压倒对手，即针对不同的对手来选择不

---

[1] 安建奇. 新规则下世界男子柔道优秀运动员技战术发展特征[D]. 北京体育大学, 2013.
[2] 张玉朝. 篮球运动员战术意识的形成过程及其训练策略研究[D]. 陕西师范大学, 2007.

同难度的技术标准来克敌制胜。第三类战术运用也是利用专项比赛特点和规则要求,在人员组合和比赛安排上实现最优的比赛效果,最终获得比赛胜利。

二、运动员竞技战术体系构成

竞技战术由战术理念、战术指导思想、战术知识、战术意识、战术形式和战术行为构成。[1]

1. 战术理念

战术理念是教练员和运动员在实践体验和理性总结基础上形成的关于竞技战术的本质、规律、价值实现的根本看法。反映了教练员或运动员对项目训练与竞赛实践本质规律的认识与判断,在一定意义上决定着技战术发展的方向和教练员的执教行为,对战术训练和竞赛实践具有指导作用。

2. 战术指导思想

战术指导思想是在战术理念的指引下,根据项目比赛规律而提出的战术发展、战术训练和战术运用的指导性认知。它是制定者在对项目发展规律的认识和对项目理论理解的基础上依据队员的能力水平而提出的指导战术行为的规范或模式,体现了战术运用者的战术理念。战术指导思想是战术运用的核心,决定着教练员对训练内容、方法、手段的选择与运用。不同的认识会产生不同的战术指导思想,而战术运用的针对性和时效性,可以检验战术指导思想的正确性。随着项目运动的不断发展,战术指导思想也会不断完善和更新。

3. 战术知识

任何一个项目都有自成体系的项目理论,战术知识是竞技运动理论中有关战术规律和战术运用的知识体系,战术知识则是其项目理论的重要组成部分。战术知识包括战术的发展过程、发展趋势、战术原则、战术内容、战术形式和方法、战术的运用及比赛中技术的合理运用等。战术知识是掌握和运用具体战术的基础,是运动员战术选择的基本依据,对战术知识的掌握程度会影响运动员在比赛中战术行动的效果。教练员和运动员制订的战术方案是否合理,运用得是否灵活、机动和有效,往往取决于掌握战术知识的深度和广度。[2]

4. 战术意识

战术意识是运动员在比赛中为达到特定战术目的而决定战术行为的思维活动,也是运动员在比赛中按照一定的战术目的运用技术和战术的思维决策活动。[3]是指导运动员在比赛中完成各种技战术行为,解决比赛中遇到的问题,并在解决问题的过程中积累经验,逐步构建和完善的特殊能力。战术意识能力是运动员在比赛中的判断能力、应变能力、合理地运用技术和战术方法的能力的集合,常常表现为运动员在紧张、激烈、复杂的比赛中迅速

---

[1] 高玉花.竞技战术节奏的理论诠释及其在排球竞赛中的应用[D].苏州大学,2013.
[2] 郭华,刘云.优秀职业足球运动员的战术能力特征探讨[J].哈尔滨体育学院学报,2011,29(3):90-93.
[3] 谢伟萍.江西省青少年足球运动员的个人主义对战术意识形成的影响研究[D].江西师范大学,2007.

选择战术方法和合理运用技术手段的瞬时决断能力，亦可称为战术意识能力。[1]比赛中战术意识首先体现为运动员对项目比赛规律的认识，并由此支配自身的比赛行动的过程；其次为运动员掌握的技战术方法，以及在复杂、多变的比赛条件下加以灵活运用的能力；最后是运动员在比赛中通过观察、判断所选择正确的行动，准确地制订自己的行动方案以及在比赛中随机应变的综合表现。[2]

5. 战术形式

战术形式指竞技项目战术中具有稳定的形态和结构的行动方式，是竞技项目发展过程中逐渐形成和不断完善的，一般在竞技项目理论的战术分类中能够得到系统的体现。战术形式是运动员学习战术的基本内容，也是建立战术基本概念的重要内容，随着竞技项目的技术、规则等因素的发展变化，战术形式会不断丰富和发展。只有熟练掌握了这些基本的战术形式，才能够在比赛中举一反三、灵活运用战术。

6. 战术行为

战术行为是运动员为了完成预定战术目的和方案而采取的行为方式和动作组合。它是以技术为基础，以战术形式和方法为手段，以运动员自身的战术知识、比赛经验为依据的竞技表现，也是运动员战术意识的具体体现。运动员战术行为的有效性表现出战术能力的高低，并受到诸多因素的影响。首先是运动技术能力的限制。技术水平决定着战术完成的可行性和质量，而战术意图的实现是需要技术能力作为前提条件的。[3]其次是战术知识和战术形式的熟练掌握程度，这方面受运动员心理稳定性的影响明显。运动员对战术知识和战术形式掌握的程度，决定着运动员在遇到问题时所能选择的战术手段，这是在稳定心理状态支配下的针对性和时效性的选择。最后是比赛经验。当运动员作战术行为的决策时，比赛经验起到了决定性的作用，直接受运动员心理倾向的影响。在比赛环境一致或相似的条件出现时，运动员以前具有的成功或失败的经验，会对运动员的判断和行为选择产生直接影响。因此，只有善于总结经验的运动员才能使自身的战术能力得到不断提高。

三、运动员竞技战术能力培养的影响因素

运动员竞技战术能力的培养受运动员所具备的学习能力、技术运用能力、身体形态和体能表现能力，以及心理素质等的制约。发展这些能力会对运动员战术能力水平的提高具有基础作用。

1. 学习能力

学习能力是个人学习理论知识和掌握运动技能的重要基础，能否很好地学习和运用竞

---

[1] 赵武锜. 情境训练对足球专项本科学生运动决策能力的影响研究[D]. 北京体育大学, 2015.
[2] 高风. 我国部分男子乒乓球优秀运动员前四板技战术比较研究[D]. 北京体育大学, 2013.
[3] 黄优强, 周武. 里约奥运会中国男篮技、战术风格的缺失及反思[J]. 中国体育科技, 2017, 53（3）: 85-92.

技战术，与教练员和运动员的学习能力有直接关系。要学会一项竞技战术，应从建立基本概念、理解和认识竞技战术的作用及其在比赛中的意义开始，进而要学习竞技战术的形式和运用方法，并在比赛中运用，解决比赛中的问题。在学习战术理论时应注意陈述性知识和程序性知识的运用，学习概念、理解含义是陈述性知识的学习，而学习技能、掌握方法则学的是程序性知识。竞技战术的学习过程，包括了上述两方面知识，需要一个长期复杂的学习经历。因此，教练员和运动员都需要具备良好的学习能力，才能不断地掌握新的知识和技能，不断地改进战术能力。

2. 体能水平

体能包括形态、机能和素质。身体形态和素质是指运动员在完成战术行为过程中需要的体能表现能力。身体形态是一些特殊项目战术实施的前提条件，例如，体操的一些战术方法的实施，运动员一般不能太高，而且体重也应控制在合理范围。任何竞技战术的实施过程均需要运动员具有一定的身体素质作保证，譬如各类快攻战术，都要求运动员具有很快的位移速度、动作速度和反应速度等，这些基本的素质使得战术行为能够达到预期的目的，使战术意图得以实现。在运动竞赛中，教练员在布置战术任务时，常常考虑到自己队员的身体形态或素质优势，根据自己队员的特点设计和组织战术行为，尽可能扬长避短，使运动员体能优势得以发挥。

3. 技术能力

技术能力是指运动员在比赛中按照战术计划，熟练而准确地运用技术动作实现战术目的的能力。[1]竞技项目中，技术和战术是不可分割的统一体，但二者也具有明显的区别，战术的实现需要以技术运用为基础，技术能力的高低直接影响战术的表现。例如，排球中的进攻战术，必须通过跑位、传球、垫球、扣球等技术运用来完成。因此，在学习掌握运动技术时，必须考虑在各种战术环境和条件下运用技术的能力，尽可能适用于战术的要求，以满足战术运用的需要。事实上，技术运用能力也直接制约战术能力的发展，影响战术的运用效果，所以运动员技术学习应该考虑战术需要，符合战术要求的技术才能在实际比赛中得以运用。不同类型的运动项目对战术要求不同，格斗类、对抗性等项目对战术要求较高，体能类项目对战术要求相对较低，技术表现也相对独立。

4. 心理素质

心理素质可理解为运动员在注意、记忆、判断和思维决策等方面的综合表现，也是战术意识的主要表现。当运动员掌握了竞技战术的形式和方法，需要在比赛中加以运用时，心理素质对战术决策及战术运用的效果起到决定性的作用。战术决策影响战术行为，直接体现运动员的战术意识水平。如果决策正确，就说明运动员战术意识强，运动员战术效果就好；若决策失误，则说明战术意识弱，战术效果相对较差。心理素质也是学习和发展战

---

[1] 吴剑,李建英,曹电康.足球运动员竞技能力同步训练的理论思考[J].山西大学学报：哲学社会科学版,2017,40（6）：105-109.

术能力的关键因素，注意力和记忆力强的运动员，就更善于观察场上情况，更善于选择战术方法；判断力和思维决策能力强的运动员，战术运用也就更加果断，效果也会更好。运动员若有出色的心理素质作基础，经过比赛的实践经验，战术能力就会不断提高。

四、运动员竞技战术能力的心理属性

从运动员的战术表现来看，其对战术知识和理论的学习、战术思想的形成、战术意识的提升都需要运动员心理活动的参与。也反映了运动员战术能力由战术知识、思想、意识和行为的逐步发展的过程。这一过程也是运动员心理能力在战术活动中的具体体现，而且在心理能力的影响下，运动员的体能、技能也得以更好的体现。

1. 战术知识理解的心理基础

知识积累是运动员心理能力的基础和主要体现之一，知识习得的过程就是复杂的心理活动过程。战术知识和理论是运动员掌握战术方法的基础，理解战术知识就是要建立战术概念、认识战术形式和方法的运用原则，知晓战术运用的条件和要求。丰富的战术知识也是运动员进行战术决策、选择战术手段、运用战术方法的主要依据。[1]对战术知识理解的广度和深度，包括对战术指导思想、战术原则、战术行为的准确把握，进一步拓展到对竞赛规则的理解和运用情况。这些都会影响运动员战术能力的水平和临场表现，都可认为是运动心理能力的主要体现。丰富的战术知识有利于个人战术意识的形成，有助于战术方法的掌握和改进，有助于战术质量的提高，进而在比赛中表现出色的战术行为。运动员掌握的战术数量越多，战术选择的面就越宽，战术变化就越丰富，针对性也越强。在比赛中，当运动员能够根据对手战术行为调整自己的战术时，运动员的战术能力就有了实质性的提高。运动员的战术运用质量主要体现在战术的准确性和合理性两方面。准确性指战术的时机合理、方法正确，合理性是指战术的针对性强、战术效果突出。战术运用的准确性和合理性反映了运动员战术运用的水平，对运动员的战术能力提升有重要的影响。

2. 战术指导思想的形成

运动员在学习竞技战术的时候，会在头脑中结合相关知识建立相应的概念，不断加深认知水平，来指导自己的战术行为，这就促使运动员逐渐形成自身战术指导思想。战术指导思想不是一蹴而就或一成不变的，它随着运动员对比赛规律认识的逐渐深入，逐步提高和完善战术思想认识水平。从战术指导思想的形成过程来看，运动员战术指导思想反映了他们对比赛规律把握的准确性和客观性。战术指导思想的形成不只是受自身认知水平的影响，更重要的是与自身性格和心理活动特征高度相关，受自身性格和年龄特征的影响显著。换言之，由于知识结构和认知能力的差异，不同运动员的认识水平不同，不同的运动员对竞赛战术规律也有不同的看法，由此就能产生不同的战术指导思想。

---

[1] 郑利辉,程国栋,曹展.足球运动员战术意识研究综述[J].安康师专学报,2005（4）:103-105.

3. 战术意识发展

运动员战术意识的发展是通过运动技能的学习与训练、战术知识和战术方法的学习和掌握、运动竞赛的经验积累而逐步发展和提高的。[1]战术意识能力的发展除受知识经验的影响外，还受到人的认知能力的限制，认知能力影响思维方式。认知理论研究表明，人的认知水平受年龄、知识、经历和经验的影响，不同个体的认知水平不同，进步和提高的程度也具有显著差异。因此，运动员战术意识提升也是循序渐进的。运动员战术意识发展的阶段性特征，一方面表现在运动员的知识层次影响到对战术形式、战术方法的理解和掌握；另一方面表现在运动员建立在经历和经验基础上的思维方式对战术运用的影响。由于上述原因，同一运动员在不同年龄阶段，不同运动员在同一时期的战术意识发展是不一样的，这也造成了运动员战术意识发展的个体差异，这些差异表现在运动员在比赛中的战术行为上，就成为战术能力差异在比赛中的具体表现。战术意识提升对战术能力表现的影响是决定性的。

4. 战术行为的表现

运动员战术行为的表现是指运动员在完成战术行动时，体能是否达到战术要求，技术动作运用是否合理，战术行为是否规范有效，心理是否稳定等。这些都不同程度地影响运动员战术行为表现的效果和质量，影响运动员战术能力的正常发挥。从运动员的战术行为来讲，在个人项目中，战术运用的预见性、熟练程度、灵活性和创新性等是运动员战术能力的高水平表现；在集体项目中，运动员与同伴配合的默契程度、对全队战术要求的理解能力、对比赛过程和节奏的控制水平，是集体项目战术能力的高水平表现。

第二节 运动员竞技战术方案内容及制定程序

一、运动员竞技战术方案内容及制定程序

竞技战术方案是教练员和运动员共同制订的关于参赛策略与方法的计划和安排。为了制订科学的战术方案，教练员和运动员应根据项目的制胜规律，运用正确的战术指导思想，分析本方和对手的战术水平，选择和制定能够抑制对方优势，发挥己方优势，实现预期比赛效果的最佳战术方案。

（一）运动员战术方案内容

一份完整的比赛战术方案通常应包括参赛形势分析、制定应对策略、设计赛前训练方案、准备赛中应对措施等方面的内容。

---

[1] 伍方佳. 我国优秀男子单打乒乓球运动员技战术特征及其发展趋势研究[D]. 吉首：吉首大学，2017.

1. 参赛形势分析

参赛形势分析主要包括对比赛任务的认识及对各方实力的分析。比赛任务主要是指比赛计划要达成的目标或结果，是战术方案制订的基本标准；参赛各方实力分析是对整个比赛可能面对的困难的一个综合性把握，是战术方案制订的依据。[1]根据对手队员的实力或特点，分析己方队员或全队在比赛中的战术优势和不足，有针对性地确定战术运用的原则和方法。实力分析通常包括与竞技能力相关的多方面内容，或者说是竞技能力结构中的制胜因素。不同项目会有不同的制胜因素，分析时也应有所区别。在对集体项目战术情况分析时，重点关注对方重点队员的技战术特点和全队战术配合的情况，是实力分析的重要内容。对参赛形势的综合分析有利于做最充分的准备，以便后续计划的实施。

2. 制定应对策略

在对参赛形势综合分析的基础上，应确立战术原则，选择适合的战术方法，制定合理的应对策略。战术原则和方法是制定应对策略最关键的两个要素。具体来讲，战术的原则决定战术策略制定的基本方向和思路，可作为教练员和运动员明确战术选择和运用的指导思想，是制定战术应对策略首要考虑的问题。各类运动项目都有相对成熟稳定的战术原则，并随着项目的发展出现一些具有很强的实践性的新的原则和要求。这些原则在一定程度上决定了战术方法的选择，影响战术方案中的内容和实施手段。这是战术方案的核心内容，也是赛前训练应关注的问题。具体的战术方法应是可演练的、可操作的战术形式，直接指导运动员在比赛中合理运用相关战术。

3. 设计赛前训练计划

赛前训练计划是根据战术方案和应对策略的要求制订的不同类型的训练计划，是保障战术方案演练与实施过程顺利进行的操作性文件。战术方案确立后，就要制订训练计划进行针对性训练，要求运动员明确思想，规范战术行为。一般来讲，赛前训练比平时训练更具针对性，更能切合训练的需要，从心理上讲，能唤醒运动员的比赛感觉，使其易于取得优异成绩。

4. 准备比赛中的战术应对方案

赛中战术运用的预判与应对措施的选择不是在比赛过程中才进行的，而是在比赛前就应做充分的考虑。是对战术方案实施过程中常见问题的预测和应对方案，主要目的就是根据比赛需要对战术实施情况进行必要的调整。根据比赛领先或落后的情况调整战术，或应对比赛过程出现的突发事件。战术运用问题的预判与应对方案是比赛准备的重要方面，比赛中很多情况都难以预料，准备不足很容易导致应对失误，只有充分准备才能有备无患。

二、运动员战术方案制订程序

战术方案制订程序可理解为根据战术方案的内容而采取的方法、步骤及过程。遵循合理程

---

[1] 董丹丹. 我国男女排竞技实力非衡特征及补偿性研究[D]. 曲阜：曲阜师范大学，2018.

序，可以保证战术方案的科学性、针对性、有效性，降低战术运用风险，减小盲目性、片面性。

1. 确定战术目标

战术目标是指在现有条件下，应该达到或期望达到的比赛结果，是战术决策的出发点和归宿。在对比赛目标进行描述时，应尽量具体、可量化，以便对执行情况进行分析。战术目标确定以后，就要全面分析实现该目标所需要的条件和可能遇到的困难和问题。要了解运动员个体或团队的实际能力，分析在比赛中期待发挥的技战术能力和水平之间的差距，了解本方与对方的技战术水平差距，正确判断比赛中可能遇到的困难和问题等。教练员要善于全面收集信息，调查各方情况，确认存在的问题，认清差距，并将比赛的发展趋势和解决问题的措施与方法考虑周详。

2. 参赛情况分析

在比赛的战术目标和任务被确定之后，教练员要分析战术选择和运用的条件，要收集相关的信息和资料。要尽可能地多收集和积累与比赛战术运用条件相关的情报资料，以支持良好的战术方案。收集到的信息应包括比赛的环境、条件、对手情况等。[1]尤其是在体操、跳水等难美性项目中，应根据对手所选的动作难度和完成情况安排相关战术，这也是信息搜集的重要内容。不同类型项目的信息收集侧重点有所差异，全面了解对手非常重要。在收集比赛资料时，应考虑多收集对手比赛和训练的录像和文字类的直观资料，使教练员和运动员了解比赛条件及对手的情况，依据教练员和运动员的比赛经验分析现有信息，预判比赛中可能遇到的问题及应采取的应对措施。

3. 拟定战术实施方案

战术实施方案可理解为保证比赛目标顺利实现的具体操作方案。一般情况下，在比赛过程中出现的问题，都可采用多种途径解决，结合最理想的途径才能设计最科学的战术实施方案。这个过程其实也是一个发现、探索、淘汰、修订、选择的过程。应大胆设想、勇于创新，要细致冷静、精心设计、反复测算。对每一种战术方案的可行性、合理性、有效性、针对性都要进行充分的论证，作出综合评价，并进一步认识其中存在的潜在危险。在战术实施方案确定以后，应考虑制订相应的备选方案。若比赛非常重要且对手非常强大，可邀请有关专家及参赛运动员共同探讨，重新评估实施方案，针对可能存在的弱点或漏洞，制订科学的应对措施，使方案执行起来更加容易。[2]

4. 检验战术实施方案

战术实施方案确定以后，就要结合赛前训练计划对其进行检验，这一过程也是对参赛的运动员运用战术行为的体验和预演。战术方案正确与否应以实施的效果来判断。在具体实施过程中应随时收集反馈信息，评价战术实施过程，比较实施结果和预期目标之间的差

---

[1] 李晓光. 足球比赛赛前信息收集基本内容的构建[D]. 北京：北京体育大学，2015.
[2] 游贵兵. 基于系统论视野下的现代排球运动战术理论研究[D]. 济南：山东大学，2012.

异，及时发现和纠正存在的问题，确保比赛目标的顺利实现。不同类型的运动项目对战术实施方案的检验要求不同，作出调整的时间和侧重点也有所差异。[1]譬如，对于难美类和竞速类项目，战术实施方案的调整一般安排在比赛之后；球类项目中，战术实施方案需要随时调整。一个好的战术方案的制订需要多种因素的共同参与，需要完善的计划和评价体系，遵守科学的决策程序，更需要科学的检验和及时必要的调整。

三、运动员战术能力训练方法与要求

（一）运动员战术能力训练方法

1. 分解和完整训练法

分解训练法是指把完整的战术组合根据需要划分为几个相对独立的部分和环节进行训练的方法。这种训练法通常在学习新的或较难的战术配合时采用，就是为了减小难度，让运动员了解每一个细节，在分步骤学习的基础上最终掌握整个战术。完整训练法是指在学习难度较小或不适合分解的战术方法时，完整地进行战术组合的练习方法。有时也适用于运动员已经具备了较强的战术素养，对一些战术不需要再分步学习时，也采用完整练习法。分解训练与完整训练是一个相互结合的整体，分解训练是为了完整掌握战术要领，而完整战术也是由几部分组成的，完整练习也需要在分解练习的基础上逐步完善。从战术训练的整体性来讲，分解与完整的战术训练在行为层面体现为单个行为练习与完整行为练习；在战术的参与层面上体现为局部战术练习与整体战术练习；在战术的空间上体现为区域战术练习和全场战术练习；在时序层面上体现为阶段练习和全程练习。[2]

2. 程序训练法

程序训练法是从教学领域引入的一种训练方法，是按照人的认知规律和竞技战术的逻辑规律，将战术方法设计成一个相对稳定的程序，按程序进行学习和练习的方法。程序训练法已经过很长时间的实践检验，对战术训练很有帮助。程序训练法主要有常规的固定战术练习、以发挥特长为导向的特殊战术练习及更能体现时序的战术套路练习等形式。

3. 模拟训练法

模拟训练法是一种根据比赛需要模拟比赛对手、比赛场景、比赛条件等针对性极强的训练法，在各类项目的战术训练中都有运用。模拟训练法是建立在各种信息基础上的特殊训练方法，这些信息就是可以勾勒出某种虚拟的模型或场景，在训练中根据不同信息的重要程度进行专门性训练，针对性提升运动员的战术能力。模拟训练法的关键在于利用各种信息，设计出一个真实、可靠的被模拟对象，使运动员像和真人交手或者在真实的比赛场

---

[1] 王凉爽,李莉. 我国优秀女子跆拳道运动员比赛战术特征个案研究[J]. 搏击（武术科学）,2014,11（12）:78-80+89.
[2] 朱佳滨. 运动员战术能力训练的项群特点[J]. 中国体育教练员,2018,26（1）:13-16.

景中一样进行战术演练，所以模拟得越真实，效果就越好。

4. 变换训练法

变换训练法是通过变换训练条件、增加或降低训练难度、强调战术重点、突出学习要求等手段来培养和提高运动员战术能力的方法，以变换练习条件为主要形式。变换的条件是指练习人数、练习场地、练习速度、练习形式、练习路线和练习要求等影响战术运用效果的各项因素，这些因素的变换可使练习效果向预定的方向发展，进而在运动员的头脑中构建相对稳固的战术思维，达到提高战术能力的目的。变换战术训练法通常用于增减战术难度、强化特定战术思维、突出学习内容等方面。

5. 实战训练法

实战训练法是通过按实战要求或通过热身赛、邀请赛、对抗赛、友谊赛等比赛培养运动员战术能力的方法。这种战术训练方法可使运动员更为直接地理解战术，更深刻地体验运用效果。实战训练法是战术训练中最常见的训练方法之一，对培养运动员的赛场心理调适能力意义重大。[1]

（二）运动员战术能力训练的基本要求

教练员在对运动员进行战术训练过程中，应结合战术能力发展需要，遵循项目发展的一般规律，培养运动员正确的战术理念，提升运动员战术意识，发展有效的技战术能力，完成比赛任务。战术训练的相关要求很多，以下几个主要方面应引起关注。

1. 竞技比赛需要

战术训练一般都有明确的目标和严格的规范，目标和规范制定的依据就是竞技比赛的实战需要。在每一个发展比赛战术能力的练习中，都要对运动员的感知觉和思维能力进行训练。如何在练习过程中有针对性地对思维能力施加影响，主要是体现在实施练习中提出的各种不同要求和相应的训练要素的变化上，也就是实际比赛中的战术变化。战术训练的效果，取决于练习的目的性、合理性和有效性，关键是看要求是否到位和是否符合实战需要。练习的要求一方面要具体，让运动员体验比赛中的环境和条件；另一方面要让运动员清楚的练习目标和标准，知道如何做才能达到练习的目的。[2]

进行实战训练时，教练员要将运动员的注意力集中在训练的主题上。毕竟训练不是比赛，实战演练和比赛的区别在于教练员仍然要提出特定的限制要求，以便增加战术运用机会，或与比赛相一致的战术行为。通过实战训练，运动员要将学习、掌握的战术知识和战术方法运用到比赛的环境和条件中。一般来说，不应提出任何要求或加以限制，但是要提高训练的效率，教练员又要强调训练的目标，注意开发运动员战术思维的能动性，加速战

---

[1] 邬孟君. 田径运动战术思想与《孙子兵法》谋略思想的相关性研究[J]. 贵州师范学院学报, 2010, 26（3）: 45-49.
[2] 崔海涛. 技师学院体育运动项目战术训练要求研究[J]. 成才之路, 2016（3）: 49.

术能力的发展。两者的关系需要很好地协调和控制。训练中的相关战术运用和行为决策，应交给运动员自行掌握，教练员则给予提示和反馈。实战训练主要通过两种途径组织实施：一是设计局部的、小型的比赛等更多的比赛场景给运动员，使训练的条件尽量接近比赛真实场景。以比赛中出现的问题为导向进行指导，在有限的训练时间内提高运动员对比赛情景的感知觉能力，积累比赛的经验。二是在训练中提出符合实战的要求，使运动员在与实战需要相一致的条件下进行训练，以提高比赛实战中的战术能力。[1]

2. 以相关知识和项目制胜规律为导向的战术训练

项目制胜规律是指在竞赛规则的限定内，运动员在竞赛中战胜对手、争取优异运动成绩所必须遵循的客观规律。深刻把握制胜规律，是教练员、运动员正确理解战术目的、有效制订战术方案、合理实施战术训练和恰当运用战术手段的前提条件。把握制胜规律事实上就是深刻认识在不同环境和条件下各制胜因素结合的规律，主要包括两个方面。一是正确认识制胜因素，就是正确认识对项目运动成绩有决定性作用的各种因素。例如，我国乒乓球工作者总结出来的"快、转、准、狠、变"等因素，排球项目总结的"高、全、快、变"等制胜因素。二是正确把握各制胜因素之间相互促进、相互制约的本质联系，以及表现出来的不同方式。例如，乒乓球项目中的"转"与"变"的关系，排球项目中的"快"与"变"的关系，是相互帮助、相互促进的关系；而篮球、排球项目中的"高"与"快"的关系，网球、羽毛球项目中的"力"与"准"的关系，则是相互制约、相互矛盾的关系。在认识项目制胜规律时，除了要准确把握制胜因素外，还要处理好各因素之间的相互关系，才能在战术训练中很好地遵循制胜规律，体现战术训练的基本要求。[2]

3. 在知识与经验基础上加强创新能力训练

掌握战术知识是培养战术能力的重要内容。战术知识是比赛中的合理法则，战术知识通过广泛的学习和积累，可以得到概念化和系统化阐释。战术知识的概念化和系统化使得运动员具备较强的战术意识和稳定的战术能力，并在比赛中表现出来。可以采用多种方式学习战术知识，并随着战术训练层次的不断提高，还需要及时地更新战术知识。在战术知识学习的基础上，运用理论学习、案例评价、训练互评、团队战术的研讨等多种手段提高运动员对各种战术行为的评价和预测能力。经验积累就是通过对运动员战术行为运用效果的评价，利用反馈机制不断更新和丰富运动员头脑中的战术记忆信息。若能见多识广，就可以在复杂的比赛环境中找到最佳的战术方案，使战术行为更加合理有效。要积累经验，就必须在实战中发现问题、总结和分析原因、找到解决问题的办法，在实践中获得成功体验。战术创新是在知识和经验的积累下产生的，是灵活运用战术知识和丰富实战经验的结果。[3]

4. 以发展战术意识为目的的战术训练

战术意识是相对特殊的思维活动，是战术训练的中心环节。它是比赛信息的分析和判

---

[1] 吴继魁. 散打训练对散打运动员品格塑造的研究[J].南京体育学院学报：自然科学版，2013，12（6）：77-81.

[2] 韩丹丹. 80年代以来我国难美性项群优势项目训练理论进展研究[D]. 南京：南京体育学院，2013.

[3] 黄竹杭. 集体项目运动员战术意识形成过程的理论探讨[J]. 北京体育大学学报，2003（5）：685-687.

断与战术行为决策两个紧密相连的思维过程，并指导运动员的战术行为。因此，战术意识的思维过程可以通过战术行为得到体现。具体表现在：技术运用的目的性和现有条件及比赛情况的准确判断性；战术运用的灵活性；战术配合的协同性等。战术意识的形成过程，具有鲜明的操作性特征和层次性特征。即必须通过运动员的实际操作过程才能够理解和掌握战术运用的规律，必须通过不断的实战经验的积累才能够不断地发展战术能力；同时，战术意识的发展过程是从低级向高级逐步学习和提高的，不同年龄、不同水平运动员的战术意识水平是不尽相同的，需要有针对性地加以培养和训练。这些特征还表明运动员在学习和掌握比赛战术时，必须由低一级层次向高一级层次发展，逐步掌握各项内容。运动员在学习和掌握某一战术方法时，必然要经过开始阶段、实践阶段和形成经验阶段。各阶段的学习手段和要求有其各自的不同特点、不同的要求。运动员的战术培养是低起点开始，即根据他们的能力、经验、知识、接受能力来开始学习，基本培养是低起点开始，他们的能力、经验、知识、技能训练都要遵循战术意识形成的基本规律，围绕着战术意识的发展过程开展战术训练。[1]

战术训练的过程主要由以下几个环节组成。第一，学习和掌握本项目的战术训练的过程相关知识，掌握本项目的战术在正确的战术指导思想引导下开展战术训练；第二，学习本项目的基本战术形式和战术方法，并在实际训练中提出要求进行演练；第三，在实战中运用战术方法，及时反馈运用的效果，逐步提高战术能力，不断增长实战经验。为此，教练员的训练和比赛指导就显得十分重要。教练员提出要求并给予及时的反馈评价，是运动员战术能力获得提高的重要手段。战术训练过程中的每一个方面都有不同的层次和要求，根据运动员的年龄和水平应有针对性地逐步发展和提高。

5. 以综合能力为基础的战术训练

掌握了丰富的项目技术和具有全面的身体素质，就是使运动员掌握了更多的战术运用手段和随机应变的本领。因为技术的丰富性一定程度上决定着战术的丰富性，身体素质的全面性决定了战术运用的全面性。运动员发展了有效的技术和身体素质，在复杂的比赛情况下就增加了更多的选择应对的手段和方法。技术、身体素质与战术训练紧密结合的一体化训练方法，就是以战术能力发展为目标导向的技能和身体素质训练。每一阶段的战术要求目标就是技术和身体素质训练的设计和实施的基本要求。[2]对于教练员来说，不同年龄和不同训练阶段的运动员，训练的侧重点会有所不同。运动员战术能力发展是逐步提高的，伴随着的技术和身体素质能力也是逐步提高的。但是无论在什么阶段，战术培养要求始终要贯彻到技术训练和身体素质训练中去。对技术动作的丰富性、多样性、合理性等方面，对动作的力量、速度和耐力等素质方面，都应针对战术要求逐渐增加难度，以达到战术运用的目标要求。运动员战术能力的发展与技术、身体素质的发展，在本质上是要求一体化进行的。所以，运动员的技术训练要求和身体素质训练的内容与目标，均要参照战术发展目标中的具体战术要求来设计，三者的结合就得到了具体的体现。

---

[1] 崔海涛. 技师学院体育运动项目战术训练要求研究[J]. 成才之路, 2016（3）：49.
[2] 袁丹. 青少年乒乓球运动员意识培养研究[J]. 长江大学学报：自然科学版, 2009, 6（4）：314-316.

第三节 运动员竞技战术能力设计与实施

一、运动员战术方案的设计

（一）运动员战术设计的基本内容

1. 根据运动项目特点设计战术任务和达到的具体目标

运动项目的特点在战术的设计过程中具有巨大的作用，战术方案的设计应以运动项目的特点为基础。在运动战术的设计过程中首先要充分的了解运动项目的特点，对该运动项目进行仔细的剖析，解析出运动项目的重点及难点，针对运动项目的重点及难点设计出相应的运动战术，使其在竞技比赛中获取胜利。

2. 尊重运动员个体差异及运动队的战术风格

运动员战术设计过程中，首先要结合自身的战术风格，考虑充分发挥自身的各个方面的优势，其次要考虑怎样限制对方优势的发挥。在集体项目中要考虑运动员的个体差异，发挥好各个运动员的战术特点，还要顾及在集体战术中怎样获取最大的集体效益。

3. 运动员战术设计过程中要确保竞技战术的时效性和针对性

在竞技比赛过程中，由于赛场的环境和氛围及运动员的发挥都是瞬息万变的，很大程度上都会影响比赛的胜负，因此在战术的设计过程中一定要考虑战术的时效性和针对性。在战术制定的过程中预测对手的战术意图，确定战术原则，我方战术的具体任务和分工，预测比赛过程中的突发情况和赛场环境及战术的保密和隐蔽等一系列可能影响比赛的因素，都是运动员战术设计的内容，在赛前设计战术时一定要充分周全地考虑好影响比赛的因素。2019年女排世界杯中国队迎战美国队。中国女排稳扎稳打取得首局的胜利，第二局中国女排局中发威13-12时连得5分，将比分拉开至18-12，也以25-17拿下第二局。本场比赛中国女排的一个战术布置十分奏效，就是在发球环节追发美国女排自由人考特尼。受制于一传被追发的压力，考特尼一传环节出现起伏，中国女排频频利用对方的一传起伏来得分。[1]

（二）运动员战术设计的注意事项

1. 及时收集准确的情报

收集准确可靠的信息在设计战术的过程中有着重要的作用，"知己知彼百战不怠"就是通过不断地了解对手、收集对手的准确可靠的情报来完成和实现的。在现代运动竞技比赛快速发展的过程中，收集对手的信息是否及时、准确、有效和全面将影响赛场上主教练的

---

[1] 张红学,刘珂珂,张潇元. 2019年女排世界杯中国女排制胜因素分析[J]. 安阳师范学院学报,2019（5）:79-81.

战术决策，进而会影响比赛的胜负。中国女排之所以能够在各项比赛中都能保持常胜，主要原因之一就是建立了一个包括科研人员、翻译、援外人员等在内的高效率信息系统，从而保证女排在多次重大赛事中能够针对对手制定出合理有效的战术方案。[1]鉴于情报信息的重要性，有经验的教练员、运动员都会高度重视这项工作。因此，竞赛双方都会尽量地保守秘密，使对方无从得知本方情况，从而尽量使对手的战术决策陷入盲目状态。有时，竞赛方还利用多种媒体传播假情报以迷惑对方，使对手情报失准，从而导致战术决策失误。在战术制定的过程中要充分考虑情报的有效性和真实性。

2. 有效地处理好战术决策和战略决策的关系

战略决策是指对参加一次比赛的全局性问题所进行的决策是宏观的，战术决策是指在比赛过程中针对对方的战术调整我方为应对对方的战术所进行的决策是微观的。战略决策要通过战术决策才能实现。一般来说战略决策具有相对的稳定性，即竞赛过程中的目的、战略原则等不会轻易改变，战术决策具有较大的灵活性，在比赛过程中可以根据比赛的要求和具体情况加以调整。

3. 充分考虑竞赛环境的影响

竞赛环境是设计战术方案时必须加以考虑的重要因素。竞赛环境中场地、器材条件、地理气候、裁判、观众等因素都是影响战术方案设计的重要因素。例如，在羽毛球比赛中，比赛馆空气流通情况对球的飞行很有影响，如打顺风球，拉底线球容易出线，因而运动员往往采取打网前球、下压球的战术。再如，在制定足球比赛战术方案时，要研究裁判员的个人风格，如裁判员对犯规尺度掌握较紧，那么采用紧逼防守战术就要慎重。

4. 充分利用战术规则设计竞技战术

没有规矩，不能成方圆。竞技比赛中规则是维持比赛顺利进行的保障，合理的规则是该项目得以发展壮大的原动力，而规则的演变与技、战术发展之间存在相互制约、相互依存、相互促进的辩证关系。在任何一场比赛过程中，规则是技、战术的基础，是技术的规范者，是战术意识的文化底蕴，是取得好成绩的必要条件。任何比赛项目都有竞赛规则，有些战术在使用过程中会受到规则的制约，因此在战术设计的过程中要充分运用竞赛规则来制定。[2]

战术方案就其实质而言是种计划。既然是计划，就必然带有预测性。而比赛中的事件往往瞬息万变，经常可能出现一些即令再周详的计划也无法考虑到的局面。在这种情况下，如果再按照原有计划进行，便很可能陷入被动。因而需要迅速改变原定计划。

综上所述，战术方案应保持合理的弹性。战术的结构应是种弹性结构而不是刚性结构，它的表现随比赛场上的变化而有所调整。在现代运动训练中，战术的高度计划性与运动员、教练员创造性的出色发挥两者之间的高度统一，已越来越成为决定比赛结果的重要因素。总的说来，制定战术方案时，首先要考虑战术的针对性和实效性，其次要考虑攻守转换的

---

[1] 韩慧. 中国田径高水平短跨、跳跃项目运动员成长过程规律研究[D]. 北京：北京体育大学，2006.
[2] 黄诚. 帆船比赛规则遵守与利用的技战术案例分析[J]. 体育科研，2010，31（1）：44-47.

灵活性。运动员对方案的可接受性，既能发挥每个运动员的特点及创造性，又有利于集体各个成员之间的协同性等。[1]

二、战术的实施

战术实施的基本要求

1. 把握项目制胜规律

运动训练（包括战术训练）的主要目的是在竞赛中夺取优异运动成绩，"夺取"的过程实质上就是"制胜"的过程。而要制胜，就必须遵循制胜规律。这是战术训练最基本的要求，也是形成正确战术观、正确制订战术方案、正确实施战术训练、在比赛中正确运用战术的前提性条件。所谓制胜规律，是指在竞赛规则的限定内，教练员、运动员在竞赛中战胜对手、争取优异运动成绩所必须遵循的客观规律。制胜规律的组成包括两个方面：其一是制胜因素；其二是制胜因素之间的本质联系。在认识制胜因素及其关系时，要特别注意各因素内涵的发展情况。[1]

2. 培养战术意识

战术意识这一特殊思维活动过程由战术信息选择与战术行为决策两个前后为序、紧密相连的部分组成。其具体内容体现在：技术运用的目的性；战术行动的预见性；判断的准确性；攻防转换的平衡性；战术变化的灵活性；战术配合的协调性；战术行为的隐蔽性等。培养运动员的战术意识，是战术训练的中心环节。具体方式通常有：系统了解专项竞赛基本规律与战术特征，比赛中战术变化的规律及正确的应变措施，专项战术的发展趋势；积累专项战术理论及经验知识；大量而熟练地掌握基本战术等。从运动训练实践看，"想练结合"，是培养运动员战术思维的行之有效的手段。[2]

3. 培养战术运用能力

在运动训练中，应当把培养运动员在各种复杂而艰苦的条件下合理运用战术的能力这一任务放在相当重要的位置上。这也是在战术训练中贯彻"练为战"思想的具体要求。战术运用的基本要求为：第一，明确的目的性和针对性；第二，高度的实效性；第三，高度的灵活性。

4. 处理好个人战术行为与集体战术配合的关系

个人战术行为指运动员在战术活动中表现出的个人行为，是运动员个人战术的直接表现，亦是集体战术行为的基础。个人战术行为能力可分为"单兵作战能力"和"协同作战能力"。在集体项目中，个人战术行为的目的或为直接制胜，或为队友创造机会制胜。个人战术能力培养是提高个人战术行为能力的关键环节。此外，丰富的战术理论知识、结构独特的个人战

---

[1] 杨建奇. 高校篮球教练员战术方案系统设计的整体性思维模式的初步研究[D]. 赣州：赣南师范学院，2010.
[2] 刘杨. 竞技健美操成套动作艺术制胜因素的研究[D]. 北京：北京体育大学，2014.

术体系及由此外化成独特的战术风格，都是加强个人战术能力的必备条件。集体战术以个人战术为基础并对此加以协调配合。集体战术能力是运动队伍整体竞技能力极为重要的组成部分。在集体对抗性项目中，合理有效的集体战术往往是取得胜利的关键。战术配合水平取决于两个方面：第一，运动员在战术配合过程中表现出的活动方式的协调程度，也称为操作形式的协调程度；第二，战术意识——心理过程的协调，也称为"默契"。集体战术的基本要求为：第一，严密的组织性；第二，高度的一致性；第三，高度的协调性。

5. 重视战术组合

随着现代运动竞赛的日趋激烈，战术也在向"复合化"方向发展，靠单一战术制胜的局面已不复多见。战术组合可分为程式性组合与创造性组合两种。程式性组合是指将各种战术行动在空间上、时间上按一定的顺序所构成的战术组合。创造性组合是指根据比赛临场变化情况，不按固定程式，创造性地将几套战术组合在一起。"随机性"是这种组合的重要特性。

6. 加强战术创新研究

战术创新可分为常用战术创新和特殊战术创新。常用战术创新是一种基础性创新。由于常用战术具有较大的普适性，一经创新并在实践中被认可，就可能给专项战术体系带来革命性影响。特殊战术创新是一种实用性创新，具有很强的针对性，即往往是针对特殊的对手"设计"出某种新战术。教练员、运动员应当把更多的精力放在这方面的研究和实践上。

三、运动员战术能力的分析与评价

（一）运动员战术特征分析

现代竞技体育比赛中，世界强队对技战术打法的研究越来越重视，也越来越细致。特别是技战能主导类的项目中，对于战术对抗性强、战术变化大、战术的重要性要求相对比较高的项目，对对手战术特征的研究就显得尤为重要。通过重大比赛来看，对对手技战术打法特征是否了解，往往会成为决定比赛胜负的关键因素之一。[1]因此，利用现代信息手段对本方和对手的战术特征进行分析，做到知己知彼，会为比赛的胜利提供有力的支撑。

1. 运动员战术特征分析的作用

战术特征分析的目的主要是为了更为透彻地认识比赛中各种要素的作用和相互联系，研究战术思想、制订比赛策略和战术行为方案，并对战术方案运用情况进行评估。战术特征分析能深化对项目特征和制胜因素的认识。战术特征分析能为教练员和运动员提供自身技战术运用的情况，大赛前更好地了解对手的技战术特征，以便制定正确的战略战术。战术特征分析为运动员和运动队备战和制定克敌制胜的战略战术提供科技支持。战术特征分析能丰富运动员战术案例的储备，理解战术知识，提高战术意识水平，增强自信心。

---

[1] 孟范生,项贤林,张忠新.中国女排奥运攻关研究报告——我国女排主要对手技战术特征分析[J].体育科研,2008,29（6）:30-33.

2. 运动员战术特征分析的内容

不同项目战术特征分析的内容会有所不同；同一项目需要了解的战术重点不同，战术特征分析的内容也会不同。[1]一般情况下，战术特征分析的内容确定，除了根据项目的战术特点和制胜要素外，主要按照教练员、运动员的需要来确定。

3. 运动员战术特征分析的方法

运动员战术特征分析主要有以下几种方法。第一，人工记录统计分析。战术特征分析早期是使用手工记录表，在现场观察战术应用的情况，记录在预先制作的表上，赛后进行分析，提供给教练员。这种方法在一定程度上能反映战术特征，但是，现场观察战术进程不可重复，受观察者的视觉局限、记忆力、记录误差等因素的影响，客观性、准确性受到一定影响。第二，录像观察统计分析。利用比赛录像进行观察、统计，可以弥补肉眼观察、人工记忆的不足，可以慢放、重放，来加强客观性和准确性，可以针对一些战术特征中的重点问题进行深入分析，比手工记录准确性高。但是，传统的录像观察统计分析，由于缺乏整体的设计和技术支持，工作量大，指标选择受到限制，难以全面系统，不能快捷呈现分析结果。第三，战术智能分析与决策支持系统运用数据库、人工智能、数据挖掘、决策支持等技术。研究与开发战术智能分析与决策支持系统，可以使大量隐性的战术数据显性化，从中发现有价值的战术特征线索，帮助教练员和运动员认识、理解本方和对手的战术特征，进而为制定比赛战略战术提供科学依据。这样的分析系统是依靠计算机软件开发与相关比赛影像采集系统有效地结合而实现的，多用于战术运用比较复杂的集体项目比赛中。例如，排球、足球、篮球等项目中已经在使用比较成熟的战术分析软件，并在实践中取得了很好的效果。通过比赛分析系统软件，可以对比赛录像进行专门、系统的解析和统计，并将分析结果绘制成图表的形式输出，供运动员、教练员评价、检查球员及球队在训练、比赛中的表现，有针对性地制订后续的训练计划或比赛对策。例如，足球的某技战术分析系统，可以分析以下内容：球队比赛中队员的跑动路线和距离；主要进攻方向和进攻形式；创造射门的基本手段；全队各时段控球时间及控球率等，并生成报告供球队分析运用，可以为教练员提供训练依据，帮助教练员分析球队在比赛中的表现，以及制定未来的比赛对策；在美国NBA篮球比赛中，对某一队的战术运用次数、方法、人员的跑位特点、得分情况等，都可以看到比较详细的数据和分析，这也是运用战术分析软件的典型例证。

（二）运动员战术能力评价

运动员战术能力评价是对运动员战术能力及其比赛中的运用效果的价值判断。是指依据一定的客观标准，通过各种行为测量和战术行为的观察，对运动员的战术能力及其比赛中的运用效果进行客观衡量和科学判定的过程。战术能力的评价是运动训练和竞赛活动不

---

[1] 张辉,虞丽娟,刘雅玲,王於竞. 中国乒乓球队奥运攻关研究报告——国外主要对手技战术特征分析[J]. 体育科研, 2008, 29（6）: 6-9.

可缺少的环节，战术能力的评价在战术训练、战术研究、战术方案制定中都发挥着重要作用。通过战术能力评价，检验战术训练效果，从整体上调节、控制着战术能力训练的进行，保证战术训练向预定方向进行并最终达到战术目标。对战术训练进行控制是战术评价最重要的一项功能。在战术训练过程中，通常在不同阶段对运动员的战术能力进行评价。运动员起始战术基础评价是对运动员先前战术能力基础进行的评价，为制订训练计划和方案提供依据。阶段战术能力状态评价是对运动员通过一个周期或者某种途径取得的战术训练成绩，或者战术能力的提高的幅度、效果进行评价，通过评价对战术训练的内容、方法、手段进行调控。运用战术能力水平评价是通过一个长时期的训练后，对运动员战术能力的运用水平进行评价，了解运动员是否掌握了训练计划预定的战术方法并能够在实战中加以运用，从而对训练效果进行评定，也为制订后续的战术训练方案和训练计划提供依据。[1]

从战术评价内容上讲，战术能力结构非常复杂，既包括运动员个体自身具备的思维决策能力（战术意识）、体现战术意识的战术行为，还包括将运动员个体战术能力统一为团队战术能力的战术理念和战术指导思想，以及这些战术能力要素在比赛中综合运用而构成的战术形式和实际应用效果。不同项群战术能力的主导因素和各要素对比赛结果影响的贡献不同，因此战术能力评价的内容选择也不相同。

1. 个人战术能力评价

个人战术评价主要包括：①战术意识评价。战术意识本身的结构非常复杂，与运动员的战术知识水平、观察能力、感知能力、判断能力、决策能力有关。而且，战术意识水平最准确的体现是在比赛过程中。因此，战术意识的评价非常困难，在实际评价过程中比较多地采用通过战术行为的合理性来间接地评价战术意识或者评价战术意识结构中的一些要素。在对运动员的战术意识评价时，一般可以通过对以下几个判断依据来进行评判。一是运动员的比赛行为是否符合本队战术指导思想的基本要求；二是运动员是否按照本队既定的战术方案选择比赛行为；三是运动员能否在本队战术指导思想和既定战术方案的要求下，按照临场比赛的实际情况选择和使用更加有效的战术行为；四是在遇到突发事件时，运动员能否随机应变摆脱困难状况，达到最佳效果。

②战术行为评价。战术行为的评价是通过对运动员在比赛中战术选择的正确性、战术行动的合理性和战术运用效果的评判而进行的。一般来说，一个战术行为以后，都会有一个结果。如果这个结果是对本人或本队比赛有利的，可以说战术行为是合理和有效的；相反，则是不合理和无效的。在2008年北京奥运会中国男篮与西班牙男篮第四节比赛中，中国队队员在8分钟内10次失误，从比分领先转为输掉整场比赛。[2]从中国队在比赛中的具体战术行为来评价，队员缺乏主动的战术行为去面对对手的高压围抢，而一味刻意地去拖延时间，只想保险守住胜利，而丧失了对对手的进攻压力，使得中国队队员总是被夹击而失

---

[1] 王亚莹. 北京队青少年女子网球运动员双打技战术训练现状与对策研究[D]. 北京：北京体育大学，2015.
[2] 黄优强，周武. 里约奥运会中国男篮技、战术风格的缺失及反思[J]. 中国体育科技，2017，53（3）：85-92.

误连连。这场比赛的最后关键时刻，中国队在战术行为的选择上不够合理是导致最后失利的重要原因。

2. 团队战术能力评价

除了对运动员个体的战术能力进行评价以外，一些集体性项目还需要对全队的总体战术能力进行评价。团队评价的内容除了对个人战术能力进行评价以外，还应重点评价以下几个方面。

①战术理念评价。战术理念的评价是判断教练员或运动员对所从事项目训练与竞赛本质规律认识的水平和程度。它决定着全队战术方法选择、战术训练的形式和手段、战术运用的方式等。对战术理念的评价的主要指标如下。合理性：对项目本身的发展规律的认识程度，对项目制胜规律的理解程度。先进性：对项目发展趋势的把握程度和对国际、国内先进理念的理解和掌握程度。在2008年北京奥运会上，中国女排半决赛输给了巴西队，主要原因之一是战术理念落后。一方面是对排球本身发展规律和趋势的变化认识不足，面对变化没有有效的应对措施。当今世界许多女子排球队都把男子排球的战术加以移植引进，巴西队两个副攻维尔斯卡、法比亚娜的高快结合打法就体现了这一特点。中国女排的短平快传统打法，要在原有基础上有所发展，使其更具进攻性和冲击力，才能有效地与巴西队抗衡。另一方面，中国女排的教练和队员对当今女排先进的战术打法缺乏主动的学习和体验，训练缺乏先进理念的指导，固守原有的战术方法，训练手段和效果均没有达到世界一流的水平，面对巴西队自然难以取得好的成绩。

②战术指导思想评价。战术指导思想是战术理念在训练、比赛实践中的具体体现。战术指导思想包括全队或运动员个体基本条件的认识与战术运用的紧密结合与创新。对战术指导思想的评价主要围绕战术指导思想与战术理念的一致性、战术发展思路与运动队具体情况的结合程度、战术实际运用方式的合理性来进行。这方面最成功的案例就是中国乒乓球队。蔡振华教练指出："继承与创新是发展中国乒乓球运动的指导思想。"中国乒乓球队在深刻把握竞技规律和不断创新的战术理念基础上，通过各种制度和机制，成功保障了战术理念到战术指导思想的落实。在训练选拔、战术打法等诸多方面都继承了过去的优良传统，同时有所发扬和创新。先进的、合理的、针对性强的战术指导思想和训练使得参赛队员始终能够在激烈比赛中正常发挥出自己的水平。高标准的战术要求通过赛场的检验证明了中国乒乓球队的战术指导思想的成功。

③战术方法运用的效果评价。通过一场比赛或几场比赛的观察和分析，了解既定战术方案的运用效果，寻求成功的经验和失败的原因，可以为今后的战术训练和比赛提供依据。例如，对短道速滑接力项目中的超越战术运用效果的评价，可以清晰地反映战术训练的针对性和战术方案的有效性，对改进训练和提高参赛能力有很好的促进作用。常见的还有足球比赛中对战术阵型运用效果的评价；篮球战术配合效果的综合评价；乒乓球、羽毛球等项目团体赛中个人战术能力的发挥在全队战术安排中的作用程度的评价等。总之，根据评价的不同目的，可以进行战术能力的全面评价和战术能力不同要素评价。不同项群或项目

在选择评价内容和指标时要考虑战术结构、专项战术特征和实际需求。

3. 战术能力评价的方法

战术能力结构的复杂性，决定了战术能力评价方法的综合性和多样性。特别是像柔道、拳击等个人对抗类项目和篮球、足球等集体对抗类项目的战术能力评价，显得更为丰富。围绕着战术评价的内容，评价的方法要体现针对性、有效性。在战术能力评价中，可采取定性评价与定量评价相结合的方式，有利于更清晰、更全面、更准确地描述战术能力水平。

①战术能力的定性评价。战术能力的定性评价要依据一定的战术理论与经验，直接抓住战术能力的本质特征和比赛对抗中的变化状态，从战术能力内在结构的规定性来评价运动员战术能力。战术能力定性评价根据评价者对运动员或运动队平时的战术运用表现、状态的观察和分析，直接对运动员或运动队的战术能力和水平作出结论性的价值判断。定性评价多采用一定的语言来描述评价的结果，如评出等级、写出评语等。定性评价强调观察、分析、归纳与描述。定性评价的准确性取决于评价主体对战术能力表现的认识和理解程度，以及所具备的信息量、经验和分析能力等。目前对战术能力的评价研究倾向于在定性基础上结合定量分析，逐步为教练员认可。例如，对一支篮球队比赛的投篮命中率、篮板球、盖帽、助攻、抢断、失误、得分、失分等多项攻防指标进行统计分析，结合分析结果与运动员比赛中的具体行为表现相结合进行评价，可以客观地反映球队的战术能力水平。由于战术意识评价的复杂性和差异性，对运动员战术能力的评价不能忽视定性评价的有效运用。

②战术能力的定量评价。战术能力的定量评价是将运动员战术能力结构中的某些部分和环节以及比赛中战术水平的体现，用可以数量化的指标予以表述，根据统计数据、检测数据、同类和类似系统的数据资料，按有关标准，应用科学的方法构造数学模型，对运动员战术能力或团队的战术水平进行量化评价的一类方法。比如，足球科研中选择传球成功率、攻入前场30米均数、射正均数、进球指数、任意球均数、角球均数、反击均数和传中均数8项指标，反映球队的进攻能力；选择抢断均数、被射正均数、失球指数、黄牌均数和红牌均数5项指标反映球队的防守能力。运用这些指标可以对足球队的战术水平进行评价。

③典型案例评价。由于运动员的战术能力和团队的战术水平在比赛中的表现是多样的，无论是定性评价还是定量评价，运动员的战术能力和水平都存在局限性。因此在运动实践中，教练员和科研人员还会采取记录运动员或全队在比赛中出现的典型战例，通过分析这些典型的战术行为案例，可以判断和评价运动员或全队的战术能力和水平。不同项目战术行为案例分析差异较大，但是基本的结构类似。第一是比赛现场的分析和赛后的分析。两种分析由于在时间上的特殊差异；分析的目的和解决的问题会有所不同。前者是对比赛中出现的具体战例和影响比赛效果的主要战例进行分析，为接下来的比赛进行指导。例如，体操、跳水等项目中的现场分析，可以为改进下一轮的比赛提供依据；球类项目中的现场分析，可以为下一局或下半场比赛提供改进意见。后者是要全面分析比赛的得失，找到战术上成败的典型战例，为今后的训练和比赛提供改进依据。因此，临场的分析主要是迅速抓住关键战例并用简洁易懂的语言来表达；而在赛后分析上，战例的选择会更加丰富和全

面，二者在表达和分析上也会有一定的差异。第二是对典型战术行为分析采用的方法。一般情况下是通过教练员现场的观察、记录，然后运用口头指导、画图或战术板等形式展示给运动员。这些方法在现场分析中较为常见。而利用一些科技手段对运动员的战术行为进行分析，是近年来出现的有效手段，它们既可以出现在比赛的现场，也可以在赛后对比赛进行细致和全面的分析。计算机技术的运用，就使得战术案例分析更为便捷和直观。比如，分析一名球员的战术行为时，可以用现代计算机技术进行三维视觉模拟还原分析，通过教练员和队员观看还原的战术行为，可以很好地分析比赛行为，了解战术运用中问题的所在。这样的分析具有更强的针对性、直观性，易于被球员接受。通过长期积累可以进行案例库建设，为教练员的战术训练和指导提供强大的支持和帮助。

思考题

1. 简述运动竞技战术的定义及其构成。
2. 影响战术的因素有哪几类？
3. 战术方案的基本内容有哪些？
4. 结合自己专项设计一种战术方案并给予实施。

第七章　运动员心理训练

心理训练是运动训练内容体系中的重要组成部分。它与机能、身体、技术、战术等融为一体，构成现代运动训练内容的完整体系。现代运动训练的实践已经证明：人体运动最大潜力的挖掘与调度，在于充分地激发运动员的心理能量。其中，机能、素质、技术水平的发展，有助于心理素质的提高，而心理素质影响着技术水平的发挥。竞技过程中彼此的竞技能力要素水平大体相当时，心理因素的水平则对最终的胜负起着决定作用。因此，必须高度重视运动员的心理训练。

第一节　运动员心理训练概述

一、心理学与心理能力释义

心理学可认为是主要从微观的角度探讨个人行为和心理的科学，心理学具有多学科的科学属性。作为社会科学，心理学既探讨人的社会行为，也探讨个人行为如何受社会因素的影响，吸收了政治学、经济学、社会学、文化人类学的知识和方法；作为生物科学，心理学探讨的是行为的大脑机能和生化基础；作为认知科学，心理学探讨的是心理的运作与应用数学、人工智能等的关系；而作为健康科学，心理学与医学、生理学、体育学、生物化学、法律、环境科学等共同合作。因此，现代心理学的运用范畴非常广阔，研究范围的广域性和应用领域的多元性正是心理学吸引人的地方。

（一）心理学定义

早期心理学学者认为，心理学主要研究内在心理活动，后来受行为学派的影响，心理学又重点探讨可客观测量的外在行为。到了20世纪60年代以后，人们对认知的历程重新关注，心理学研究范围进一步扩大，又涵盖了内在心理历程。现代心理学最被普遍认可的定义是"研究个人行为和心理历程的科学"，即要想掌握外在的行为，就必须了解内在的心理历程，探索所想与所行之间的内在联系。[1]许多人类活动，例如记忆、思维、推理、领悟、计划、创作等，这些都是人内在的心理历程，也是现代心理学要探讨的主要课题。

（二）心理学目标

心理学的目标的实现需经历由现象到本质规律，由规律到行为的过程，心理学有三个互相关联的目标。

1. 描述

要描述行为就必须对行为加以测量，例如要探讨运动员的训练行为，就要运用可靠有效的测量工具，测量与训练相关的系列行为，以便进行统计分析。要预测相关行为，除了描述行为的现象之外，还要进一步掌握行为与心理之间的因果关系。

2. 预测

预测是建立在一定的描述基础之上的，为了实现预测的目的，心理学家整理所统计的数据，建立相关理论，并且根据理论推演假设，设计验方案，进一步搜集资料，验证假设，以期解说行为，进而控制或调节行为。

3. 控制

控制需要建立在一定的描述和预测的基础之上，控制意味着所认知的规律或建立的模型可用于解决生活问题，是应用的基础；应用代表了研究成果的实用价值，是心理学的重要目标。

（三）心理学解说

解说就是用心理学原理说明行为的原因。在解说的过程中，必须留意行为是由多因素交互作用所决定的。解说时要避免循环论证。

1. 多因素决定行为

行为受因果关系的规律支配，并且由遗传的生物因素、人格、认知、经验等多个因素决定。因此，心理学的解说要从多方面综合考虑，同时要相信人的行为是可以预测和控制的。不是所有人都能接受人的行为能被预测和被控制的观点，甚至有人宁愿将行为蒙上神秘的面

---

[1] 施磊. 基于心理学效应的对外汉语词汇教学研究[D]. 哈尔滨：哈尔滨师范大学，2015.

纱，他们觉得说明白了就失去了美感，然而科学的基本态度就是去揭示事物的隐秘性。

2. 因素交互作用

心理学认为人的行为的成长与发展，是不断成熟和学习的结果，行为是受先天生物因素和后天环境交互作用的结果。例如在压力情境下，自律神经反应性高的人更容易焦虑，而反应性较低的人多半能处之泰然，因此，焦虑情绪可认为是压力与个体反应性因素交互作用的结果，其因素往往具有多样性。又例如，智有一定遗传性，但也明显受环境影响，先天决定了行为的范围，后天因素则决定潜质得以实现的程度。

3. 避免循环论证

循环论证主要体现为用行为去论证行为，缺乏必要的逻辑和心理原理阐释。试看下述对行为的解说：小华因为抑郁，所以对未来感到悲观；阿明因高度自卑，所以缺乏自信。这两个解说都犯了循环论证的谬误，也就是用同样的行为去解说行为。要避免这类谬误，可寻求生物遗传因子、学习经验等行为以外的因素和视角加以解说。

二、竞技能力中的心理能力

（一）运动员心理能力释义

心理能力即指运动员与训练竞赛有关的个性心理特征，以及依训练竞赛的需要把握和调节心理过程的能力，是运动员竞技能力的重要组成部分。[1]从严格意义上说，心理并不是"心脏活动原理"，更客观的表述应该是"大脑活动的原理"。我们常说的心理能力应该是指大脑对人各种活动的组织、协调与控制能力，更多的体现在神经、内分泌等系统的综合能力。人的大脑时刻都在以各种方式几乎控制着机体的每一个生理活动和身体动作，尽管人们很少感受或思考这一点，也不可能发挥大脑的所有潜能，但是我们可通过有意识的、科学的训练，最大限度地开发大脑的记忆、思考、判断、控制等多方面能力，发挥大脑在心理能力建设中的统领作用。[2]例如，人们可以控制大脑的某些部位的活动（包括植物神经系统的活动），从而在某种程度上减缓心率、降低血压、加快身体各区域的血流、提升内分泌水平、改变体温等。人们也可以训练大脑的运动中枢，使其更准确地控制机体的肌肉系统，如体操、技巧等运动竞赛中的许多高难度动作，都表明大脑对复杂运动形式具有精细的控制能力。[3]

（二）运动员心理能力的内容

结合心理学理论的相关规定和现代运动训练理论的发展，从运动实践的角度讲，运动员心理能力应包括心理机能和素质之外的更多内容，不同内容之间层次差异显著，这也能

---

[1] 田麦久,刘大庆.运动训练学[M].北京：人民体育出版社,2012.
[2] 黄杰群.短距离跑起跑慢的原因及对策探析[J].科技风,2013（23）：193-194.
[3] 王深.心理技能训练的内隐学习观[J].福建师范大学学报：哲学社会科学版,2005（3）：141-145.

进一步凸显心理能力作为运动员竞技能力组成部分的基础价值。从这个角度讲，运动员掌握的与运动训练相关的各方面知识、运动员智能、运动员战术等都可归为运动员心理能力。

1. 运动心理学常识

不管是对运动员还是普通人，个人成长都离不开学习，由知识到技能再到能力逐步提升是一个客观规律，运动员的心理能力提升也应如此。运动员对相关心理学常识的学习和相关心理调节与控制技巧的习练应建立在一定的自我认知的基础上，掌握相关知识是实现高水平自我认知的基础条件。就运动训练的相关知识而言，运动员具备相关知识以后就能更具针对性地进行思维和判断，进而控制自己的行为。所以，对运动员进行心理训练是一定要把知识能力提升放到突出重要的位置上。

2. 运动员心理机能与素质

不同知识层次的运动员心理活动过程差异是比较明显的，对个人行为的控制也有很大的不同。运动员心理机能和素质通常被认为运动员心理能力中最具决定性的组成部分，也是传统教材中"心理能力"研究的主要内容，心理机能是基础，素质是心理能力的外在体现。运动员心理素质主要体现为心态和情绪的稳定性、心理过程控制的有效性及心理调节水平等，而心理训练的意义就是将这些部分整合起来。

3. 运动员智能与战术表现

从运动员智能来看，运动员智能是一般智能和相关知识的结合，就是在一般智能基础上将所学知识灵活运用在训练和比赛中。从战术的角度讲，运动员战术是一个包括多方面知识和运动员心理机能的能力体系，缺乏相关的战术意识和知识，缺乏一定的智能做保障，竞技战术就难以落实，没有相应的心理素质做保障，战术也不可能得以很好地运用。所以，战术可看作心理能力的外在表现形式之一，将战术纳入运动员心理能力体系中进行讨论，能更好地探索心理能力的实践和应用价值。

（三）心理学与其他竞技能力的关系

运动员的心理能力与其体能及技术能力有着非常密切的关系，并能保证战术的有效运用，它们是相互依存、相互制约、相互促进和相辅相成的。良好的个性品质和必要的心理素质可以有效地促进运动员进行体能训练和提高技战术水平，同时也是运动员在比赛中正常或超常发挥的前提与保证。众所周知，多血质、黏液质的人比抑制质、胆汁质的人更适合于参加运动训练，并容易在比赛中表现出较高水平。

运动员心理活动特点同样对其训练和竞赛行为有着巨大的影响。观察力敏锐的选手，善于在比赛中抓住战机，对对手的行为作出相对准确的判断；想象力丰富的选手更富于创造性，灵活运用技战术；而能够高度集中注意力的选手则在训练和比赛中表现出坚韧不拔的精神。[1]如有些优秀的短跑运动员，他们经常在头脑中以最快的速度跑完全程，在每一次

---

[1] 程蓓. 四川省射击业余训练的现状与分析[J]. 四川体育科学, 2016, 35（3）: 71-74.

试跑前，都要运用想象技能在头脑中演练过全程动作，然后根据想象的程序性动作有序完成起跑、加速、途中跑、终点跑，使他在每次比赛中都能很好地发挥自己的水平。从另一方面来说，体能和技能又是心理能力的载体和物质基础，心理训练必须与体能训练相结合才能取得良好的效果。体能表现与运动员心理状态的关系非常密切，有强烈的求胜欲望的运动员，其体能水平能得以更大程度的发挥；技能层面讲，高水平的技能有利于形成良好的心理品质，优良的心理品质又会促进技能的进一步提高。[1]

在现代竞技体育高度发展的今天，由于新技术革命的兴起和社会文明在各个领域的飞速发展、通讯技术和信息交流的现代化及国际体育竞赛的频繁交流，使运动员在体能、技术训练方面的差距日益缩小，竞争日趋激烈，决定比赛胜负常常取决于临场发挥的心理稳定性。多数教练员认为：在比赛中发挥不理想的运动员中，因心理准备不足而造成的失败约占70%以上，而因训练水平、技术准备不足造成的失败仅占20%左右。由此可见，运动员心理能力的培养和心理准备是当前运动训练中不可忽视的环节。现代运动训练、竞赛的实践和科学研究还表明，运动员在消耗巨大的身体能量的同时，也要付出巨大的心理能量，运动竞赛不单纯是运动员体能、技能和战术运用竞争，同时也是心理能力的较量。

（四）运动员心理训练的分类与特点

1. 运动员心理训练的分类

运动员超常的心理素质和高超的心理技能并不是与生俱来的，而是通过经验积累、知识学习和长期训练而习得的，尤其重要的是像他们获得体能及技战术能力一样历经系统训练和个人的艰苦努力而形成的。心理训练与体能训练及技能训练一样，自身也有极其丰富的内涵。心理训练是以发展运动员的心理能力，为训练和比赛作好心理准备作为其主要目的和任务的。系统的心理训练可以分为两大部分：其一为基础性心理训练，也称一般心理训练，旨在积累相关心理知识和技能，发展运动员参加训练和比赛所必须的基本心理素质，包括培养良好的个性品质，发展专项心理素质，掌握各种心理技能等；其二为针对性心理训练，也称专门性心理训练，旨在为某个比赛做好心理准备，包括赛前心理动员、赛中心理控制、赛后心理调整，以及针对某些心理障碍进行的心理训练等，各自又包括不同的内容和方法。[2]

依据训练和比赛的关系，还可将心理训练分为比赛期心理训练及日常心理训练（或称训练期心理训练）两大类。通常，比赛期心理训练集中于调整运动员的心理过程，维持其心理稳定性及控制能力，而日常心理训练则相对偏重于积累相关心理知识、发展各种心理技能、改善运动员的个性心理特征。依特定比赛的需要，所进行的有针对性的心理训练叫做赛期心理训练，包括赛前的心理准备、赛中的心理控制以及赛后的心理调整。

---

[1] 朱风书,朱红军,颜军.对篮球运动员心理训练的思考[J].南京体育学院学报：社会科学版,2006（2）：107-109.
[2] 李大吉,郭云超.高山滑雪运动员运动心理技能训练初探[J].哈尔滨体育学院学报,2007（4）：15-16.

2.赛期不同阶段的心理特征

一般来说，赛前运动员的体能、技能均相对较为稳定，而其心理活动却非常活跃。心理状态的变化经常会影响运动员体能、技能发挥及战术的运用，对运动员最终参赛的结果产生巨大的影响。[1]因此在比赛之前，激发运动员强烈的比赛动机，控制适宜的动机激活水平，增强运动员的参赛信心，建立稳定而又灵活的参赛思维程序及参赛行为程序，对于运动员成功地参加比赛，全面展示其竞技能力都是非常重要而有益的。[2]

比赛过程中，比赛环境及场上情况的不断变化，都会给运动员情绪和心态带来强烈的影响。因此，保持良好而稳定的情绪则成为运动员充分发挥其体能、技能及战术能力水平的关键。尤其是战术的运用，运动员战术意识、战术知识、战术时机的把握等，都直接决定于运动员心理素质和智能水平，直接体现运动员的心理能力水平。这些既直接影响着运动员比赛的结果，也是对运动员心理能力的一种高强度，甚至是极限强度的训练。

竞赛结束后的心理调节同样是心理训练的重要组成部分。对于比赛的成功者，应充分肯定他们在比赛中表现出的良好心理状态和积极的情绪体验，同时也应注意消除他们由于胜利而产生的自满、松懈等不良的情绪体验。对于比赛失败者，则需尽力消除他们因失败而带来的消极心态，并应发扬其在比赛过程中的积极心理倾向，以激发其再战求胜的强烈动机。不管是成功还是失败，运动员都曾承受过巨大的心理压力，应注意及时减压。[3]

日常训练过程中的心理训练偏重于提升运动员一般心理素质和心理训练的知识和技能，改善运动员的个性心理特征。应根据运动员年龄、训练年限、从事的项目及所处训练阶段的不同，安排不同比例的专项心理训练。对于基础训练阶段的少年选手，应以改善一般的个性心理特征和提升一般专项心理技能为主，随着专项训练任务的不断加重，应逐渐加大改善适应于专项特点的训练和竞技需要的个性心理特征的训练。[4]

三、运动员技能学习的心理控制原理

（一）动作技能学习的过程与控制

1.运动技能学习过程

不少日常生活的学习，是兼有条件作用和认知学习的，例如学习驾驶和操作器械，都牵涉条件作用和认知历程。技能学习是主动和有意识的，学习互相配合的协调动作，是有组织、有目的的肢体运作。运动技能的形成是由简单到复杂的过程，并有其建立、形成、巩固和发展的阶段性变化和生理规律，只是每一阶段的长短随动作的复杂程度而不同。一

---

[1] 黄春林,毛智和.论散打运动员的主要心理特征和心理训练内容[J].湖北体育科技,2002（3）:300-301.
[2] 雷鸣.我国国家女子水球队年度训练过程控制的研究与实践[D].北京:北京体育大学,2007.
[3] 刘柏青.CUBA男篮替补运动员竞赛焦虑的研究[D].长沙:湖南师范大学,2011.
[4] 万红宇.影响篮球运动员在比赛中投篮命中率的心理因素的研究[J].体育世界:学术版,2009（5）:83-84.

第七章　运动员心理训练

般说来，可划分为相互联系的三个阶段或称三个过程。[1]

（1）泛化过程

学习任何一个动作的初期，通过教师的讲解和示范以及自己的运动实践，都只能获得一种感性认识，而对运动技能的内在规律并不完全理解。由于人体受外界的刺激，通过感受器（特别是本体感觉）传到大脑皮质，引起大脑皮质细胞强烈兴奋，另外，因为皮质内抑制尚未确立，所以大脑皮质中的兴奋与抑制都呈现扩散状态，使条件反射暂时联系不稳定，出现泛化现象。这个过程表现在肌肉的外表活动往往是动作僵硬，不协调，不该收缩的肌肉收缩，出现多余的动作，而且做动作很费力。[2]这些现象是大脑皮质细胞兴奋扩散的结果。在此过程中，教师应该抓住动作的主要环节和学生掌握动作中存在的主要问题进行教学，不应过多强调动作细节，而应以正确的示范和简练的讲解帮助学生掌握动作。

（2）分化过程

在不断的练习过程中，初学者对该运动技能的内在规律有了初步的理解，一些不协调和多余的动作也逐渐消除。此时，大脑皮质运动中枢兴奋和抑制过程逐渐集中，由于抑制过程加强，特别是分化抑制得到发展，大脑皮质的活动由泛化阶段进入了分化阶段。因此，练习过程中的大部分错误动作得到纠正，能比较顺利地和连贯地完成完整动作技术。这时初步建立了动力定型，但定型尚不巩固，遇到新异刺激（如有外人参观或比赛等），多余动作和错误动作可能会重新出现。在此过程中，教师应特别注意错误动作的纠正，让学生体会动作的细节，促进分化抑制进一步发展，使动作更趋准确。

（3）巩固过程

通过进一步反复练习，运动条件反射系统已经巩固，达到建立了巩固的动力定型阶段，大脑皮质的兴奋和抑制在时间和空间上更加集中和精确。此时，不仅动作准确、优美，而且某些环节的动作还可出现自动化，即不必有意识地去控制而能完成动作。在环境条件化时，动作技术也不易受破坏。同时，由于内脏器官的活动与动作配合协调，完成练习时也感到省力和轻松自如。形成运动技能的三个过程是相互联系的，各过程之间并没有明显的界限。训练水平高的运动员在学习掌握新动作时，泛化过程很短，对动作的精细分化能力强，掌握运动技能快。初学者在学习新动作时，泛化过程较长，分化能力较差，掌握动作较慢。动作越复杂，泛化过程就越明显，分化的难度也就越大，形成运动技能所需要的时间就越长。

但是，动力定型发展到了巩固过程，也并不是可以一劳永逸了。一方面，还可在继续练习巩固的情况下精益求精，不断提高动作质量，使动力定型更加完善和巩固；另一方面，如果不再进行练习，巩固了的动力定型还会消退，动作技术越复杂，难度越大，消退得也越快。在此过程中，教师应对学生提出进一步要求，并指导学生进行技术理论学习，更有利于动力定型的巩固和动作质量的提高，促使动作达到自动化程度。

---

[1] 丁国跃. 排球运动技能形成过程的阶段研究[D]. 开封：河南大学，2012.
[2] 谢玉琴. 动作示范在田径教学中的作用及其运用[J]. 昌吉学院学报，2007（3）：65-67.

（4）动作自动化

随着运动技能的巩固和发展，在练习达到非常巩固的程度以后，动作即可出现自动化现象。所谓自动化是指练习某一套技术动作时，可以在无意识的条件下完成。其特征是对整个动作或者是对动作的某些环节，暂时变为无意识的。例如，走路是人类自动化的动作，在走路时可以谈话。而不必有意识地想应如何迈步、如何维持身体平衡等。一个熟练的篮球运动员在比赛时，运球等动作往往也达到自动化程度。[1]

2. 下意识的控制

技能在熟练掌握后，就不必思量如何完成各个动作，因而意识的控制减至最低。例如一旦熟练掌握了篮球中的运球技术，就不必去想如何拍球，要向哪一个方向跨步，什么时候换手等，因为动作的完成进入了自动化状态，也唯有这样，技能的掌握才算完善。然而熟练的技能在下意识地进行，但一旦有突变事件，注意力会实时转移动作的进程，并采取应变措施，确保技能的各项动作顺序执行。虽然技能是通过认知和条件作用学得的，但认知始终起调控作用。动作进程若不顺畅，意识的认知思维就起作用，发挥调节功能。

3. 认知和条件作用

学习技能的过程中，例如学习运球技术，教练会先说明运球技巧，各个动作应如何执行，如何控制操作，如何调节速度等，这些都是以思维指导动作的认知学习。接着是实际操练，动作对了，教练的表情和称赞或个人的成功感会强化动作；做错了，教练的反应、自己的挫败感也会减弱错误动作。反馈是影响练习效果和促进技能的重要因素。负面反馈产生抑制效果，减少错误；正面反馈起强化作用，前述的强化练习就是这个意思。技能的学习可以概括为认知、联结、自动化三个阶段。技能是由一系列的刺激与反应联结组成的，起始刺激引起动作，产生动觉信号，对反应起调节作用，同时作为第二个动作的刺激，而第二个反应的动觉信号又可作为第三个动作的刺激，依此类推。技能的起始刺激可引发多个反应，例如在突破变向时就要手脚并用，这牵涉到几个运动反应的协调动作，并产生多个动觉刺激，提示下一组的多重反应。表面看来，这似乎是一连串刺激反应的连锁动作，实际上含有认知成分。

技能的运用通常都是以动作的控制和协调的流畅程度作为衡量的标准。当动作的练习随着练习渐渐巩固成熟时，视觉控制减少，动觉作用增强。譬如初学篮球的运球时，眼睛习惯性看着球，手要控制好节奏，熟练后手就可随动觉调动，这时就可集中在战术的运用方面了。

4. 技能迁移

实验室经常利用镜画演示技能形成和迁移的现象。镜画是描画镜子所反映的图样，被试者只能看着镜子（不得看纸上的星形），用笔沿着星形两线之间路径描绘线条。左右手镜画的动作是由不同的神经联系支配的，学右手镜画后，用左手镜画的错误会比右手的少，这是镜画的迁移现象，是认知规律的转移，说明了技能学习涉及抽象的认知活动。

---

[1] 王瑞元，苏全生. 运动生理学[M]. 北京：人民体育出版社，2012.

第二节 运动员心理能力评价与训练的基本方法

一、运动员心理评价的指标体系

（一）心理训练的价值观

在大量的运动训练规律还没被深刻认识的时候，我国运动员的很多心理问题大多是通过思想政治工作和思想教育的方法解决的，效果很明显。不可否认，运动队中的思想政治工作有其自身特色，对解决运动员的某些思想问题确实发挥了十分重要的作用。这样也使人们对心理训练与思想政治工作之间关系的认识产生了一些误区，至今还有些人怀疑运动员心理训练的价值，他们甚至认为有了思想教育或思想政治工作，心理训练可有可无，可以被思想政治工作取代。现在看来，心理训练的方法和手段都趋向于多元化，思想政治和思想教育作为心理训练的一种手段，其作用是毋庸置疑的，但思想政治工作和思想教育远远不能取代运动员的心理训练，而心理训练也需要一定的价值引领，思想政治工作应巧妙融入运动员心理训练全过程。

1. 心理训练的价值导向

心理训练与思想政治工作虽然在某些形式上、方法上有共同之处，但两者都是做人的工作，其目的就是改变人的观点和行为反应等，也都经常采用疏导、说服等手段，做到以理服人，在方法上也有相似之处，但两者的着眼点、实施途径及目的任务是有区别的。过去思想政治工作的主要任务是使我国运动员形成无产阶级的世界观、树立远大的革命理想、培养崇高的爱国主义精神和优秀的道德品质、激发强烈的事业心和社会责任感、以顽强拼搏的精神投入到运动训练和竞赛中去，将巨大的精神力量转变成竞赛的昂扬斗志，体现为一定的价值导向。思想政治工作的立场是坚定的，是为一定社会和阶级利益服务的。思想政治工作是社会定向，要求按照社会需求来开展，突出人的社会性。心理训练更多的体现在科学层面，主要是通过专门的训练手段，培养和提高运动员良好的心理素质或个性品质，这些品质是运动员提高竞技水平、提高参加比赛的心理准备水平和竞赛发挥的心理稳定性所必须具备的。心理训练的立场和出发点是客观的，心理训练的主要目的是提高个体的心理素质，增进个体的身心健康和人格发展，使运动员个人的潜能得到充分地发挥。高尚道德、远大理想和科学世界观是搞好心理训练的思想基础，而良好的心理素质又是完成任务、实现理想、实践世界观的重要条件。二者相辅相成，可合为一体，但不能互相取代。

2. 心理训练对意识的影响

心理训练在必要时可借鉴思想政治工作思路，从精神层面讲，各自对人的作用的层面不同，这也可认为是二者的显著区别，运动员心理训练的迫切任务是将这两个必不可少的组成部分统一起来。心理分析学派的观点认为，人的精神生活主要由意识和潜意识两个独立的部分组成，中间夹着很小的一部分为前意识。潜意识亦称无意识，主要有两个含义，一个是指人们对自己的一些行为的真正原因和动机不能意识到；另一个是指人们在清醒的意识下面还有潜在的心理活动在进行着，这部分意识就需要一定的意志力或价值观来控制。作为后一种含义的无意识中包含了各种为人类社会的伦理道德、宗教法律所不能容许的、原始的、动物性的本能冲动以及和各种本能有关的欲望。这些无法得到满足的感情经验、本能欲望与冲动是被压抑到无意识中去的，但它们并不肯安分守己地停留在那里，而是在无意识中积极地活动着，不断地寻找出路，追求满足，此时个人的价值观就能发挥一定的统筹和约束作用，使运动员的潜意识不至于爆发。意识是人们能够直接感知或体验到的自觉的心理活动，相对来讲较容易控制。前意识则在意识与无意识之间，其中所包含的内容是可回到意识部分中去的，即其中的经验经过回忆是可以记起来的，其内容可以说暂不属于意识，但随时能够变成意识。这部分意识的控制需要进行必要的甚至是特殊的心理训练，同时也应加强"思想政治"教育，使人的心理活动中的意识、无意识和前意识之间所保持的关系是一种动态平衡状态。基于心理分析学派对意识的划分，人们可能将其形象地比作浮在海中的冰块，意识是露出水面上的部分，而无意识是深藏于水下的那一部分，潜意识是既可以变为意识又可以变为无意识的边缘部分，随冰块的起伏和变化。人的精神活动的三部分始终维持一种动态的平衡。

（二）目标设置

目标设置一直是心理学研究的一项重要内容，具有定向、激励等多方面价值。目标设置和努力实现过程反映了运动员的成长规律，也是改善运动员的自信心和提高运动竞技能力的一种十分有效的手段，而且还能帮助运动员掌握身体和心理技能最常用的方法之一。正确的目标设置能帮助运动员改进竞赛表现，帮助运动员改进训练质量，帮助教练员和运动员分清不同的期望，通过提升训练的挑战性来消除厌烦情绪，强化实现训练目标的内部动机，提高运动员的自豪感、满足感和自信心。[1]科学的目标设置计划可以从以下四个方面改进运动员的表现：①合理的目标定位能使运动员注意和行为集中在需要练习的任务上，提升训练效率；②目标可以激发运动员内心的能量，促使他们更加努力训练；③目标设置能提升运动员坚忍不拔的精神，使他们在其进步缓慢时不愿放弃；④目标能进一步调动教练员和运动员的积极性，使其一起寻找最合适的策略和手段来实现既定目标。[2]以下几方面的目标最具代表性。

1. 表现的目标与结果的目标

表现目标就是设定在训练和比赛中的表现情况，结果目标就是对竞赛结果的要求。一般在目标设定时，要确定竞赛表现的目标而不是结果的目标，最理想的办法是运动员应该设置完全在自己控制下的竞赛表现的目标，而不是充满未知因素的结果的目标，也就是把成功定义为超过自己的竞赛目标，而不一定是胜过别人的表现。很多运动员在接受赛后采

---

[1] 魏培雨. 浅析武术运动员心理训练[J]. 科学大众，2008（12）：35.
[2] 邓伍刚. 目标设置对足球普修课教学效果影响的研究[D]. 武汉：武汉体育学院，2009.

访时常表示是否发挥了自己的水平，有些运动员就算比赛胜利了，有时也会为没完全发挥水平而略感遗憾，而有些运动员就算输掉比赛也不会感到后悔，因为已经在场上努力了，也完全发挥了。简而言之，虽然比赛结果非常重要，但优秀运动员很少按输赢来评价自己，而是根据他们所作出的最大努力。虽说这些说法看似老生常谈，但仍然包含着深刻智慧，表现目标体现了对运动员的自我控制，有益于提升训练质量和效率，对最大限度地提升运动员竞技能力具有积极意义。无论对其作何种强调都不会损害它的宗旨意义。所以，设立表现的目标而不是结果的目标是运动员目标设置计划中最基本的原则之一。

2. 挑战性的目标与轻而易举的目标

目标分难易。显而易见，运动员应该设置较难的挑战性目标而不是轻而易举就能实现的较容易的目标。无数事实证明，较具挑战性的目标比中等难度或轻而易举的目标更能导致运动员的优异表现。但目标应有多大程度的挑战性并不是随便就能确定的。[1]目标不应太难，以致使运动员不能集中精力对待它们，若经过反复努力目标也不能实现，则会削弱运动员训练和比赛动机。难度太大的目标会导致运动员错误得出自己是失败者的结论，影响他们自我价值的实现。高难度目标和大力度奖励应结合起来，实现目标后的大力度奖励将会强化运动员追求更大成功的动机。训练目标指导的艺术之一就是帮助运动员设立能激发他们最大动机的目标难度，但又不能太难而使他失去信心或直接放弃。目标设置常以运动员的竞技表现或某次比赛的优胜为参照，有些运动员不愿基于情境的和个人的因素对目标进行适当的调整，以顺应他们在比赛时的健康及其他条件的变化，导致目标因难度太大而难以实现时，就认为自己是失败者的原因。

为了确保目标的价值，可在设置时采用阶梯上升的方法，即接近的目标只是稍微比运动员上一次表现或前几次表现的水平高一点，让运动员感觉只需要稍加努力就能实现。然后在此基础上设计一系列等级，每一个等级的难度都比上一次大一些，这种梯级的目标设置方法可为教练员提供更多奖励运动员的进步、增强其动机和自信心的机会。但也必须告诫运动员，竞技能力的提升并非是线性的，有时还可能停滞不前，目标设置上也要稍作调整。但只要坚持不懈，肯定会找到逐步上升的路线。在方法上，还要避免使目标设置的时间跨度太大，训练以周或月为单位更具有可操作性，这也是与其他目标设置原则一致的。

目标的设置也应因人而异，运动员自信心水平可作为关键因素。自信不足的运动员把难度较大的目标看成是一种威胁，而较自信的运动员则会当做是一种挑战。因此，根据运动员自信心的水平设置不同的难度梯级是十分重要的。具有较高自信心的运动员比那些缺乏自信心的运动员的梯级相对来说就要陡峭一些。当运动员难以进阶时，应该考虑两种可能性。第一种可能就是级差太大，应该将本级再分成两级或更多的梯级。第二种可能性就是运动员还没有获得如何正确完成这种技能的相关指导，以致阻碍了他达到目标。若属于这种情况，教练员就应提供必要的指导和帮助。

---

[1] 高原. 目标设置技能在体育运动中的应用[J]. 湖北体育科技, 1996（1）: 5-12.

3. 现实的目标与非现实的目标

一般来讲，运动员应该重视表现目标，而不是结果目标。但是，当他们一旦置身于激烈的运动竞赛，且竞赛结果十分重要时，他们就会发现自己更关注是否取胜，而不是集中于竞赛表现上。出于某种原因，运动员总是喜欢设置一些非现实的目标。运动员应该知道自己的真实水平，[1]也应清楚他们梦想的目标，不要把自己的真水平与他们希望自己应该有的水平混为一谈，这是确定现实的目标的关键。就像一个称职的教练员和运动员在经历早期的成功的时候也很容易产生错觉。一个常见的现象是省队的优秀运动员或某些项目的青少年比赛冠军被选进国家队之后，当他们发现队里的其他成员都具有与他同样的经历或更为出色的成绩时，总是会大吃一惊。

尽管设置现实的目标并不容易，但从一开始就客观地设置适宜的目标比起在改变环境的基础上或顺应运动员内部某些变化再调整这些目标要容易得多。对很多运动员来说，一旦集中于某个目标，就很难转移注意力。事实上，教练员应尝试让运动员明白，竞技状态具有周期性和波浪性，要经历螺旋上升的过程，向下调整目标并非就是承认自己不行。若要长期保证自我目标的现实性，有时就应该进行必要的调整。尽管如此，向下调整目标时应该注意消极反应，有些缺乏自信心的运动员，常常试图把一些很微小的事件或情况作为借口，为没有达到目标开拓。当教练员运用目标设置时，只是为了刺激运动员达到结果的目标，或作为没有实现目标的一种惩罚。有效的目标设置需要教练员和运动员共同努力，在相互信任的基础上对目标做出适当调整，为实现运动员长远目标而努力。

4. 具体的目标与笼统的目标

在我们的文化传统中，笼统目标也具有一定的导向性，也体现出教练员和运动员之间的良好关系，双方都尽力就是笼统的最高目标。很难认定什么是"尽力"，但又确实不好否定，而这种模糊的目标缺乏应有的尺度，恰恰是目标设置中的一个缺陷。实际上，它根本就不能算是一个目标，而是一个目的，是一种运动员可以不断地为之努力的追求。而具体目标可认为是笼统目标的补充，具体的目标才有实效，因为它们可以通过限定运动员成功的标准，能更准确地指导运动员的行为。其结果是，它们给运动员灌输的是非常明确的期望，也基本规定了相应的实现路径。具体的目标应以一个特定的时间或特定的事件为背景，应是数量化的，众多具体目标的结合就可构成目标体系，也可认为是系统目标。但系统的目标设置还没有被广泛运用，因为要涉及相当具体和细致的工作，还需要有制定创造性的措施、使运动员的特定行为数量化的能力。教练员应结合项目特征，帮助运动员确定现实的、具体的、挑战性的表现目标。

5. 短期的目标与长期的目标

从时间的维度看，长期目标可认为是由众多短期目标组合而成的，长期目标与短期目标相结合也是确定挑战性的、现实的和具体的目标的一部分。通过实现一系列的短期目标，才有可能完成长期的目的。虽说运动员应具有一个指向未来一年、两年甚至更长期的目标，但是确定的短期目标不应超过一个月，超过这个期限的目标就可能成为不现实的、模糊的，要么是难

---

[1] 高原.目标设置技能在体育运动中的应用[J].湖北体育科技,1996(1):5–12.

度太大，要么是轻而易举，失去其自身价值。譬如生病、受伤、学习的速度、生活中的危机、对仪器的适应、天气，还有很多其他因素，都会导致长期目标变成模糊的、无效的目标。

短期的目标之所以更有效，是因为它们更具有刺激性，更容易在短时间内得以验证，也可以为运动员的行动争取及时的帮助。长期的目标则可能会因为在时间上太遥远而可控性会差很多，特别是当运动员受复杂环境和多因素影响的情况下更是如此。短期目标与具体的和挑战性的目标一样，可以为运动员提供更多的机会和助力，为长期目标的实现提供更多助力，以促使运动员的成功。同时，也可以帮助运动员诊断在获得实现目标所需的技能方面可能存在的问题，进而帮助教练员和运动员调整训练计划，来适应每个运动员的特殊需要。

由于太多未知因素的影响，长期的目标有时不可能是具有挑战性的、现实的或具体的目标。但是，长期目标有时也有其积极的意义。首先，通过设置长期目标可以使运动员对未来发展方向有比较清晰的认识，从而激励自己不断向这个目标努力；其次，长期目标可在一定程度上淡化当前某一次比赛的得失，因为单纯的一次比赛无论多么重要，只是我们实现长期目标中的一部分，对长期目标的影响可能是非常有限的，所以，长期的目标可以帮助运动员缓解某一次重大比赛得失可能产生的紧张应激。

6. 个体的目标与全队的目标

运动员个体目标的设置有助于全队目标的实现，在运动员的目标设置计划中，重点应是个体的目标而非全队的目标。全队的目标很可能是模糊的、责任不明的，其结果常常并不完全在全队或他的控制范围之内的。[1]事实上，在很多情况下，团队目标只能算是长远的目的，而非目标。更有研究结果表明，如果仅有全队的目标，而没有符合目标设置原则的个体目标作基础，全队的目标基本不会有什么效果。

当然，当运动项目本身要求高水平的合作时，全队的目标还是有意义的，此时要尽量避免运动员个体目标与全队目标的冲突。像排球、篮球、足球这样的运动项目，全队的目标的设置必不可少，因为集体目标可以激发每个个体共同努力，个体必须服从团队。可是，全队目标只有在个体目标都非明确时也才会有效果，如果没有个体的目标，全队目标就如空中楼阁，个体目标与全队目标的结合形式显得非常重要。全队的目标能够帮助激发运动员在一起做出更有效的努力，但必须与运动员个体的目标相结合，这些个体的目标能说明运动员本身的责任，也应在运动员本身的控制范围之内的。

二、针对常见心理问题的目标训练

（一）文化知识教育

1. 避免运动员观念落伍

运动员文化教育成效高低是保障运动员了解社会，甚至是解决他们心理健康问题的关

---

[1] 高原. 目标设置技能在体育运动中的应用[J]. 湖北体育科技，1996（1）：5-12.

键要素之一。一直以来,国家都非常重视运动员的文化教育,在政策和机制建设上做了大量工作,制定和完善了一系列规章制度,为运动员的文化学习创造了很多的便利条件,也建立了多渠道、多层次的运动员文化教育体系,使我国运动员在文化教育的政策保障方面取得了很大进展。这些措施为运动员提供了更多学习渠道,方便了运动员的文化学习。但由于多种因素的影响,并没能从根本上解决运动员在文化教育和日常运动训练之间的矛盾,运动员文化知识依然匮乏,一些运动员存在的心理问题并没能从文化教育中获得助力。很多教练员的观念依然落伍,部分运动员退役后成为教练员,对运动员文化教育依然不够重视,运动训练的科学化也难以实施,运动队整体水平提高困难。在金牌至上训练观念的导向下,运动员文化知识和价值观的缺失使得运动员即使按照相关政策有机会进入大学学习,其文化水平离相应的要求也相差其远。

2. 提升运动员社会适应能力

对于大部分退役的运动员来说,常常因文化基础太差而无法学习相关课程,常给运动员带来巨大的心理落差,甚至会影响到他们的一些行为。较低的文化素质使得运动员在一段时间内难以适应社会需要,备受社会关注。[1]很多文化素质水平低的运动员出现适应社会难、就业难等现象,有些运动员因此会出现严重的心理问题,以至于他们退役后的出路成为体育系统的一大难题。虽然国家高度重视,但只有加强运动员文化教育,提高人才培养的质量,才能保障这项工作的有效开展。不可否认,现有的政策文件颁布实施,能促进运动员文化教育工作的开展,但竞技体育发展环境的日趋复杂、运动员群体的快速扩充等问题的增多,也使得运动员文化教育面临着更为复杂的困境。回归教育可能是我国优秀运动员文化教育改革的最终目标,然而我国现阶段的情况决定了实现优秀运动队的院校化发展可能是一个相当漫长的过程,但运动员文化教育必须在多方面得到加强。

(二)强化运动训练价值观导向训练

1. 把握价值观的可塑性特征

价值观是植根人们心灵深处的思考和行为准则,这些准则决定着个人未来的努力方向,并为其过去的种种行为提供解释。人的青少年时期是价值观逐渐形成和发展的关键时期,为了全面提高运动员的综合素质,进一步规范他们的行为,树立他们良好的形象,激励他们更好地为提高竞技水平做出积极贡献,需要对其价值观进行教育引导。青少年运动员通过比赛等形式更早地体会到了竞争的残酷,无论是参与的比赛还是接触的社会现实都能使他们深刻认识到个人努力的重要性,因此在他们选择生活方式与人生评价标准时,个人价值倾向对心理的冲击就会非常明显。由于青少年运动员还处于个人价值观的形成阶段,其价值观具有很强的可塑性,但对消极的价值观却没有足够的分辨和抵抗能力,如果不能及时地教育引导,往往会带给他们非常严重的心理问题。如何引导和教育他们树立符合社

---

[1] 杨君子. 我国运动员文化教育缺失与发展对策[D]. 大连:辽宁师范大学, 2013.

价值导向的价值观是广大教练员和俱乐部管理人员应该迫切思考的问题。[1]

2. 以运动员的需求为价值导向

人的价值观常常是建立在一定的需求基础之上，相应的需求也是运动员价值观教育的基础，更是他们进行价值选择的原动力。只有了解青少年运动员的真正需要，才能针对性开展价值观教育，同时相应的教育措施才更有说服力。对多数运动员而言，无论是运动学校还是俱乐部形式的训练环境几乎都是封闭的，运动员除了每天的训练之外几乎没有正常的社会交往，在这种封闭环境中成长起来的运动员需要一定的心理辅导，他们在面对诸多诱惑时也很难有准确的价值判断，其行为难免会偏离正常社会道德规范，甚至会有一些失当行为的出现。因此，在改变封闭训练环境的同时尽可能强化价值观教育，强化他们的理想和信念，避免不必要的心理干扰。尤其在当前社会主义市场经济条件下，经济的多元发展必然会引起人们价值取向的多元化，不再将绝对化和单一化作为价值选择的唯一标准。在这样的社会大环境下，还处在接受价值观教育阶段的青少年运动员受到各种价值观的冲击，会面临更多的选择和困惑，譬如，在面临困难时是继续训练还是准备另谋出路，在有利益冲突时是否能坚持集体利益至上的初心。这个阶段对其进行教育的主要任务是帮助他们辨明什么是正确的追求，什么是错误的；如何通过合乎社会规范的手段获取自己认为有价值、有尊严的生活等。

3. 提高运动员心理品质训练

运动员的自信心在很大程度上取决于运动员竞技能力的高低，即俗话说的靠实力说话。现代的竞技体育实际上已是多方面综合实力的较量，教练员应善于运用科学的训练方法和手段，使运动员在专项体能和技能上打下扎实的基本功。教练员认真细致地制定每天、每次课的训练内容和时间，合理地使用多种训练方法和手段，循序渐进地提升运动员的体能和技能水平。同时还应该针对运动员的个性心理特点，科学地安排有效的心理训练，充分挖掘运动员运动潜能，建立他们强大的自信。同时，在每次训练课中都重视运动员的情绪体验，使运动员在每次课中都能体验到成功，并将这种成功的体验带到下一次训练课或下一次比赛中去，实现成功效应的积累。当然，教练员应注意设置合理目标，提出与运动员能力相符的要求，多用鼓励语，多传达积极的情绪，使他们能经常体验到成功。在体验成功的同时不断增强自信心。

4. 提高情绪控制能力

情绪与有机体的活动密切相连，一般认为是由客观事物引起的，是人对事物所持有的态度的体验。当运动员处于积极或振奋的情绪状态时，其身体机能更容易高水平唤醒，容易对其动作起到增力的作用，进而使运动表现超水平发挥；相反，情绪消极时会引起机体循环、呼吸、肌肉、内脏功能一系列的改变，甚至会表现为抑制，导致动作稳定性和协调性下降，自控能力也会大幅减弱。当然，遇到大赛时的情绪紧张属于正常，缺少大赛经验的年轻队员尤其容易出现此类情况。因此在平时训练中，教练员应掌握教会运动员自我情绪

---

[1] 李立峰. 浅析青少年足球运动员人生价值观教育[J]. 当代体育科技, 2012, 2 (36): 53-54.

调控的方法，培养他们专注目标、积极思考、乐观自信的心理品质，提高他们对抗外界干扰和刺激的能力。[1]运动员的情绪控制能力更多的体现在竞赛中，当出现失分或比赛失利时，要求自己采用自我暗示、阻断思维等方法或手段摆脱懊恼情绪的干扰，不背思想包袱，尽可能稳定情绪，积极进行自我调节，在强大的自控能力支配之下把注意力集中到要比赛的项目上，努力做好后面的动作。

5. 运动员强化意志品质训练

意志品质可理解为由多方面内容构成的一项综合素质，是运动员必须具备的基本素养之一，主要包括自觉性、自制性、坚毅性、果断性等方面。自觉性是积极勃发的内在力量，决定着运动员在比赛中是否敢打敢拼，是否迎难而上；自制力体现在自我控制和调节方面，决定着运动员在比赛中自我调控情绪的能力；坚毅性是运动员面对挫折的态度，决定了运动员应付挫折的能力；果断性体现了临时决策能力，决定着运动员处理赛场突发情况的能力。这些都是优秀的运动员必备的意志品质。在日常训练中，教练员要培养运动员吃苦耐劳的意志品质，要时刻让队员明白训练的目的和任务，培养他们强大的追求胜利的内在动机，要对自己的实力和潜力深信不疑。因为唯有如此，运动员才具有坚强的意志品质，才能经得起大赛的考验。所以教练员们要在日常训练中，使运动员经受艰苦的磨砺，逐渐提升他们的抗负荷能力。对意志品质的训练可针对性的安排专门性练习，譬如在训练中采用负荷较小的空击练习、模拟实战等方法，也可以采用较小强度的加难训练，要求队员在疲惫或信心减弱的情况下完成训练任务，培养运动员敢于拼搏、不畏强敌的拼搏精神，提升其独立完成比赛的能力。意志品质的培养是每个运动员所必备的基本素质，使之能以平常心面对比赛，在比赛中具有强大的自信心，同时在面临失败时也有充分的思想准备。

三、几种心理现象及克服方法

（一）心理紧张和焦虑的克服方法

运动员在比赛之前常会对比赛刺激因素及本人参赛条件做出了具有威胁性的评价或具有的担忧倾向，从而产生紧张和焦虑的心理反应。运动员参加重大比赛之前需要把机体各组织、器官、系统动员起来，特别是要提高中枢神经系统的兴奋性，以便动员身体潜在的能量，也可激起运动员改变自身现状的紧迫感，进一步谋求达到某种目标，在比赛中创造出优异成绩。但是，心理过度紧张或焦虑，容易使大脑皮质对皮质下中枢和植物神经系统的调节活动减弱，呼吸短促、心跳加快，甚至四肢颤抖、尿频，这必然使运动员心理活动失常，很难把注意力集中到比赛上去；听不进去教练员的布置与嘱咐；头脑中的动作知觉表象模糊不清，甚至丧失控制自己的行动能力等，[2]这些都必将影响比赛的结果。造成运动

---

[1] 宋锦儒. 散打运动员心理品质培养途径的探讨[J]. 山西师大体育学院学报，2008（S1）：196-198.
[2] 雷先良. 体育院校篮球专项学生赛中心理状态及调控方法探析[J]. 当代体育科技，2011，1（2）：8-9.

员心理过分紧张和焦虑的原因很多，如心理上过分夸大比赛的困难因素、训练过度恢复不好、睡眠不足、心理压力过大、害怕对手、对比赛成绩期望过高、受过去失败经历的干扰等。紧张和焦虑主要有以下克服方法。

1. 自我暗示放松法

在教练员的指导下，运动员通过积极的心理暗示依次放松自己的身体部位，达到一定的熟练程度之后可由运动员自己独立完成。由于自我暗示需要身心的调和，在开始时要花费较长时间才能使全身肌肉放松，以后随着放松技能的逐渐成熟，会逐渐缩短时间，最后仅用很短的时间就能使全身肌肉得以放松。在进行自我暗示放松时，还可使用暗示语或录音带。放松下来后在头脑中演练比赛情形，或者背诵比赛程序。

2. 阻断思维法

当运动员由于种种原因，出现信念丧失、消极思维时，引起一些对参赛不利的心理反应，运动员通过大吼一声，或者向自己大喊一声"停"，去阻断消极的思想意识流，代之以积极思维。教练员还可以针对性地确定一个响亮的信号或者切实可行的活动，作为阻断运动员消极思维之用，进而将运动员注意力转移到比赛过程中去，尽量不去考虑比赛结果。

3. 音乐调节法

音乐的声波信息可以消除大脑所产生的紧张，也可以帮助运动员沉浸其中集中注意力，促使大脑的冥想井然有序。所以说，选听不同的音乐能使人兴奋，也可使人镇静。在大赛之前，让处于心理紧张或焦虑状态的运动员听听音乐，可以调节消极情绪，唤起积极的思维。

4. 表象放松法

这种方法就是要求运动员想像自己通常会感到放松与舒适的环境，进而让自己置身其中，使身心得到放松。使用这种方法的关键在于表象中的环境尽量清晰，在大脑中能生动地看到想像的环境，甚至尝试去感觉环境的冷热变化，增加情境对运动员的刺激强度。

5. 排尿调节法

人在情绪过分紧张或焦虑时，会出现尿频现象，这是情绪的应激反应。其生理原理是大脑皮质因抑制过程减弱，造成兴奋过度，使得大脑皮质下中枢和植物神经系统调节作用减弱。如果能及时排尿，就会使运动员产生愉悦感，使心理和肌肉得到放松，焦虑程度进一步减弱。

（二）胆怯和消极情绪的克服方法

胆怯是一些运动员赛前经常出现的一种心理状态，心理胆怯能打乱神经系统对身体机能的控制，使大脑皮质的控制系统陷入混乱状态，影响运动员在比赛时的发挥。心理胆怯的持续还能引起情绪消极，情绪消极是指运动员在激烈比赛的刺激下，对超限心理负荷所产生的一种失常心理体验。表现为心情不安、恐惧、紧张过度、情绪失控等。这些心理状态也很容易使运动员的生理状态发生一系列变化，如呼吸困难、心跳加快、四肢无力等，并会导致知觉迟钝、行为刻板、智能下降等，对比赛失去信心。克服胆怯和情绪消极的方法是要找出使运动员出现这类问题的原因，[1]使之相信自己的实力；客观评价自己，不要太惧怕名气大的对手；积极地理解和适应比赛环境，尽可能解除思想负担。克服胆怯和消极情绪可采用以下几种方法。

1. 激励法

教练员应结合运动员个性，肯定运动员的训练水平，分析比赛中对己方有利的积极因素，激发运动员参与比赛的士气，把消极情绪转化为积极情绪。

2. 转移法

运动员的恐惧、不安、消极和紧张的心理状态常常是由于特定的思维定势和注意定向所造成的，对此可采用转移他们注意力方法，使用一些刺激物去消除引起消极情绪的诱因，从而克服其胆怯心理，减缓和排除消极情绪。[2]

3. 升华法

升华法是运动员在高水平认知下转移或控制自身能量的一种方法。具体可理解为运动员的某些能量在比赛中的特种情形下释放得恰到好处，而在另一种场合下却适得其反，造成恶劣影响。如勇气是运动员的必备品质，可在某些场合下有的运动员也可能干出一些凭蛮力而为的荒唐事情。[3]这时，可以通过升华法，使运动员提高思想认识，增强自我控制力，规范自身行为。

4. 暗示法

利用客观刺激物调节运动员的心理，使之在参赛时表现出最好的状态。如在比赛中运动员看到教练员自信满满、表情从容、语言轻松、态度和蔼等肯定会受到鼓舞，认为自己处于有利位置，消除消极情绪。当然，运动员也可通过自我暗示，或运用指导语调节中枢神经系统的兴奋与抑制，从而形成一系列积极的反射活动，控制消极情绪。

5. 体验法

有消极情绪的运动员通过参加比赛去体验比赛，提高运动员对恐惧、紧张的免疫力，控制消极情绪的产生。

（三）情绪激动克服方法

有些运动员赛前情绪过分激动，表现为心跳加快、呼吸短促、四肢颤抖和心神不定、注意失调、运动知觉和表象不连贯，甚至不能很好地控制自己的行动、记忆力下降、遗忘与比赛有关的重要因素等。赛前过分激动状态的原因主要是由于外界刺激引起运动员大脑

---

[1] 杨翠丽,甘阳.运动员赛前心理障碍与心理训练的研究[J].梧州学院学报,2006（4）:98-100.
[2] 李丹丹.网球运动员的情绪因素对竞技水平影响的研究[J].体育科技文献通报,2015,23（6）:60-61.
[3] 柴森.篮球运动员罚球心理素质研究[J].河南科技,2011（4）:13.

皮质兴奋过程升高，抑制过程减弱，导致使大脑皮质中枢和植物神经系统调节作用减弱。克服运动员情绪激动应注意以下几方面问题。

1. 积累参赛经验

运动员的情绪激动反应通常与运动员的训练程度和参赛经验有关。应提高运动员的训练程度，尽可能丰富运动员的比赛经验，尤其是对一些没参加过比赛的儿童少年运动员或初次参加重要比赛的运动员更应如此。

2. 重视运动员自我调节能力

运动员产生情绪激动也与运动员的个人特点有关，简而言之就是运动员的自我调节能力。有的运动员个性倾向比较明显，遇事很容易冲动，在赛前也容易激动，对这样的运动员要加强自我调节能力训练。

3. 提高运动员的动机水平

动机是支配行为，也是直接推动运动员参加训练和比赛的内部动力。参加训练和比赛的动机与倾向之间有着密切的关系，热爱体育事业、为国争光等高尚动机可使运动员在参赛时心理处于良好的战斗准备状态；而期望通过比赛博取名利，或证明自己的个人狭隘动机，则常常会在比赛中发生包括情绪激动在内的非正常的心理状态。在日常训练时，教练员应加强运动员参赛动机的教育，使之树立高尚的动机。[1]

（四）盲目自信的克服方法

盲目自信是不知彼和知己情况下的一种自我认知状态，通常是指运动员参加比赛时信心超过了他的实际能力，便产生了盲目自信。运动员产生盲目自信多半是因为对即将到来的比赛的艰巨性和复杂性估计不足，过高地估计自己或本队的实力，相信自己能轻易取胜所致。具体表现为：对比赛毫不在意，不去认真分析和研究比赛对策；注意力不集中，注意力强度下降；思维迟滞，自以为是；当遇到意想不到的困难与挫折时，表现得急躁沮丧，手忙脚乱，束手无策。[2]克服盲目自信的方法主要有以下3种。

①教练员要教育运动员认真对待每一次比赛，做到胜不骄，败不馁。

②要求运动员学习辩证唯物主义的方法论，使他们懂得尊重对手，学会科学、全面地分析问题。

③在每次比赛之前，教练员都应带领队员认清自己的情况，实事求是地分析各方的实力，充分估计可能出现的各种困难情况，使运动员处于积极的战斗准备状态。

（五）淡漠和注意分散的克服方法

运动员赛前心理淡漠表现为情绪低落、精神萎靡、意志消沉、体力下降，对比赛缺乏信心，注意力和知觉强度减弱，反应迟钝，赛前淡漠状态与运动员大脑皮质兴奋过程下降和抑

---

[1] 权黎明. 对散打运动员赛前心理训练的分析与研究[J]. 武术科学（搏击·学术版），2004（4）：37-40.
[2] 盲目自信的克服方法[J]. 上海体育学院学报，2002（2）：94.

制过程加强有关，会严重影响比赛结果。注意分散是心理活动对一定事物的指向不够集中，且稳定性相对较差，即通常所讲的"分心"。外部刺激常易造成注意分散，内在的干扰或思维方式的影响也容易引起我们的注意分散。[1]克服淡漠和注意分散主要有以下几种方法。

1. 条件诱导法

帮助运动员客观分析比赛的各种情况，使他们正确认识比赛的有利条件，并且应制定切实可行的比赛措施，增强运动员比赛信心，鼓舞他们的斗志。强化运动员的职业情感，这种来自内部的动机会使人的注意力高度集中。在日常训练时进一步加强培养运动员不为其他念头或事物干扰所分心的能力。

2. 动机强化法

培养运动员崇高的比赛动机，端正他们对比赛的态度。引导运动员在参赛时，在比赛之前用强大的比赛动机消除恐惧心理，不去多想比赛的结果，而把注意力集中在比赛的过程上。而且要尽量防止赛前过度训练，使运动员情绪高涨，以饱满的热情参加比赛。

3. 目标定向法

在日常生活中培养运动员坚守目标，养成做事有头有尾、坚持到底的良好习惯，这是克服运动员心理淡漠和注意力分散的重要方法之一。使运动员做听觉守音和视觉守点的练习，以集中他们的注意力。如视物法，注意力集中于某一目标，然后尽可能闭眼多次回忆这个目标形象，直至目标能在头脑中清晰地再现为止。看表法，即将注意力集中在手表秒针的转动上，记录每次持续的时间，每次训练持续时间最好能超过5分钟，以不少于3~4次为好。辨音法，在嘈杂的环境中，让运动员用10分钟以上的时间辨别钟表走时发出的嘀嗒的声音，并记录听见的次数。

第三节　运动员心理训练设计与实施

传统心理训练范式主张通过心理干预来制造有利于完美行为表现的最佳心理状态，期望通过最佳心理状态的获得，使运动员能够拥有完美的行为表现过程，进而提高行为表现水平。本章节提供了一个篮球运动员心理训练方法的设计，现进行详细的介绍。

一、运动动机

动机是人从事某项活动的内部动力因素或是心理动因，是人从事某项活动的深层次的

---

[1] 心理淡漠的克服方法[J]. 上海体育学院学报，2002（2）：75.

内部原因。动机的产生一般包括内部因素（需要）及外部因素（诱因）两个必要条件。

（1）内部因素——需要

需要是推动个体活动的原动力，当运动员的某种需要得不到满足时，自身的平衡状态就会被打破，从而在心理和生理方面引起一定的不适应。为了缓解这种状态，运动员会去寻找满足需要的对象，从而产生动机。

（2）外部因素——诱因

诱因是激发动机的各种外部因素，是外界对运动员的各种刺激因素，如荣誉、奖金、优惠等。

运动员具有较高运动动机，则运动员能够严格要求自己，积极参加运动训练，约束自身的生活和饮食，不断提升自己。但并不是所有的需要都能转化为动机而引起个体的行为。

二、运动知觉

运动知觉是人对自身和物体在空间位置移动方面的具体感知。

篮球运动中，运动员对客体（球、人、场上人与球的关系）的运动知觉主要靠视觉和听觉，而对主体的运动知觉依靠的是动觉、平衡觉乃至触觉。对于篮球运动员来说，其专门化的运动知觉是其在长期篮球专项训练和比赛实践中发展与形成的。良好的篮球运动知觉能帮助篮球运动员对场地、球网、球、双方队员的行动与时空特性及客体做出高度敏锐和精确分析的识别与认知，进而做出正确的行为决策。

三、思维

从心理学角度来说，在问题出现和找出问题应对措施的过程中，优秀球员总是可以更快地打破原有建立的思维联系，找寻到最适合当时比赛局面的新的思维练习。这种迅速的思维活动，就是思维的灵活性和敏捷性的表现。

现代篮球比赛中，比赛场上攻守转换迅速，要求运动员及时做出战术决策，否则就无法应付比赛的复杂情况。面对赛场上的一些突发情况，优秀的竞技运动员往往更能在最短的时间内找到有效的应对措施并将问题解决。

四、意志品质

篮球运动员意志的主要表现在于两个方面，一个是对外部困难的克服，另一个是对内部困难的克服。

在篮球运动中，时常出现局势对我方有利或者不利的情况，如果面临不利局面，就需要运动员有坚强的意志，去克服这种来自外部的困难。对不利因素的克服主要是对运动员自我心理不利情绪的克服。

五、注意力

在比赛中，随着运动员的体能流失，其注意力水平也在逐渐走低，而能否高度集中注意力，常常是能否发挥出高水平的关键。篮球比赛攻守交替很快，因此要求运动员注意转移能力极强，既能高度集中注意力，又要能迅速转移注意力，时刻根据场上攻守变化改变技战术策略。

六、情绪

对于运动员来说，具备良好的运动情绪有助于其以更好的生理和心理状态投入到运动训练和比赛中去，尤其是年轻的、缺乏比赛经验的篮球运动员更容易受外界因素的影响。在篮球比赛中，经常出现情绪波动较大的现象，而情绪的波动很容易影响到技术、战术的发挥，同时也会经常影响到整个团队的情绪，从而影响到整场比赛。

七、自信心

自信心对于一个篮球运动员来说非常的关键，良好的自信心能让运动员积极地调动情绪到比赛中去，可以使运动员更加果断，勇敢地进行进攻与防守，更能有效地发挥运动员的水平。自信心是一个篮球运动员优秀的品质之一，是实现良好运动能力发挥的重要因素。

> **思考题**
> 1. 简述运动员心理训练的基本方法。
> 2. 请结合自己擅长的体育项目，谈谈如何进行心理训练设计。

第八章 运动智能及其训练

20世纪80年代，美国心理学家霍华德·加德纳博士提出了多元智能理论，其中之一便是运动智能。运动智能是运动员竞技能力的重要组成部分，在运动员进行运动训练和参加运动竞赛的过程中起着至关重要的作用。随着全世界各种竞技运动的不断发展，运动智能已经被越来越多的国家及地区加以重视。运动智能与运动员的体能、技能、战术、运动心理等要素密切相关，它会影响到运动员在训练和比赛的过程中体能的分配情况，影响着运动员在训练和比赛瞬息万变的过程中技术的应变情况，影响着运动员个人或者运动队在训练比赛过程中战术的安排与执行情况，同时也影响着运动员在比赛中的心理波动及调节能力。在当今对运动智能的研究力度不断加大的背景下，运动智能也涌现出了很多的研究方向，例如不同项目运动的运动智能评价指标体系研究；篮球游戏对青少年篮球运动员运动智能影响的效果分析；多元化运动对青少年运动智能提升的作用等。这些研究不断巩固着运动智能在竞技能力结构中的重要地位，同时推动着运动智能的研究进程不断向前发展。

第一节 运动智能概述

一、运动智能的概念

运动智能是智能中的一种，是指运动员以一般智能为基础，运用包括体育运动理论在内的多学科知识，参加运动训练和运动竞赛的能力。运动员的智能主要由注意力、观察力、思维力、记忆力、想象力构成。[1]现代运动训练与比赛对运动员智能水平的要求越来越高，甚至可以这样说，在某些情况下运动员智能水平的高低是决定成败的关键，因此，提升运动员的智能水平对之后训练与比赛过程具有重要意义。

二、运动智能的作用

1. 有助于更好地完成训练任务

具有较高运动智能的竞技选手，对于本专项竞技的特点和规律有着较为深刻的把握，对于训练的理论和方法也有更为准确的认识和体验。因此，在训练过程中，具有较高运动智能的运动员能够更加正确地理解教练员的训练意图，能够以自觉的行为配合教练员高质量地完成预定的训练计划，从而使得提高运动员总体竞技能力的训练任务能够更好地完成。[2]

2. 有助于更好地进行技战术的学习

具有较高运动智能水平的运动员能够更加正确合理地理解先进的运动技术，从而明显地缩短学习和熟练掌握运动技巧的过程；能够更为准确地把握运动战术的精髓和实质，并在比赛中灵活机动地将战术运用出来。[3]

3. 有助于更好地获得比赛的胜利

在比赛中，具有较高运动智能的竞技选手，会根据比赛过程合理安排自己的体能分配，尽可能保证每个时间段都有相对充沛的体能；会根据比赛过程的瞬时变化及时地调整个人技术及球队的战术安排，具有较高的即时应变能力。除此之外，具有较高运动智能的运动员对心理学知识的学习和掌握更为透彻，他们善于动员和控制自己的心理活动，从而保证在专项竞技中更为出色地发挥自己已有的竞技水平，表现出更高的总体竞技能力。[4]

三、运动智能的影响因素

运动员的运动智能不仅与竞技能力结构中的其他4个要素（体能、技能、战术、心理）关系密切，同时还与运动员的文化素养密切相关。在竞技能力结构中，体能是最基础但也是最不可或缺的因素之一，运动员只有在训练过程中充分锻炼好自己的体能，才能在高强度的比赛过程中具备较为充足的思考能力，才有余力发挥自己较高的运动智能水平；技能是运动员竞技能力结构的核心部分，运动员对技术的掌握运用是在日常的训练、比赛过程

---

[1] 黄锦健.优秀击剑运动员的竞技能力特征分析[J].河南科技,2010（16）:119.
[2] 王凯珍,潘志琛,王华倬,刘海元.我国优秀运动员文化教育缺失的分析与思考[J].首都体育学院学报,2008（1）:1-4,51.
[3] 马岳强.散打比赛中运动员控制与反控制[J].湖北体育科技,2009,28（1）:76-78,85.
[4] 邓玉明,刘书勇.我国手球运动员运动智能训练探析[J].运动,2014（24）:24-25,150.

中逐步积累和提高的，运动员掌握运动技能的多少也会影响运动员运动智能的发挥，只有掌握较多的运动技能，才能在比赛过程中通过大脑的调控达到技术动作的快速切换，反之，即使具有较高的运动智能，因为技术动作掌握的不足，运动员较高的运动智能水平也无法得到充分的发挥；战术也是运动员竞技能力的重要组成部分，同样也能较好地反应运动员运动智能水平的高低，在单人或者集群项目中，运动员或运动队根据比赛场上的各种因素来调整自己或者球队的战术安排，运动员（队）能否快速地调整战术方案，既与运动员（队）对战术的掌握程度有关，也与运动员的运动智能水平的高低有关；运动员在比赛过程中心理的波动也会影响运动员运动智能水平的发挥，具有较好心理能力的运动员，在比赛过程中会更好地处理自己的行为活动，尽可能地使自己的行为不被情绪左右，从而使得自己运动智能的水平有更好地发挥空间。

除了竞技能力结构中的其他4个因素外，文化素养也对运动智能有着至关重要的影响。接受过系统教育的运动员，在训练过程中对技战术的学习、掌握和运用能力都会相对较高，同时在比赛过程中也会以更加迅捷灵活的方式运用技战术，从而在比赛中更好地发挥出自己的竞技水平，取得理想的比赛成绩。

四、现代科技对运动智能训练的帮助

随着科技的不断发展，运动智能训练的过程已经不断优化，运动员不仅可以通过传统的纸质书本来进行文化知识的学习，还可以通过互联网技术来更为便捷地查找自己所需要的知识理念。除此之外，即时反应设备通过随机的组合来训练运动员反应能力，VR设备通过三维动画模拟出特定的比赛场景来训练运动员的观察能力，这些现代科技支持下的训练过程均对运动员智能训练有着很好的效果，同时也能弥补过去传统训练的一些不足之处，从而更加科学合理地提升运动员的运动智能，提高运动员的整体竞技能力。

第二节　运动智能训练的基本要素

运动智能训练的主要途径是传授知识、掌握技能和开发智能。知识是人们实践活动的结晶，是客观事物的属性、联系及规律在人们头脑中的反映。[1]运动员掌握知识的过程，要通过领会、理解、巩固、运用等环节，把"脑外"的知识贮藏在头脑里，这一过程也是人的智能活动的过程，通过这种智力活动开发人的智能。技能是人们活动的一种方式，体育

---

[1] 吴松录. 对散打运动员吴松录制胜因素的研究[D]. 北京：北京体育大学，2010.

技能属于操作技能，这种技能的获得离不开智能的活动。通过技能训练，既可使运动员掌握运动技能，又可开发运动员的智能，促进运动员脑神经活动的波动。占有知识、掌握技能与开发智能是互为条件的。智能的开发离不开知识与技术，运动员占有知识与提高技能也离不开智能的活动，但智能的开发又与知识的占有与技能的提高有所联系。在传授知识和技能的同时，为达到开发智能的目的，应组织运动员积极进行领会、理解、巩固、归纳、判断、推理等一系列思维活动，使知识和技能"智能化"，使智能活动融于知识占有和技能掌握的活动之中。

一、一般智能

运动智能的提高需要一定的运动专业知识积累，以运动员的一般智能为基础。提升运动智能是解决运动员心理问题的关键手段，很多问题都能通过提升运动员的观察力、注意力和思维想象力等得以解决。

1. 观察力

观察是受思维支配的有目的的知觉活动。观察力是运动员应具备的基本的智力因素，其基础是感觉。运动场上的形势常常是瞬息万变的，因此，培养运动员观察能力十分重要。观察能力差的运动员往往见到快速变化的场景会感到眼花缭乱，无所适从，也很难进行针对性的思考，由此引发的多半是无效的行动。从人的智能成长规律来看，在长期观察周围事物的过程中，人们掌握了观察方法，养成了观察习惯，逐渐形成有个性特点的观察能力，即观察力。培养运动员的观察力最基本方法就是在比赛和训练时经常布置观察任务，传授必要的观察方法，培养观察习惯。教练员在初次布置观察任务时，应做好充分准备，列出具体观察计划，明确观察目标，指明观察重点和程序，最后撰写观察报告或总结等。[1]运动员掌握了基本的观察方法之后，应及时布置相应的观察任务，并提出更高的观察要求，逐渐提升运动员的观察能力。

2. 记忆力

记忆是运动员最重要的智力因素之一，对运动员心理能力的提升能起到至关重要的作用。记忆是对经验的反映，是建立在识记、保持、再认和回忆等方式基础上的。人的记忆分为形象记忆、情绪记忆、逻辑记忆和运动记忆，运动记忆与运动技能学习关系密切。无论哪种记忆形式都是由感知记忆开始，经短时记忆的强化转化为长时记忆的。记忆力训练就是发展记忆敏捷性、持久性和迅速正确再现等品质，具有较好记忆力的选手更易把握场上的局势。发展记忆力的做法有经常布置记忆任务，如记一次比赛成绩、一些特殊细节、一场比赛情景、一组连续动作形象等；培养他们及时把感觉记忆转化为短时、长期记忆的能力；鼓励运动员学习记忆方法，掌握记忆术。

---

[1] 王娟娟. 散打运动员运动智能研究[J]. 体育世界, 2006（3）: 15–17.

3.思维、想象力

思维是智力的核心组成部分。思维训练的任务就是掌握思维规律，培养良好的思维习惯，学会熟练运用思维，提高思维能力。[1]思维的主体是大脑，思维就是运用大脑这一工具对思维材料进行创造性的加工过程。思维材料的占有量、思维工具的运用程度都受大脑发展水平的限制。所以思维训练的终极目标是发展脑的结构和功能。人的思维有逻辑思维、形象思维和灵感思维3种活动方式。可通过对比赛进行分析预测、对赛场信息进行加工综合、对运动技战术进行评述等方法发展运动员的逻辑思维能力，应在平时加强观察、形象记忆力和想象力训练。比如：组织两人或多人做动作反应练习，学会辨识真伪，从中总结经验；加强理论教育，明确现象和本质之间的联系；有意识地利用图表、图形讲授知识。要重视培养运动员的直觉思维，在训练中注意启发他们发掘即兴的灵感，鼓励他们谈出自己对某一问题或现象的认识，培养他们创造性的灵感思维。在思维训练中，对思维速度和效率的训练至关重要，因为很多运动项目是在高速运动中进行的，在激烈的竞争中思维效率低便意味着失去时间、失去战机、失去取胜的机会。加强思维速度训练的基本方法是发展瞬时思维，或限时完成思维任务，学会开拓思路，简化思维步骤，养成集中注意力的良好习惯。

二、运动员结合专项的运动智能

1.提高运动员专业理论知识水平

运动员学习、掌握专业理论知识与学习其他文化知识，在方法上既有共同的要求，又有各自的特点。

首先，要重视学习文化理论知识的一般方法。阅读自学、教师讲解辅导、小组讨论、完成作业、专题研究等都是文化知识学习经常采用的形式与方法。当然，随学习者文化层次高低的不同，在学习的组织形式与采用的方法上会各有侧重。在这些方面，运动员的专业理论知识学习也多采用相同或相似的形式与方法。

其次，结合训练实践学习体育专业理论知识。运动员学习掌握专业理论知识的特殊要求在于紧密结合运动训练的实践，取得实际效果。科学训练理论应该是源于训练实践，高于训练实践，进而有效地指导训练实践。所以学习专业理论知识一定要结合训练实践，特别是自己的训练实践来进行。为此，运动员要注意认真理解训练计划，认真记好训练日记，认真进行训练总结。带着训练中发现的问题去学习，去思考，学好、学通。运动员在结合自己的训练实践学习理论知识的同时，还应注意观察和研究自己的同伴、对手及国内外优秀运动员的训练实践，并且对其进行科学的比较，从中发现和理解训练成功的规律。

再次，广泛学习相关学科的科学知识。科学的运动训练活动要求它的从业者具有丰富

---

[1] 姜付进.陕西省优秀运动员杨佩跳马项目训练特征及动作技术诊断[D].西安：西安体育学院,2012.

的、多领域的学科知识。如运动生理学、运动解剖学、运动心理学、体育社会学及体育美学等体育科学学科的知识，都对科学地组织运动训练活动和成功地参加运动竞赛有着重要的意义。因此，要求运动员不仅要学习本专项运动的理论知识，还必须学习多种科学学科的有关理论知识。

2. 提高运动员运用知识的水平

首先，提高应用理论知识的自觉性。教练员、运动员首先应明确专业理论知识的作用，并主动自觉地在自己的训练实践中予以应用，这是提高其应用水平的重要前提。应用的具体方法，一是由实践找理论，二是学理论找实践。根据训练实践的需要，去学习和寻找有关的理论知识，学习、理解并掌握后即用于训练实践，从而提高理论知识运用能力。从运动训练实践的需要出发，学习的目的性强，运用的针对性强，便于解决实际问题，常常会取得满意的结果。例如，我国速滑界为了更准确地控制负荷强度，移植了游泳及中长跑选手的成功经验，学习运用血乳酸指标控制负荷强度的理论知识，测定了速度滑冰运动员127个常用手段负荷后的血乳酸峰值，并据此制定了一些优秀选手负荷强度的定量指标，有效地提高了训练质量。在系统的理论学习中发现问题，主动地改进训练，是提高理论知识应用水平的另一种重要方法。例如，艺术体操教练员从美学理论中学习到"不对称图形"的美学价值，进而主动地在体操的编排中，设计了若干不对称队形，提高了整套动作的表现力。[1]

其次，认真做好专题总结。对运用专业理论知识于训练实践的工作情况应及时地进行深入的专题总结，这是提高应用水平的另一个重要的方法。通过科学的总结，可以对理论的认识更加深刻，对于实践的解析更加准确，从而把认识提高到新的层次和新的水平。教练员、运动员们都应注意提高自身的科学方法水平，要学好逻辑学、科学方法论，以及体育统计、实验设计、调查访问等具体科学方法，这对进行科学的总结和从事科学研究工作是必不可少的。

第三节 运动智能训练的设计与实施

运动智能训练的过程与一般文化知识的学习、运动员结合专项的专业知识的学习，以及知识与训练过程的结合这三个过程密切相关，三者相辅相成，缺一不可。运动智能训练的设计与实施大致流程如图8-1所示。

---

[1] 王娟娟. 散打运动员运动智能研究[J]. 体育世界, 2006（3）: 15–17.

第八章　运动智能及其训练

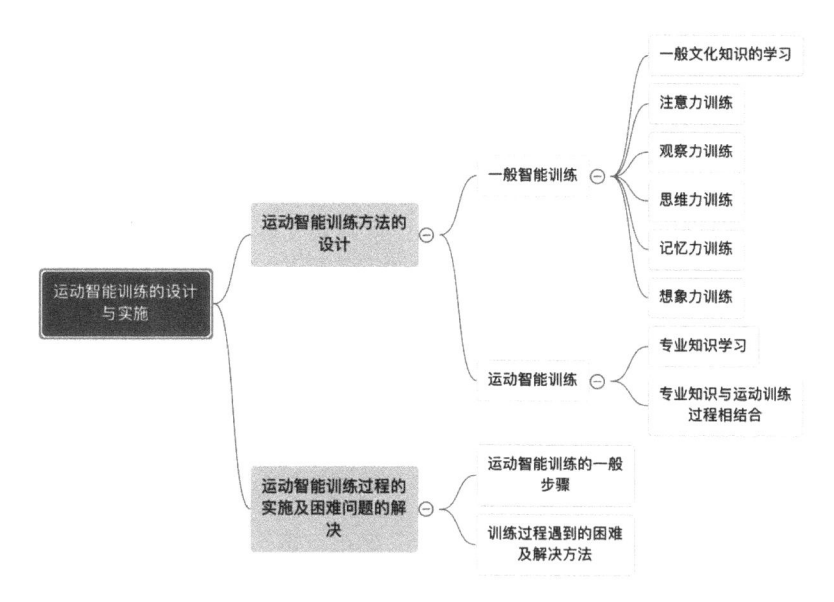

图 8-1　运动智能训练的设计与实施

一、运动智能训练的基本要求

提高运动员对学习理论知识和发展运动智能意义的认识，动员他们的积极思维，启发他们参加运动智能训练的自觉性。运动智能训练应根据对象实际情况（文化水平、专业基础知识水平及年龄特点等）选择内容，确定方法及分量。运动智能训练应列入训练计划之中，在计划中应占有一定的比例。应逐步建立运动智能测定和评价的制度。对运动员智能评定目前还没有一套更好的办法，实际工作中做的也不多，应进一步研究解决，对运动员智能评定应多结合训练与比赛实践过程进行，在实践活动中考察运动员的智能水平。也可以组织专门的测验和考查，然后给予评定。

二、文化课程的设计与实施

运动智能的提升离不开文化课程的学习，运动员所需学习的文化课程既包括一般文化课程，也包括与运动训练密切相关的专业知识课程。一般文化课程是基础，它是运动员提升运动智能必不可少的要素之一。我国有着一套较为成熟的一般文化课程培养体系，在青少年时期，青少年运动员必须参加国家规定的九年义务教育；义务教育阶段结束后，考入高中的运动员则需在其所在的高中学校内继续进行文化课程的学习，在各级体校进行训练的专业运动员则需按照上级文件指示的要求完成规定的学习任务；进入高校后，运动员仍需进行文化课程的学习，并需在最终的考试过程中取得一定成绩方能合格。

除此之外，运动员可以在自己课余时间里搜集自己感兴趣的知识。一般文化知识不与训练挂钩，学习一般文化知识的目的在于拓宽运动员的知识面。提升运动员的知识储备以及思维创新能力，这对运动员的训练甚至竞赛是很有帮助的。

三、专业知识课程的设计与实施

运动员除了需要学习一般文化课程外，更重要的是学习专业知识课程，一般文化课程是基础，而专业知识课程则是运动员运动智能乃至竞技能力能否达到一定高度的关键因素。以篮球运动员为例，所需学习的专业知识课程不仅包括运动训练学、运动解剖学、运动生理学、运动生物力学、营养学等所有运动员必须要学的基础理论知识，还要进行篮球运动员体能训练方法的学习、篮球技战术的学习以及心理学知识的学习，以便为运动智能的提升打下坚实的基础。

专业知识的学习，运动员需要较为熟练地掌握基础理论知识，如肌肉的起止点、不同运动机体的功能情况、人体主要运动轴的运动方向及运动角度等，通过这些知识的学习，并让运动员在训练过程中结合运动项目并回想所学的知识内容，可以对自己的身体结构机能有着更为清晰的认识，在一定程度上甚至可以减少伤病的发生。

四、训练过程中运动智能的训练设计

1. 安静状态下运动智能的训练设计

在安静状态下，运动员的精力比较充足，能够以较为沉着冷静的心态来进行思维活动过程。此时的运动员的智能训练主要是进行安静状态下观察力、记忆力、思维、想象力训练，通过一系列即时反应方法或设备以及观察过去所拍摄的比赛录像来提高上述能力。

以篮球运动员为例，运动员通过观看比赛录像，分析对手的战术特点，并根据对手在赛场上的防守变化，说出或写出己方的应对方案。通过这种方式可以提高运动员的思维、想象力及大局观，并有效提升运动员的战术素养。记忆力训练是通过对技战术的学习来进行的，在规定时间内，运动员需要掌握一套自己之前没有学过的战术方案，在时间结束后运动员需要将战术方案的流程以及关键点讲解出来，并到球场上进行完整的展示。通过缩短运动员进行记忆的时间或者增大战术方案的难度，不断训练提升运动员的记忆力，从而提升运动员的运动智能。

2. 大强度、大负荷下运动智能的训练设计

安静状态下进行运动员运动智能的训练虽能较好地锻炼提升运动员的一般智能，但无法保证运动员在比赛中力竭疲劳状态下依旧能保持现有的思维状态，因此我们需要在日常训练中在运动员疲劳甚至力竭状态下，对其观察力、记忆力、思维、想象力进行训练，通过一次次冲击运动员的极限，使得运动员在疲劳状态下依旧能保持较好的思维活动能力，

才能较好地提升运动员的运动智能，在参加比赛的过程中能够取得较好的比赛名次。

以篮球运动员训练为例，折返冲刺跑后立即进行罚球的训练，并设置一定的奖惩措施，可以考验运动员在疲劳状态下注意力的集中程度，从而有助于赛场上罚篮命中率的相对提高。而在折返冲刺跑后进行球队的战术演练，则可以提升运动员在疲劳状态下对战术的记忆、思维能力，从而减少在比赛过程中失误的发生。但要特别注意的是，此时疲劳状态下的训练是以提升运动员运动智能水平为主要目的，教练团队要对训练过程进行有效的控制，尽可能减少运动损伤的发生。

五、训练后的针对运动智能训练的专题总结

运动智能训练区别于其他竞技能力的训练，在体能、技战术的训练过程中，运动员对自身动作行为的主观感觉较少，主要还是需要教练员以及其他教练团队成员对其动作进行修改指正；而运动智能训练更多的是运动员自身的大脑思维活动，教练团队能够通过运动员的面部表情及技术动作大概分析出运动员的想法，但无法真正分析出运动员内心真实的思维活动，因此运动智能训练不仅要考教练团队，更主要的还是运动员自身的总结思考，所以运动智能训练后的专题总结就显得十分重要。运动员只有将自己内心的真实想法与教练团队做沟通，将运动员和教练团队的有机地结合起来，才能取得良好的训练效果。

思 考 题

1. 运动智能与其他竞技能力的关系？
2. 运动智能训练过程中的注意事项。
3. 如何利用现代科技来进行运动智能的训练？
4. 结合自己的专项设计出一种运动智能的训练方法。

第九章 运动训练活动的要素整合与过程控制

第一节 教练员素养及其行为要求

一、教练员角色定位

众所周知,教练员是整个训练活动的组织者、实施者,他们的工作早已不仅是帮助运动员进行训练,他们需要统揽全局,有效处理从运动员的训练、比赛、生活、学习中获取的各种信息,高质量完成训练任务,实现竞技目标。所以教练员可能要扮演伯乐、设计者、指导员、教师、导师、管理员、外交家、学生、科研人员、推销员等多种角色,对运动队全时段、全方位负责。[1]为此,教练员必须结合职责需要,扮演好以下角色。

(一)教师

1. 心理特征

教练员的职责是多方面的,像教师一样地履行职责是他们常态工作的一部分。与教师不同的是,很多教练员可能都要考核和招收队员,此时他们就是慧眼相马的"伯乐",而且紧接着要设计该运动员的发展路径,有针对性地做好指导工作,这是他们职责中的最基本的组成部分。

就教师角色而言,在训练过程中最重要的职责就在于运用各种训练手段,调节和控制影响训练的各种变数,以产生最佳的训练效果。换言之,教练员的职责是通过他在训练中

---

[1] 郑文娜.江苏省田径教练员教育的现状与对策研究[D].苏州:苏州大学,2013.

所扮演的角色的特征体现出来的，在进行理论和技术教学时，他们在心理上就是教师，而且重点强化了其作为指导者的价值。教练员的教师角色特征建立在他们对自己的职业的期望之上，反映了像学校一样的情境中教练员如同教师般的行为模式，体现了教师一样的职业特征，以及作为"教师"角色与广泛的社会生活的多层次、多方面的联系，教师和教练角色其实是紧密结合的统一体。近年来学界对教练员的职责和职业特征的研究，普遍运用了社会心理学的角色理论。多半研究认为，社会、运动队、家长和运动员赋予教练员多种多样的职责、功能与价值，要求教练员根据社会不同方面的期望和要求，扮演多种不同的角色。[1]研究者从不同的角度，对教练员在训练中的作用和特点作了分类描述，对我们正确理解教练员的职业特点和心理特征有积极的意义。由于运动员多数处于教育的适龄阶段，他们更期望也更需要受到更好的教育，所以教练员也更被期望扮演教师角色。

2. 知识传授者

教练员在训练中最重要的角色是知识与技能的传授者，是一个发动、指导和评定训练效果的人。这个角色与其他次要的角色比较而言，是一种核心的或中心的角色。[2]提到教练员，人们难免想到，教练员是一个训练知识的宝库，也是一部内容丰富的百科全书。教练员的特殊功能自然是把运动知识与技能传授给学生，扮演知识与技能的传递者和信息源的角色。但是教练员应该认识到，传授知识与技能并不等于把知识直接告诉运动员，而应该教会他们思考，教他们学会怎样和在什么地方找到答案，使运动员在接受知识和技能的过程中学会如何学习。教练员不仅应掌握相关知识，还应掌握传授这些知识的技能、技巧和方法，善于引起运动员的兴趣，发展他们的思维并使他们形成有社会意义的、有价值的定向，做到知识与技能同进步。

3. 运动员的榜样

教练员作为运动员的榜样，在行为模式展示方面具有十分重要的功能。如果社会性的学习是通过模仿来进行的，那么这种榜样的作用就十分重要，而且这种模仿性学习对运动员的行为规范具有极其重要的深远影响。教练员在扮演榜样角色时就是一个特殊的运动员，一个特殊的学生，常被看作"伦理的化身"和"社会的代表"，他肩负着传递社会文化价值与标准的任务，他也就被运动员看作是代表这些价值的人。[3]教练员对他所教知识与价值观的态度，以及对学习的态度也会成为社会和运动员的榜样。由于教练员的榜样作用，会激起学生强烈地认同和模仿的愿望。

（二）学者和学习者

在运动员的心目中，教练员是一个无所不知的学者。教练员在与运动员交往中，会遇到来自运动员的难以预料的难题，渊博的知识是满足学生求知欲望、做好训练教育工作的基本条件。很难想象，一个从未从自己的学习和训练工作中获得满足和快乐的教练员，能

---

[1] 王荣德. 我国教师人格的现代特征审视[J]. 山东教育科研，2001（22）：53-56.
[2] 武燕. 山西省高校体育教师角色特征现状研究[D]. 太原：山西大学，2006.
[3] 杨长牧. 体育教学中培养学生体育学习自我效能的探究[J]. 吉林体育学院学报，2006（1）：113-114.

激发起他带的运动员的求知欲。这就犹如他在帮助运动员做他自己也不能做的事情一样，注定事倍功半的。教练员的知识不能只是局限在他所教的有限的范围内，尤其在迅速发展的现代社会中，教练员要不断地吸取新的信息，更新训练理念，拓宽自己的知识视野。那种认为"给运动员一瓢自己得有一桶"的观点是不够的，教练员应该使自己的知识犹如江水一样源源不断。从这个层面来讲，教练员既是一个知识的传授者，同时也必须是一个积极认真的学习者。社会、运动队、家长和运动员对教练员的要求和期望是多方面多角度的。曾有些研究认为，教练员应该是"模范的公民""运动员的朋友与知己""家长的代理人""社会心理学家"等，这种期望其实是非常高的。教练员不再仅是具有出色运动能力而知识相对贫乏的特殊人群，社会的期望与要求与日俱增，也说明教练员工作的艰巨与崇高。

作为一种越来越被社会尊重的职业，教练员也有自身的成长道路，他们一般要经历初级教练、中级教练、高级教练、国家级教练的发展过程。各级教练都有自身的知识和能力指标体系，需要他们不断去努力完成，基本也都有与他们职级相关的训练对象，所以学者和学习者的角色是教练员成长中最关键的内在促因，这方面教练员应和运动员同步成长。

（三）运动队领导者

运动队的训练活动大都是以集体的方式进行的，初级及中级运动队尤其如此。教练员带领并指导着作为一个整体的运动队，对他们施加积极影响。教练员确定学习目标，将训练目标转化为运动员学习和训练的任务；教练员安排和创设理想学习和训练的情境，为完成训练任务制定相应的规则和程序。社会、体校和家长也希望教练员能够培养良好的训练队，使运动员在班集体中受到良好教育。许多研究证明，教练员的不同领导方式和策略、运动队的心理氛围，都会影响运动员的竞技能力水平和个性成长。

事实上，由于朝夕相处，教练员和运动员之间早已培养了深厚的感情，教练员一般会考虑运动员的全面发展的路径。运动员迟早有退役的一天，退役后的安置问题，所以，教练员有时会成为运动队的"推销员"，在运动员退役之前对其进行科学安置，这也是人力资源配置的关键举措。

（四）运动员的朋友

1. 心理干预工作者

教练员所面临的是一个个性鲜明的个体，不同的运动员有不同的性格特点。也有部分运动员由于社会、家庭、自身训练压力、自我调适能力不足等方面的原因，导致一些心理上的异常和不健康，如孤僻、焦虑、失眠、情感不适、自信心不足等。对于这些由于特殊原因导致的心理问题，教练员则要充当运动员的朋友，要深入分析他们不健康心理的成因，对他们进行必要的心理干预，使每个运动员都成为心理健康的人。

2. 训练活动的组织人与调控者

教练员在教学和训练过程中的主导作用就在于能够控制和调节训练过程中的各种因素

与变数，最大限度地调动起运动员训练的积极性，尽量避免不良因素的干扰。因而教练员对训练过程的组织和调控能力对于取得最佳的训练效果是极为重要的。

训练过程的组织管理贯穿于整个训练活动的全过程。首先，教练员要制订教学活动的完整计划，全面安排好训练活动，包括训练内容和训练活动计划，保证训练活动有条不紊地进行。其次，训练活动的组织管理能力还应包括针对运动员的特点，创造性地发挥教练员的主导作用，随时观察运动员的兴趣、注意力和训练积极性的变化，以此为参考来调节训练节奏和各个环节的变化，教学和训练机智也是这种能力的表现。再次，训练活动受各种因素的制约，训练课中随时都可能发生难以预料、必须特殊处理的状况，教练员应对这种偶发情况及时作出正确的判断，并采取有效的措施解决问题，不使训练过程中断，或造成消极影响。最后，教练员应能够从训练的各个环节和阶段中获得有效的反馈信息，并及时地调整自己的训练工作。例如，运动员在测试赛中带有倾向性的问题，以及训练中运动员的精神状态、对训练的态度等，这些反馈信息是教练员改进训练活动的依据。

教练员对训练过程的组织和调控能力是通过自觉地运用教育学和心理学原理，并经过个人在不断的带队训练实践中逐渐提高的。

（五）集体关系的协调者

在训练过程中，教练员扮演的主要角色之一是人际关系的协调者。运动队是一个异常活跃的团体，教练员要学会运用各种技巧与方法进行工作，以产生刺激训练和促进团结的情境。有时教练员的表现堪称"艺术家"，因为一个有成效的教练员的工作远不能只用"正确的技巧"来描述的。教练员工作的特殊性还在于要求对运动队的需要和对运动队情绪具有敏感性，以及明白如何把一项新目标或新内容引入训练过程之中，当结束一个计划好的任务时，又如何去变换节奏和重点等，这其实是很不易的。即使对待同样的内容和同样的运动队，两个教练员可能不会用相同的思路和方法去处理，但他们可能会取得相同的成功。这种将训练内容、运动员特点、训练情境以及教练员自己的个性特点加以最优结合的技巧就是训练艺术，这一艺术需要建立在协调好整个运动队的人际关系之上。

二、教练员个人修养

（一）崇高的道德情操

教练员是运动员的指导老师，是他们职业生涯最重要的设计者和捍卫者，他们的工作对运动员的健康成长可谓至关重要。优秀的教练员也是崇高职业道德的践行者，他们的行为中处处闪耀着人性的光辉。为了使运动员在不同类型和级别的比赛中发挥出自己的最高水平，取得最好成绩，赢得更多荣誉，使运动员在赛场内外在各方面都要体现出应当有的风范，他们带头遵守职业道德规范，做好运动员的榜样。运动员进入运动队开始系统的训练以后，与教练员相处的时间甚至超过与自己的家人的相处时间，教练员就成为他们的领导和长辈，无形中会影响到他们生活的方方面面，一些年轻运动员可能会自觉不自觉地效仿教练员的行为。教练员是否具有良好的职业道德修养，是否愿意认真履行其道德责任，往往影响着运动员的一生。[1]因此，教练员应不断加强自身职业道德培养，自觉塑造自身的典范形象。

在常规工作上，教练员要热爱自己的事业，对本职工作要认真负责，对运动员有全面的了解，要对每次训练课的目标、内容、方法、手段、负荷等有认真的规划，积极收集反馈信息，做好调控准备。对工作的认真负责是崇高的职业道德修养的最基本的反应。在思想教育上，教练员要深化认识。由于运动员在不同年龄和不同的成长阶段，他们的认知水平、思维方式、责任感和自控能力等不同方面会不断产生变化，因此教练员要尽早意识到这一点，对不同年龄阶段、不同思维方式的运动员采取不同的教育方法。在日常生活上，教练员要多花一些时间关爱运动员，不仅把他们看作是自己的工作对象，而且应当把他们看成自己的子女，全面关心他们的成长，让运动员感受集体的温暖。教练员不能在队员过度疲劳或者有严重的伤病不适合再继续训练的情况下仍然运用暴力逼迫队员训练，致使他们生理机能和运动成绩下降，甚至身体的某一部位变形，继而严重损害他们的身心健康，也导致运动员的运动生涯过早结束。[2]在行为导向上，教练员的一举一动都会被运动员所关注，这与运动训练活动直观性强这一显著特点有关。教练员的模范行动对运动员是一种无声的正确教育，正所谓身教胜于言传。在对待运动员的过失方面，教练员要用科学的态度正确对待运动员所犯的错误。运动员在训练中和生活中可能会出现很多问题，需要包容和帮助的，教练员一定要宽宏大度，给运动员改过和提升的机会，如果是刻意犯下严重的原则性错误，那就需要坚决处理，为整个运动队负责。

（二）正确的价值观

崇高的价值观和较高的道德修养是教练员正确价值观和良好习惯养成的基础。教练员就像统兵打仗的将领，要德才兼备，勇谋双修。对教练员而言，道德的内涵包括政治品德、伦理道德和个人品质等。[3]教练员在工作中要做到政治方向正确、伦理和道德合乎规范且具有很高的个人修养，能起到为人师表的作用。由此可见，道德修养是教练员良好执教习惯的构成条件。缺乏道德提升的单纯专业发展很容易使训练和管理陷入功利主义或形式主义窠臼，使训练行为失去动力基础和价值方向，价值支撑的缺失也必将造成运动成绩获得后的成就感虚无。从很多优秀教练员身上可以看出，良好的执教观念能很好地约束自身的执教行为，规避这方面的问题，使很多工作显得更扎实，他们的训练过程和日常生活中所倡导的乐观、公平、坚韧、宽容等道德修养要素对运动员成长具有重要的指导价值，也在良好的执教行为中彰显教练员的人格魅力。由此可见，教练员的职业发展包含着自身技能素质与道德修养的提升，而不是单一的技术技能与临场指挥能力的培养过程。[3]从本质上讲，教练员的工作也是育人的过程，教练员不只是要对运动员进行技术训练，还要进行严格管理教育，强化思想政治工作，塑造良好习惯，培养具有健康价值观的社会主义建设者和接班人。

---

[1] 刘江山, 王红. 从北京奥运会谈我国教练员、运动员的职业道德[J]. 内江科技, 2007（3）: 85-91.
[2] 刘江山, 王红. 从北京奥运会谈我国教练员、运动员的职业道德[J]. 内江科技, 2007（3）: 85-91.
[3] 张永奎. 教练员职业道德培养研究[J]. 体育文化导刊, 2013（7）: 137-140.

《国家中长期人才发展规划纲要（2010-2020）》已经明确了人才在社会发展中所发挥的重要价值，《全国体育人才发展规划（2010-2020）》则进一步明确了教练员培养与发展的若干问题，并对教练员培养的制度化与规范化作了明确规定。在现实生活中，由于运动训练活动的特殊性，教练员与运动员之间联系紧密，运动员的道德修养与教练员的执教观念和职业道德水平关系密切。在新的历史时期，教练员不仅要培养具有较高技术水平的运动员，还要培养具有较高思想境界和道德水平的接班人，因此，教练员自身道德水平的高低直接影响到运动员对职业道德和发展观念的培养，而运动员在受训过程中所经历的训练过程和价值理念都将影响到运动员未来的道德认知和职业发展。

人们在履行本职工作时，无论从思想到行动都应遵循特定的行为规范和执业范围内的特殊道德要求，熟知职业道德规范是教练员的职责之一，也应植根于他们的价值观深处，并逐步外化成一种习惯。但职业道德规范真正融入日常训练与管理中，成为教练员的价值标准则需要教练员对自身职业道德时常进行反思。这与强化职业道德培训和考评等措施有着本质的不同，那些都是从外部环境提升教练员道德伦理水平，合乎道德性是教练员工作的基本特性，而提升教练员的道德水平需要教练员自身积极参与，需要一定的价值观作引导。离开了这些，教练员的专业提升和职业发展就无从谈起。教练员的工作既是自身专业素质的创造性展现，也是其价值理性的自然流露。教练员的训练实践立足于其对执教价值观的认知，而其执教价值观又在一定程度上实现其对运动训练实践的深入理解，从而使教练员在训练实践和职业道德两个维度协调发展。[1]事实上，如果教练员以正确的价值观为导向，主动关注自身职业道德和行为习惯，就能自觉比对相关道德行为准则，加强对自身思维方式行为的修正，促进教练员自身道德修养的提高。

（三）良好的师徒关系

教练员最基本的素质就是要有强烈的事业心、无私的奉献精神和勇挑重担的责任感。从价值上讲，教练员的工作需要一定的价值指引，因此可认为，教练员道德水平的高低在一定程度上决定了其职业未来发展的成就。在这个意义上，运动员竞技成绩的获得和其自身成长需要教练员和运动员辛苦付出及其道德标准统一，因此教练员只有满足其道德的正当性才能使其价值得以符合目的性显现。因此，只有从促进技术能力和道德培养等多层次推进，致力于提高教练员整体素质为目的的教练员培训，改变以往偏重技术技能和临场战术培训的弊端，才能提升教练员的价值认知，促进教练员整体素质的提升。[1]

一直以来，传统的"师徒观"在教练员与运动员相处中占据主流地位，教练员和运动员是实实在在的"师"与"徒"，训练管理中的这种师徒关系影响深远。在日常训练管理中，教练员为了维护权威形象，常采用有悖常理的管理方法与手段，轻而呵斥辱骂，重则拳脚相加。这种简单粗暴的教育方法常引起教练员和运动员的巨大矛盾，影响他们的长期合作，因而影响运动员成长或缩短运动员的运动寿命。这种缺乏深度沟通的管理方式可能

---

[1] 张永奎. 教练员职业道德培养研究[J]. 体育文化导刊, 2013（7）: 137-140.

对老运动员有一定作用，但面对新生代运动员就显得力不从心。现在的运动员多半都是独生子女，在家长倍加呵护的情形下成长起来的，个人意识和自尊心都很强，但在忍耐力上与以前的运动员相比要稍差一些。训练这样的运动员，教练员如果不积极改变工作思路和教育方式，容易搞僵二者的关系，直接影响到训练工作和运动成绩的提高。因此，充分考虑运动员的个性需求，倡导教练员和运动员之间平等关系的"师生观"则显得尤为重要。[1]在此种正确的师生观下，教练员和运动员都将训练工作和日常管理看作是主动训练与积极学习的过程，就能切实发挥教练员的主导和运动员的主体作用，通过二者深度协作来促进训练过程的和谐进行和运动成绩的不断提高。

要塑造这种新型的师徒关系，教练员综合素质与道德修养应发挥主要作用。多半项目的大多数教练员都是由运动员转型而来，他们在做运动员期间的经历在很大程度上会影响到他们自身的执教，一些消极的思想和情感表达也将影响整个运动训练活动和团队和谐。所以，教练员应该加强自身修为，深入理解为人师表和以身作则的真正内涵。传统意义上的师徒观需要从教练员自身先做出转变，通过教练员自身的努力成为德艺双馨的"老师"，让"师父"成为所带运动员对自己的尊称。作为"教师"的教练员要在尊重运动员"学生"角色的前提下，采取科学合理的方式进行技术技能的指导、社会角色的塑造及道德伦理的培养等行为，这对培养具有完整人格和积极进取精神的运动员团队具有重要意义。

三、教练员知识与能力水平

（一）教练员知识体系

教练员的知识体系至少应包括3个方面，即专业知识、文化知识和训练科学知识，其专业知识和文化知识通常需要在训练科学知识这一载体上体现，而专业知识则是教练员知识体系中最基本的组成部分。

1. 专业知识

教练员的专业知识是指与教练员承担的某项训练任务相关的专业性知识。教练员扎实的专业知识是完成各项训练目标所规定的训练任务实现的基本条件。训练中教练员向运动员传授的知识主要就是这种分门别类的专业知识。教练员所掌握的专业知识与运动技能紧密相关。与科学家或其他职业的要求有所不同，教练员的专业知识具有较强的系统性和层次性，这是由接受这些知识的对象即运动员的特点所决定的。训练计划和运动员训练水平规定了运动员学习的基本内容和要求，但不能认为这也是对教练员专业知识的要求。教练员的专业知识无论在深度和广度上都要远远超出训练计划的范围，同时还要求教练员了解运动训练理论与实践发展的最新成就。这并不是要求教练员像科学家那样，必须投入巨大的精力，在某一方面有专门的研究。教练员对专业知识的研究主要是研究本项目训练相关知识的基本结构，以及组成这一项目知识体系的基本概念。并尽可能挖掘隐含在专业知识中的科学方法与辩证唯物主义思想，对运动员进行价值观教育，在此基础上研究训练方法，即研究如何能使运动员更好地接受这些专业知识。

2. 文化知识

教练员除了掌握所肩负训练任务必需的专业知识外，还应具备广博的文化知识。首先，在现代科学技术的迅速发展的新时代背景下，各方面的知识得以通过广播、电视、报刊等媒介迅速传播，运动员所获得的各种信息也会在日常生活和训练课中反映出来，这会使教练员面临许多问题。其次，各训练任务之间的相互渗透和训练内容体系综合化的趋势，也要求教练员既要有精深的专业知识，又要涉猎邻近各学科的知识，只有这样才能丰富训练内容，提升运动员的训练积极性，适应现代运动训练的要求。再次，教练员多方面的才能是提高自身威信、改善团队关系、发挥训练综合效应的基本条件，比如文学、音乐、绘画等方面的才能在一定程度上能加深运动训练理解，提升自身综合素养。如果教练员除了自己的专业知识之外，生活呆板，兴趣贫乏，情趣单调，就会缺乏对运动员的吸引力，难以做到深层次的沟通，影响他在运动员群体中的威信，最终也不利于专业知识的传授，最终也不利于整个训练计划的实施，影响训练活动的有效性。所以文化知识可作为专业知识发挥的催化剂和团队精神的粘合剂。

3. 训练科学知识

教练员应具有精深的专业知识和深厚的文化素养，是做好训练工作的必要条件，但不能算是充分条件。有效地向运动员传授知识，发展技能，完善人格，还必须掌握训练对象身心发展的规律，了解运动员接受和掌握知识的特点，以及提升运动训练的基本方法和技能，也就是训练科学知识。[1]对于教练员来讲，专业知识是训练活动赖以存在的基础，训练科学知识是操作训练内容的工具。教练员只有了解运动训练的客观规律，了解运动员的心理特征，运用科学的训练方法，才能有效地促进运动员主体作用的发挥，从而获得最佳的训练效果。

训练是一门艺术，但更是一门科学，没有足够的训练科学知识，只凭自己的经验或模仿，不可避免地会使训练缺乏预见性，增加盲目性。[2]

（二）教练员沟通技能水平和动作解读能力

1. 语言表达能力

在运动训练过程中，无论是传授专业知识、发展技能，还是进行价值教育，主要是借助教练员的语言来实现的，教练员的语言表达能力在一定程度上能直接影响运动训练的效果。教练员的语言应生动活泼，简明准确，具有感染力。这就要求教练员表达时要用恰当的词句，准确地讲清楚各动作要领、训练方法和负荷安排，使运动员能听懂教练员表达的意图。这些必须建立在深入了解训练内容和对运动员精准把握的基础上。那种不从运动员实际出发、空话连篇、不着边际、语言不连贯甚至满嘴语病的讲解是不能准确表达出训练

---

[1] 李征. 在中国民族传统文化与中国男篮发展关系上的深层思考[D]. 成都：四川大学，2005.
[2] 康成. 哈尔滨市高中生体育权利实现方式的制约研究[D]. 哈尔滨：哈尔滨工程大学，2016.

知识的。教练员的训练语言要口语化，在训练时把相关理论中的书面语言转化为口头语言。如果教练员讲课只能运用理论知识读本照本宣科，不知道转释成自己的语言，运动员听起来会感到机械呆板、枯燥乏味。事实上，教练员的语言不仅要求语法正确，语音、语调也要适当注意，不能平铺直叙，而要抑扬顿挫，富有情感，这样的语言表达能激起学生更积极的情感体验。[1]但是教练员语言表现方式和情感成分也必须根据训练内容和运动员的心理特点而有所区别。低龄运动员由于思维的具象性和情感的依赖性，就更需要教练员的语言富有感情和表现力，年龄稍大的运动员由于逻辑思维的发展，更多注意的是教练员语言的逻辑性和表达的主要信息，过多的情感融入反而会适得其反，不利于关键信息的传达。

在运动训练过程中教练员与运动员非言语性交往也是十分重要的，这就是教练员利用身体姿势和面部表情与运动员交往的方式。适当的肢体语言不仅可以作为语言表达的补充，同时也可以单独表达一定的意义。比如当教练员讲到关键的环节时，为了给运动员以深刻的印象，他可以用手势和目光来引起运动员的注意。当教练员讲到动情之处时，他的手势应该是柔和而舒展的，当教练员讲到激动或愤怒之处时，他的手势应是急剧而有力的。[2]动作和姿势是在训练过程中替代词语表达的一种有效而经济的辅助手段，尤其是对儿童少年运动员更为关键。例如，教练员在观看运动员的训练行为时，看到一个运动员漏掉了一些必要的而又很明显的训练内容时，他适度地表达愤怒就足够了，什么也不用说。但如果有些话必须说出来时，教练员可以低声地向犯错的学生说明。总之，在日常的运动训练中使用姿势和非言语表达是很有必要的，完全可发挥此时无声胜有声的效果。

面部表情和目光的变化在与运动员的交往中也是必要的。教练员对一个运动员的微笑或点头可以意味着"好，做得很好"，或者"该轮到你做了"等意思，也可以是充满了鼓励："过来，试一试。"显然应根据当时的情境了解其意义。由于动作取决于情境，所以动作本身也具有重要意义。教练员的目光对着一个运动员，可以表示"请你做好准备""你做得很好""你来示范""你试一试"等。拙劣的教练员也可能会用藐视和嘲弄的目光来打击运动员的积极性，挫伤他们的自尊心，或者一副漠不关心的样子。

2. 动作解读能力

教练员对动作的解读常用到运动解剖学、运动生物力学、运动生理学、运动医学等多方面的知识，立足运动员技能习得与发展的视角深入解读动作，并规划运动员的动作习得路径。对教练员而言，自己会做还远远不够，还应对此进行精准而简要的描述，使运动员都能理解其动作要领及易犯的错误。从运动员的完整训练过程来看，他们要经历不同的训练阶段，追随不同的教练，很多运动员每进入一个更高的阶段之后都要被迫改进动作，难美性项目表现得更为明显，若不改进就很难学习下一阶段的动作，这就与不同层次的教练员对动作的解读有关。高水平的教练员不仅能正确解读不同动作所蕴含的有价值的信息，更重要的是他们能更深入地理解动作的继承性及不同动作的内在联系。看似简单的动作教

---

[1] 赵卓.北京体育大学男生足球普修课技术学习过程影响因素的调查研究[D].北京：北京体育大学，2005.
[2] 李玉娟，魏刚.试论授课中"形体语言"的运用[J].教学研究，2005（4）：317-320.

学，实则蕴含极为深刻的动作哲理，它不仅决定运动习得动作的经济性和安全性，更重要的是启迪运动员的思维，使他们能够积极自主地学习，并做好团队协作和自我保护。所以，教练员动作解读能力的提升应是持续整个职业生涯的一项重点任务，应常抓不懈。

（三）教练员了解运动员的能力

1. 教练员的自身观察

运动队集体训练的主要不足之一是难以充分地适应每个运动员的发展特点。为了改善这一状况，就要求教练员深入细致地观察和了解运动员，最大限度地使训练安排能够适应每个运动员发展的特点，做到因材施训。教练员对运动员的观察包括运动员的训练表现和个性特征。对运动员训练情况的观察不仅根据运动员的动作表现来判断他们对知识和技能的掌握情况，更重要的是观察和了解他们掌握知识与技能的过程、他们提出的问题、思考的方式、解决问题的习惯以及对训练活动的自我评价等，只有这样才能找到他们训练中的困难所在，提出有效的改进措施。了解运动员的个性对训练活动和运动员自身发展也是极为重要的。个性是在活动中经常表现的较为稳定的行为特征，因而对个性的观察和了解应贯穿于运动员的全部活动中，包括在训练课内外、训练队内外、家庭与社会中的表现，都应该观察和了解，这样才能全面客观地掌握运动员的情况。事实证明，教练员自觉地进行有目的有系统的观察，对于客观、全面地了解运动员以及提高教练员的观察能力均比那种在日常训练活动中的无意观察效果更为显著。

2. 教练员与运动员的沟通

及时必要的沟通是教练员和运动员互相了解和互相适应的关键环节。沟通内容主要体现在训练比赛和日常生活两方面。训练和比赛是运动员和教练员合作的重要纽带，也是需要他们彼此共同努力构建和谐关系的基本前提。在训练时，及时有效的沟通，或者通过简单沟通之后形成的心照不宣，能使运动员最大限度地执行教练员的训练计划，落实教练员的训练思想，实现最好的训练效果，教练员也能最有效地收集训练过程中的反馈信息。对比赛而言，运动员和教练员的沟通更需简洁和有效，有时在执行战术计划时甚至带有隐蔽性。事实上，优异的运动成绩是教练员和运动员在场上共同协作的结果。如果说训练和比赛是一项工作的话，那么对运动员而言其日常生活则显得更加重要，甚至可理解为其训练和比赛的最重要保障和精神力量。对教练员而言，关于与运动员沟通生活问题更应重视技巧，特殊时期教练员看似不经意的点播，能揭开运动员心中的很多困惑，使他们更专心于运动训练与比赛，取得更好的运动成绩，也为未来发展奠定基础。

（四）运动训练过程调控能力

1. 训练内容和负荷的整合能力

训练内容和负荷是根据运动员竞技能力结构需求和运动员的竞技能力发展特征设计的运动训练程式，对运动训练内容与负荷的整合是运动训练活动中常见的调控措施之一，体现了一定的创新思维。教练员深入理解和运用训练内容与负荷的能力就是指教练员能充分认识运动员竞技能力结构和运动训练之间的关系，根据运动员的竞技能力发展需求和训练程式的内在结构，分析运动训练内容与负荷的重点难点，使之更有利于运动员的理解。同时他还应能分析整个运动训练体系中的每训练单元、训练课、专项内容与训练目标之间的关系，确定运动员掌握运动训练知识、训练技能、培养情感态度等各种训练目标与具体的训练内容及负荷间的联系。深入理解训练内容和负荷的能力，还包括对于不同的运动员灵活运用不同的训练方法和手段，如哪个环节应加大负荷、哪个环节应重视内容安排，内容与负荷之间如何平衡，先练什么、后练什么、用什么器械、在什么情况下用等。优秀的教练员在制订训练计划时要思考内容与负荷的安排，同时也要考虑运动员的情况，根据训练过程中运动员的状态表现、兴趣、注意等特点灵活运用训练方法和手段。

2. 运动训练科学研究能力

运动训练科学研究不只是运动训练理论工作者的事情，教练员也应具备较强的运动训练科学研究能力。教练员每天都和运动员交往，都要研究与运动训练相关的诸多问题，进行各种经验的归纳和积累。但是教练员不能仅依靠经验的归纳和积累，而应该主动地运用现代科学方法，研究运动员和训练内容、方法与手段，整理和升华自己的经验，使之上升到理论高度。教练员从事运动训练科学研究主要是研究其训练的运动员、训练的主要内容及用到的方法。从全国众多优秀教练员的研究成果看，教练员具备较强的运动训练科学研究能力，对促进运动训练过程的科学化、大面积提高运动训练质量具有积极意义，同时对运动训练理论与实践的发展也会起到非常重要的作用。

第二节 运动员角色意识培养及其行为规范

一、运动员角色意识塑造

运动员有自己特殊的职业身份，但运动员在不同的情况下也需要扮演好自己的角色。运动员是成长中的人；他们的成长和成才离不开多学科门类的知识；运动训练为竞技体育而设，在竞技体育军团中他们应团结奋战，并为自己创设良好的成长环境，他们也应是队友眼中的挚友；竞技体育离不开永不松懈的拼搏精神，他们应该是意志坚定的攀登者。

（一）成长中的人

运动员很多是未成年人，具有与成人不同的身心特征，有着他们自身的特殊需要和独立发展的方式。教练员对运动员的教育和管理就不能采用对待成人模式，也不能以成人的标准去评价和要求。当然，有些运动员已经在运动队很多年，已似成年人，但他们仍需要不断地成长去适应未来社会和新使命的需求，所以他们仍然算是成长中的人。事实上，运动员的身心所展现的各种情况都处在变化之中，潜藏着各方面发展的极大可能性。也正是因此，运动员发展就必然需要更多的关怀和帮助，并在这种关怀和帮助下通过不懈努力实现他们自己的人生价值。如果教练员不以发展的眼光辩证地去看运动员，不能正确认识在他们年龄阶段出现的行为，或者把个性心理方面的行为看作是品德问题加以处置，必然伤害运动员人格和身心发展，所以，运动员作为成长中的人的这一特征不容被忽视。

运动员是个体，但他们的生命却具有整体性，是运动员作为人的生命的多层次、多方面的整体，而且这种生命有生理的、心理的、物质的、社会的、精神的、认知的、行为的、价值的、信仰的等各方面的需要。在运动训练活动中，运动员是以一个完整的生命体的方式参与和投入的，而非孤立的、局部的、某一方面的参与投入，这种认知有助于教练对运动员的实际需要与可能发展方向的全面把握，也有助于科学的训练方法与手段的实施。

通常情况下，教练员对运动员未来的判断，仅局限在运动训练知识掌握和竞技能力提升的范围内，较多是依据运动员的训练状态和比赛成绩。如果用运动员是未来竞技体育的栋梁之才来衡量，这可能会对运动员造成不好的影响。现代运动训练重视未来意识并强调未来观念，即多途径培养运动员适应未来社会发展的各种素质，但也要通过教育和训练活动培养运动员对未来社会栋梁的角色认同，从根本上形成运动员的主体意识和主体能力，让运动员在教育中时时都能体验自己的尊严感，时时都能感受自己是一个勤奋的体育工作者，是国家的好公民，是父母的好儿女，是一个有崇高的志趣追求、富于激情和不断进取的人，是一个关心国家体育事业的创造者。因而把运动员视为国家竞技体育发展的栋梁，客观上必然要求更科学的训练和更人道的教练员，强权专制管理下的极具顺从意识和奴性人格的运动员很难成为竞技体育的栋梁，甚至难以塑造人格健全的人。

（二）渴求知识和技能的学习者

运动员的成长过程一般就是接受教育和参与训练的过程，优异的竞赛成绩的取得和未来的发展不只是要参加艰苦的专业训练，还要认真完成多学科知识和多种运动技能的学习。现代竞技体育中，高水平的运动成绩都是高科技、高技术、多学科知识综合作用的结晶，运动员必须坚定自己的理想和信念，在知识、文化和价值观方面不断充实和提升自己，也只有这样才能适应迅速发展的时代要求。因此，运动员在训练过程中，要不断努力学习各种专业知识和文化科学知识，要尽可能立志把自己培养成为未来社会的栋梁之材。再者，从社会发展的角度看，学习权利和受教育权利也是运动员应享有的社会权利，所以教练员也应认识到运动员学习所面临的情境，帮助运动员解决遇上的问题。

学习不是简单的记忆和理解，更重要的是思考和运用，运动员在日常训练中必须有意识地培养自己独立的思维能力，要学会分析、判断训练中的各种情况和问题，并尝试将所学理论知识用于运动训练和生活实践中去。运动员应尝试理解教练员布置的各项任务、采用的训练方法与手段，并在自身经验的基础上自觉地创意性地完成，积极开创新思路，总结更适合自己的方法，与教练员一道不断提高训练水平。

（三）队友眼中的奉献者

作为运动员，长期在运动队这一集体中生活，要学会正确处理个人利益与集体利益结合的问题，运动队本身就是一个利益共同体。如果每个运动员都乐于奉献，那么整个运动队就会是一个和谐团结的整体。以往在高级别的竞技运动中，运动队过多地强调集体利益，而将运动员个人利益搁置一旁，甚至认为一旦谈及个人利益就是拜金主义，甚至是经济道德的沦落，这种做法就是一种不能原谅的非正常行为。有些大赛运动员代表的自己家乡甚至是国家，用自己的实力去征服全世界的挑战，赢得全世界的赞誉，这光荣而神圣的历史使命，承载着参赛运动员的荣誉。对很多运动员而言，每一次比赛都是难得的机遇，但同时也提出了现实又艰巨的任务。在这种情况下，运动员要用自己的运动成绩去赢得人们的尊重，为集体为国家争得荣誉，也为自己获取应得的荣誉和奖金。[1]所以，只有将个人利益与集体利益结合起来，并做到协调兼顾，才能得到队友的认可和团队的支持。

运动员也是人，人的一切活动都根植于物质和精神的需求，与之相随的职业道德规范也必须基于这一事实。而奉献本质上就是一种在道德价值指向上的利他主义和真心付出，体现了运动员和教练员热心发展体育事业的责任感和事业心，以及为国争光的爱国主义精神。个人名利与奉献协调，实现了市场经济背景下的运动员的价值观同职业道德观的调和，进而形成一种特定的职业道德规范。事实上，在运动员培养中必须不断明确职业道德规范，并在训练和比赛中强化职业道德教育，净化和升华他们的职业情感。也只有这样，才能培养出具有奉献精神和较高职业道德责任的运动员，才能提高运动员的觉悟，使之明白自己所肩负的使命，在训练和比赛中更多地考虑奉献，考虑如何维护团队的荣誉与队友之间相处的和谐。如果每一个运动员都有这种奉献精神和协作意识，整个团队的气势和将要取得的成绩是非常值得期待的。

（四）意志坚定的强者

竞技体育是强者的较量，对运动员和教练员都有着非常严格的要求。在长年累月的训练中，运动员必须付出巨大的努力，只有坚持多年系统的科学训练，才有可能进入高水平竞技选手之列。[2]这就要求运动员立志投身竞技体育事业，而且具有强烈的事业心和积极进取的精神，经历漫长而艰苦的磨砺之后才能成为竞技场上的强者。运动员必须深刻理解，他们的训练是非常重要的工作，与国家建设、民族复兴及社会发展紧密相联系，他们的运动成绩承载着队友和广大民众的热切期盼，是对教练员和整个团队心血的一种回报，创造优异的比赛名次是他义不容辞的神圣职责。运动员应该坚守远大理想，应该时刻捍卫勇夺

---

[1] 刘江山，王红.从北京奥运会谈我国教练员、运动员的职业道德[J].内江科技，2007（3）：85-91.
[2] 巩蒙.基于运动员培养的双轨模式研究[J].考试周刊，2011（74）：145-146.

冠军的强烈意愿。为实现这一目标，就必须勇当强者并付出巨大的艰辛与汗水。面对与日俱增的巨大压力，进取动机则直接影响着运动员参与训练的决心，运动员要想成为运动场上的最强者，必须时时处处把强烈的夺冠愿望化作激励自己的动力。事实上，运动员每次训练其实都不应是简单的重复，必须从多次反复中用心去思考，用创造性的劳动争取更好的效果，力争在竞技场上摘取桂冠。

众所周知，运动员的每一次突破都来之不易，他们创造优异运动成绩需要经过漫长而艰苦的奋斗历程。现代运动训练最突出的特点就是运动员必须承受接近极限的训练负荷，甚至要经历伤病等，付出常人难以想象的代价。这些不仅是对运动员身体的考验，更是对他们意志品质的磨炼。[1]没有坚韧不拔、无坚不摧的坚强意志和义无反顾、锲而不舍的拼搏精神是不可能战胜来自自身和外界的种种困难的。正是这种强者意志的驱使，使运动员在艰苦的磨炼中实现人格的升华，进而逐渐到达运动竞技水平的顶峰。

强者的一个重要特征就是强大的辨别能力和自控力。运动员所生活的运动队不是世外桃源，有时也可把运动队看作是社会的一个缩影，不可避免地受社会各种文化的影响，某些不良的思想和落后的意识对部分运动员的影响较大。运动员年轻，思想比较单纯，长期生活在半封闭的运动队中，对某些不良事物的鉴别能力和抵抗力不强。因此，培养运动员的自控力和抵御不良诱惑的能力是至关重要的。从心理学角度看，运动员在训练和比赛中要经历复杂的心理变化过程和多种情绪体验，能否成功调节自己的心理状态，就取决于长期形成的控制能力。具有高水平自制力的运动员，更善于保持稳定的心态，有助于参加训练和比赛，也有助于创造优异的竞赛成绩。

二、运动员竞技能力模型的构建

（一）了解各项竞技能力指标体系的复杂性

运动员竞技能力系统是一个复杂的开放性系统，由各种子能力类型和指标决定的复杂性是其本质属性。在运动员成长过程中，其竞技能力系统必然会经历不稳定性、不确定性、突变性、偶然性、难以预测性等复杂性问题的困扰。[2]运动员应该适当了解这些现象和问题，并尽可能结合自身特征对此做出相对合理的解释。这就要求我们回到问题的原点，从运动员竞技能力结构的最原始要素进行分析，各组成要素之间不同的联系形式就会形成不同的竞技能力结构，从不同视角审视也会发现其不同的复杂性特征。

1. 各子能力及其层次的复杂性

从最原始的分类看，运动员竞技能力可分为体能、技能、心能三大子能力，后来随着理论的不断深入和人们认识的不断深化，就将心理能力进一步分化，于是运动员竞技能力

---

[1] 杨兵.竞技运动高水平运动员智力和非智力因素研究[J].毕节学院学报，2007（2）：122-124.
[2] 仇乃民.试论竞技能力系统的复杂性及其网络模型[J].山东体育学院学报，2016，32（4）：103-108.

系统由体能、技能、战术能力、运动智能以及心理能力要素组成。每一个子能力下面又有许多要素或更微观子能力，而且每一层子能力或要素还包括其他能力和要素等，而竞技能力整体就是不同子能力相互作用的结果。竞技能力若想提高，原有竞技能力结构子能力间相互作用就应从整体结构上不断升级，[1]竞技能力结构升级也应是各子能力间集成功能发生作用的结果，这种相互作用有其多样性，在不同运动员身上也体现出一定的差异性。

2. 功能表现的复杂性

运动员竞技能力的功能表现具有整体性、复杂性和多样性，依附于特定的结构或系统而存在的，因此其整体功能并非其各要素或各子系统功能的简单相加，一般会大于或等于或小于各子系统功能之和。结构和功能是互相依存的存在，二者共同揭示了竞技能力结构系统内部更为精确的联系。结构可理解为是指系统构成要素之间的组合与排列方式，功能是指竞技能力机构系统与外部环境之间建立相互联系和产生相互作用的能力。

3. 环境和状态的复杂性

运动员竞技能力发挥和运动成绩的取得受竞技环境和其运动状态的影响，二者之间是一对不可分割的存在。竞技能力系统环境主要包括自然环境、社会环境、运动员心理环境、训练和竞赛环境等，这些环境之间相互影响、相互作用，共同构筑竞技能力系统的整体环境。从运动员竞技系统运行状态上讲，竞技能力系统的状态可分为平衡态、周期态、拟周期态和混沌态等，竞技能力系统状态复杂性主要表现为多维性、波动性、过程性和难以预料等特性。[1]

4. 训练方法与手段组合的复杂性

运动员竞技能力的形成及其结构演化等都受训练方法与手段的影响与制约。运动训练方法与手段结合的最直观形式就是负荷。负荷对竞技能力的影响体现在运动员解剖结构和生理机能等的改变，使竞技能力各构成要素之间产生相互影响，使各结构与功能产生适应性变化。运动员竞技能力结构产生的适应性变化可理解为外部改变的是解剖结构，内部改变的是生物学机制与各系统和机能的驱动方式等。运动训练方法与手段的结合应满足专项竞技能力结构要求，即竞技能力系统构成要素之间相互作用应促进专项成绩提高，竞技能力系统升级与训练负荷安排相协调，运动训练方法与手段的结合应满足专项竞技能力有序发展。运动训练方法与手段组合的复杂性也是学界一直在探索的方向。

关于运动员竞技能力指标体系的复杂性表现有其自身根源，可概括为以下几个方面。第一，非平衡性。运动员竞技能力系统具有稳定性和非平衡性，稳定性和非平衡性状态是一对辩证的存在。稳定性说明其有相对稳定的特征，也使人们易于理解这一系统，而非平衡性使得系统复杂而充满变化，这也注定了该系统各要素及功能间的相互作用具有某些非线性特征。第二，自适应性。运动员竞技能力系统是复杂的自适应系统，竞技能力系统的演化就是系统的结构、功能及要素等自我调整、自主适应内外环境的变化，正是这种适应性促进使得运动员对不同的训练负荷产生积极的应激反应，使训练效应最大化，而竞技能

---

[1] 仇乃民. 试论竞技能力系统的复杂性及其网络模型[J]. 山东体育学院学报，2016，32（4）：103-108.

力系统在不断的适应过程中必然产生整体的复杂性。第三，开放性。运动员竞技能力系统不断与外界环境进行物质、能量和信息的交换，其工作过程相当复杂，促使其成为一个对外部环境开放的系统，其开放性是竞技能力系统的复杂性的又一原因。[1]

（二）构建清晰的指标模型

构建相应的模型可理解为是一种思维方式，是指将运动员竞技能力中的众多要素及其复杂的作用形式加以描述。一般可定义为：根据运动员竞技能力各组成要素之间相互联系、相互作用方式的具体特性与功能建立的反映竞技能力构成共性的模型，是对运动员竞技能力结构的概括、归纳、抽象，反映着竞技能力内部各要素之间关系的本质特性。为从不同视角和层次全面而深刻地研究竞技能力结构，很多学者都对此作了针对性思考，并先后提出了多种理论模型，从不同的角度进行了阐释。譬如，"木桶理论""合金理论""时空协同理论""胶泥理论""金字塔模型""积木模型""双子模型""哈利法塔理论模型""皮球理论"等一系列独立或者互为补充的竞技能力结构模型，力求从不同的视角对竞技能力的结构特征、内涵和要义作出比较完整、全面的诠释。[2]但不可否认的是，任何模型都有自己的局限性，都只能从某一视角反映运动员竞技能力发展的某些方面。

对运动员而言，他们几乎不可能理解这些复杂而深奥的理论知识，但毫无疑问他们很容易理解"模型"这一概念，在他们的头脑中也非常容易构建相对静态的竞技能力指标模型。然后，使他们在不断的训练和参赛实践中逐渐激活这些指标，循序渐进地发现这些指标间的内在联系，进而更深层次地理解教练对各训练要素的设计与安排，更好地完成训练和比赛任务。

（三）清晰的自我定位

运动员在运动生涯中的各个阶段都应有清晰的自我定位，这样有助于运动员了解自己的潜力，认识所从事职业的特点，激发训练和比赛兴趣，提升职业认同感，从而调动追逐运动目标的内在动机，激励他们创造更优异的运动成绩，也能进一步提高成才率并延长运动寿命。清晰的自我定位也有利于运动员更早地了解运动生涯的基本概念和思路，明确运动生涯和未来职业生涯之间的关系。[3]事实上，在科学的自我定位导向下的运动员能更快地树立自我发展的主观意识和健康的职业观，能把个人发展同国家需要与社会需求结合起来，能自觉为个人成长、社会发展和国家建设付出艰巨的努力，保障在运动生涯中做出更突出的成绩。

随着社会的不断发展，运动员也清晰地认识到夺取大赛的金牌固然重要，但退役以后的工作和生活也应提前考虑，这就要求在强化专业技能的同时也要具备相应的文化科学知识，以提升自身的生存技能。由于多半时间在运动队参与训练，使得他们在专业技能以外的知识和技能学习方面比较受限，相应的环境条件也难以保障，但若是需要自身明确需求

---

[1] 仇乃民. 试论竞技能力系统的复杂性及其网络模型[J]. 山东体育学院学报, 2016, 32（4）: 103-108.
[2] 闫凤梧. 对竞技能力结构模型构建的哲学思考[J]. 体育成人教育学刊, 2011, 27（5）: 40-42.
[3] 陈超, 杨昌礼. 广西在役运动员职业生涯规划初探[J]. 军事体育学报, 2017, 36（4）: 89-93.

什么，并且为自己制定相对可行的目标体系，那么他们就可能占据发展的先机，也为自己创设更好的心理环境，反而可能会在比赛中创造更好的运动成绩。虽然自身比较重要，但对社会和相关政策的关注也必不可少。

近几年国家和各地方出台了很多激励性政策，倡导和鼓励运动员加强文化教育，但在运动员群体中重训练轻教育的现象仍比较普遍，导致专业技能因缺乏必要的文化教育基础而难以施展，这就要求体育和教育部门狠抓政策落实，教练员和教师等加强运动员的思想教育，使他们认清形式，转变观念，做好自我定位，认真处理训练比赛与自身文化教育的关系。当前全国各地的运动员保障体系都初步建立，但不同地方在组织管理、职能运行、人才储备等方面不够规范，这就要求运动员自觉积极地关注这方面的信息。相信经过一定的知识普及和政策引导之后，运动员对自身情况会有更深的了解，对自己的定位也会更加准确。

三、运动员职业生涯的规划

（一）职业发展的阶段性目标设置

管理心理学研究早已表明，目标设置和动机状况与从业人员的工作效能有重要关系。运动心理学依据这一观点，认为竞技体育中的工作效能主要由运动成绩来体现。运动心理学研究发现，有效的目标设置不管是对高水平运动员还是对少年儿童训练都具有非常明显的激励价值。具体来讲，目标具有很强的导向价值，它使运动员的注意和行为集中在需要练习的任务上；合理的目标选择能激发运动员的正能量，使其愿意付出更大的努力；目标能激起运动员更多的思考，能促使运动员主动选择最合适的策略和手段，保障目标的实现。当科学合理的目标一旦确立，运动员训练的懈怠感就不复存在，有助他们持续努力训练。显而易见的是，对大多数运动员而言，他们当然希望能在运动生涯中创造一个新的国家或世界纪录，或者获得重大比赛的金牌。但这需要一个相当漫长的过程，需要多个训练阶段的持续努力。如果运动员生涯是其职业生涯的一部分，那么这一伟大的目标算是运动员生涯的总目标，仍要科学划分为几个阶段性目标，这些阶段性目标的完成是总目标实现的前提。当目标设置太高，或者没能划分为几个科学的阶段，就会脱离实际，就会导致运动员产生挫折感和焦虑感，进而使他们心理能量耗竭，目标难以实现。当然，如果目标设置得合理，阶段性目标设置清晰，不仅有助于防止运动员心力交瘁，还有助于激发他们的训练动机，增强他们的自信心，从而增加成功的机会。因此，有效设置运动员职业生涯的阶段性目标，对整个职业生涯的设计及迅速成长为优秀运动员都具有重要价值。

探讨职业发展的阶段性目标设计，就必须重视长期目标与短期目标结合问题。众多研究表明，运动训练长期目标与短期目标相结合的合理性在于短期目标使运动员更易体验到获得感，在训练期间形成积极心态，因为对运动员来说，短期目标更容易实现。客观而言，单独使用长期目标会损害运动员训练的乐趣，因为长期目标从结构上是可以划分的，所以长期目标与短期目标的结合，有助于运动员准确评价自己的运动能力。因此，在设定目标时不应只关注终极性的长期目标。长期目标应该被科学地分解为众多的小目标，当这些短期小的目标逐一实现后，就意味着主要任务已经完成，长期目标实现的可能性也就自然加大了。当然目标的科学设置也需要教练员的参与。教练员要结合运动员的具体情况，立足于他们的训练水平设置好每一个运动员的训练目标，做到因人而异。[1]这种目标设置要以运动员发展的实际情况为依据，并注意阶段的划分。如果教练员不能正确评价运动员的能力，就很难设置切合他们实际的目标，目标的设置有可能过高或过低。过高的目标会偏离运动员的实际能力，不利于目标的实现，反而易造成运动员的挫败感，过低的目标不能激发运动员内心的挑战欲，唤不起他们的运动动机，运动员的能力和潜力得不到充分发展。因此，只有从实际出发，科学制定运动员发展目标，才能激励运动员克服困难，最终获得成功。

（二）优秀运动员的主要就业路径

优秀运动员是指各级体育行政部门根据运动员成才规律和运动项目特点等一系列聘用标准，所招聘的从事某项体育运动训练和参赛，且享受政府体育津贴的人员。我国优秀运动员的招聘一般按照事业单位公开招聘人员的有关规定在编制内进行。2007年由国家体育总局、教育部、公安部、人事部、财政部、劳动和社会保障部结合我国优秀运动员退役后再就业的主要现状联合下发了《运动员聘用暂行规定》，明确了政府人事行政部门是运动员聘用工作的主管机关，政府劳动保障行政部门是运动员社会保险工作的主管机关，各级体育行政部门会同教育、人事、公安、财政、劳动保障等部门共同负责本地区优秀运动员的招聘、培养和退役等工作。我国优秀运动员实行一年的职业转换过渡期制度，职业转换过渡期仍属于聘用合同期限内，在职业转换过渡期内，体育行政部门负责运动员技能培训与就业创业辅导等工作，过渡期结束后，运动员与原训练单位解除聘用合同正式退役。[2]我国优秀运动员退役后再就业的途径有以下几种情况。

1.组织安置

组织安置是多数优秀运动员最理想的再就业形式，主要由政府部门直接为退役运动员安排机关或事业单位，成为正式在编就业岗位的形式。组织安置也有体育和教育部门两种形式。体育部门主要是在各类体育事业单位招聘体育工作人员时，采取直接考核的方式招聘取得优异成绩的退役运动员，同等条件下优先聘用其他优秀退役运动员；[3]教育部门就业是指各类教育事业单位招聘体育教师、体育教练员等体育类专业技术人才时，对有教师资格且取得优异成绩的退役运动员采取直接考核的方式招聘，同等条件下优先聘用其他具有教师资格的优秀退役运动员。[4]不过，国内大多数省份要求达到全国冠军及以上的特定成绩标准的运动员才有机会进行组织安置，就业门槛非常高，就算是非常优秀的运动员安置率

---

[1] 赵力华.短道速滑有氧耐力训练方法的研究[J].运动精品，2019，38（8）：126-127.
[2] 山西省竞技体育人才培养和退役安置办法[J].山西政报，2008（15）：5-9.
[3] 刘峥.我国退役运动员安置制度变迁研究[D].重庆：西南大学，2008.
[4] 山西省竞技体育人才培养和退役安置办法[J].山西政报，2008（15）：5-9.

一般也难以达到30%。

2. 入学深造

入学深造是运动员退役之后较好的选择之一，现在越来越多的优秀运动员愿意退役之后继续深造，加强文化知识的学习，提升自身综合素养，为更好地择业和创业创造条件。早在2002年国家体育总局、教育部、中央编办、财政部、人事部、劳动和社会保障部就联合下发了《关于进一步做好退役运动员就业安置工作的意见》，明确指出"获得全国体育比赛前3名、亚洲体育比赛前6名、世界体育比赛前8名和获得球类集体项目运动健将、武术项目武英级、田径项目运动健将和其他项目国际级运动健将称号的运动员，可以免试进入各级各类高等院校学习，各级各类高等院校还可以通过单独组织入学考试、开办预科班等形式招收运动员入学。"[1]在此后的几年中，由于入学深造对运动员比赛和文化课成绩的要求也很高，因此每年进入高校继续深造的退役运动员的比例比较低，一般不会超过20%。近几年随着我国高等教育水平的不断提升，这些优秀运动员入学途径也得以进一步拓展，入学比例有所提升。

3. 自主择业

对很多运动员而言，自主创业是非常无奈的选择，他们达不到安置条件，甚至达不到入学要求或不愿继续深造，于是只能自主择业。2003年国家人事部、财政部和国家体育总局联合下发了《自主择业退役运动员经济补偿办法》的规定，我国对"本人自愿提出不需要组织安置，要求自主择业，经组织批准，并在规定时间内办妥相关人事关系手续"的退役运动员，给予一次性经济补偿，补偿费主要包括基础安置费、成绩奖励和运龄补偿费3部分。这类退役运动员每年有50%以上都需要自主择业，有的省份甚至达到80%以上。由于除了运动技能之外别无长艺，这些运动员的多半就业层次不高，收入水平低，有些干脆拿到退役安置费之后赋闲在家，所以初次就业率也相对较低。

4. 自主创业

自主创业是自主择业的一种相对积极形式，有些也取得了巨大的成功，创造了不菲的成绩。国家鼓励以创业带动就业的做法由来已久。2008年，国务院办公厅就发布了《关于促进以创业带动就业工作的指导意见》，明确指出"促进以创业带动就业有利于发挥创业的就业倍增效应，对缓解就业压力具有重要的现实意义。"[2]以创业带动就业工作是实施扩大就业发展战略的重要内容，是新时期实施积极就业政策的重要任务"，此政策的颁布极大地促进了人们的创业积极性。随后在2010年，国务院办公厅转发由国家体育总局等部门制定的《关于进一步加强运动员文化教育和运动员保障工作指导意见》，明确指出"对退役运动员自主创业按规定给予政策性支持"。在《全国体育人才发展规划（2010—2020年）》中也提出对运动员进行"创业扶持"[3]。随后在2014年10月国务院发布《关于加快发展体育产业促

---

[1] 邓春林,张新萍,王力军.中国竞技体育的外部性及其内部化[J].武汉体育学院学报,2010,44（9）：13-16,22.
[2] 张学亮."双创"视阈下大学生就业教育研究[D].重庆：西南大学,2017.
[3] 白艳黎,陈林会."十三五"时期各地体育产业人才规划审视[J].安徽体育科技,2017,38（6）：9-12.

进体育消费的若干意见》，这也为运动员在体育领域开展创业活动提供了良好的环境，说明国家对运动员创业的重视。随着我国"以创业带动就业"工作的不断推进和退役运动员自主创业政策的完善，自主创业已逐渐成为退役运动员就业的重要途径。但由于自身种种局限，使得运动员自主创业的成功率仍然较低。

（三）运动员退役后的自我提升

对需要自主择业或创业的运动员而言，过去习得的纯粹专业技能几乎不再有应用空间，有针对性的自我提升成为一条必由之路。在具体提升路径方面也可分为就业指导和创业指导两方面：就业指导主要是根据自己的目标和兴趣，凭借在运动队培养的吃苦耐劳的意志品质，重新学习新的技术、面试技巧和国家政策等，达到一定的层次后获得相应的工作机会，这些工作种类也许和过去的运动经历联系不大；运动员参与创业指导培训是运动员职业规划与创业指导的重要内容，是运动员明确未来工作方向，增长创业技能，顺利实现职业转型，成功创业的技术保障。根据我国优秀运动员退役后再就业难的主要特征，可认为在运动队训练的项目社会参与度低且运动成绩较差的运动员是需要进行职业规划与就业创业指导培训的重点人群。对这些运动员，他们在现役期间就要注重文化综合素质的培养，并根据自我发展目标积极提升必要的职业素养和能力，这是人力资源市场对人才的基本要求，也是其顺利进行就业或创业的基础。一般来讲，运动员退役后进入职业转换过渡期，培训内容应包括通识性基础职业技能培训和根据职业意向进行的针对性的专业化培训两种，每种形式都要制定详细的目标和计划，做到心中有数，能切实提升自身的综合素质。

1. 参与通识性技能培训

目前进行的运动员职业转换培训基本上都属于通识性培训，其目的主要是提升运动员综合人文素养，提升其社会适应能力和工作认知，对运动员的思维方式引导和行为约束具有非常重要的价值。培训内容主要包括运动员职业生涯发展规划、职业转换的心理辅导、就业政策介绍、商务礼仪、简历制作、面试技巧、办公自动化软件学习、常见的公文写作技巧、公共关系等。这类培训通常委托给高校或专门的培训机构。

2. 参与专业性培训

众所周知，运动员是人格健康、体质强健的群体，很难说哪些工作更适合他们，但有些领域退役运动员的就业人口相对较高，他们的职业转换也相对容易。首先是体育类，譬如裁判员、体育教练员、健身教练、体育经纪人等。其次是教育类，主要是不同级别学校的体育教师。再次为健康类，比如保健按摩师、公共营养师、健康管理师和心理咨询师等。最后，新闻媒体类主要有体育解说员、体育期刊编辑、体育记者、体育摄影师、媒体和广告策划等。另外还有部分公务员、监狱警察、人民警察、交通警察等。这类岗位对专业技能要求较高，需要相对系统的学习，可以结合实际情况与开设相关专业的高校开展合作，完成相关专业的培训。有些岗位还需要具备一定的资格认证，这就需要人力资源和社会保障部门的支持。有的退役运动员有创业意向，还需要专门的创业培训，并寻求相关的扶持政策，或与社会上的创业孵化机构合作，为运动员创业提供支持和服务。退役运动员再就业培训形成传统和体系后，就可以引入社会力量与相关单位开展长期合作，为退役运动员提供稳定的实习实践机会。对部分情况特殊的运动员而言，运动队能提供的培训也很难满足自身的需求，所以，他们还需要参与必要的培训班或网络课程学习，以满足某种特殊需求。但不管怎样，运动员都应和教练员保持联系，更多地听从教练的意见和建议，由师徒共同完成职业生涯的过渡和转型。

第三节　运动训练活动的过程控制与各要素互动

一、运动训练各要素的心理学分析

从训练要素的角度讲，教练员、运动员及二者之间的各种关系与媒介几乎构成运动训练的全部要素。运动员的主体性、教练员的主导性、器械场地的基础性、政策的保障性、负荷与内容安排的科学性、方法手段的灵活性等基本能反映训练要素的整体特征。在众多的训练要素中，教练员和运动员是最具决定性的，其他几乎都围绕二者展开。

（一）教练员家长式领导风格

1. 家长式领导风格的内涵

在传统文化环境中，教练员一直就是名副其实的"师父"，对许多未成年的运动员来讲，教练员更像是家长，其领导风格也更倾向于家长式。一般来讲，家长式领导主要是指在人治的氛围下，体现出家长般的仁慈、威严、道德形象，因此，在"立德""施恩""树威"的传统文化内涵下，家长式领导方式也应包含领导的仁慈、领导的德行以及领导的威权等几个重要维度。仁慈领导含有对个别运动员照顾和体谅包容之意；德行领导是无私的典范，具有正直尽职、不占便宜特点，体现出领导应具有较高道德品质和个人修养、值得学习和尊敬的特点；威权领导则强调专权、威服、隐匿、严峻和教诲，重视个人的绝对权威，要求下属服从领导，下属不要轻易参与到领导的决断中，领导对下属严格要求等。[1]

2. 家长式领导风格的优势

从运动员和教练员朝夕相处的训练和生活中可以发现，运动员在教练员所安排、管理

---

[1] 刘国梁,完好,陈驰茵. 教练员领导风格对乒乓球运动员绩效的影响[J]. 上海体育学院学报, 2015, 39（2）: 63-67.

的训练活动中与教练相互依靠、支持、信任，这种信任比很多组织中的下属对上级的信任更为丰富、深厚。家长式领导有其自身的优势，仁慈领导体现出关爱队员的一面，德行领导给队员树立了品德模范，威权领导要求队员服从自己的指示，这些通过情感交流及相互信任的积极作用，使队员相信教练员能为自己提供更好的发展机会，为自己设计更好的训练方式，能帮助自己实现竞技能力上的突破，继而唤起运动员产生表现自身优秀的想法，以此引起教练员的关注或以这种方式回馈教练员。[1]事实上，教练员对运动员的影响已经形成，并对运动员的训练绩效产生影响。对教练员本人而言，家长式领导能进一步加深与运动员之间的感情，便于全方位的管理。

3. 家长式领导的自身素质

研究表明，仁慈领导和德行领导能以最有效、最直接的方式促进运动员绩效的产生。教练员除了在训练中表现出更加认真敬业和以身作则外，他们还要给予运动员更多的关爱，无论在训练活动还是日常生活中，都能为运动员提供更好的帮助与支持。运动队在训练中实行科学训练，在训练场上采用严格管理，不折不扣地完成各项任务，使运动员在赛场上执行力强，保障竞技能力的充分发挥。但严格管理绝非机械地执行，在日常生活中很注重人性化理念，大赛前重在积极而深入的沟通，让运动员感受到更多的温暖。

在教练员家长式领导下，运动员的成长与发展与教练员有密不可分的关系。教练员对运动队的主力队员通常寄予厚望，有时甚至会加倍严格要求，使得他们产生较大的训练和比赛压力。当然，教练员在与主力队员沟通也应注重方式方法，确保沟通的有效性。运动队也应在教练员的主导下创造良好的环境与条件，彰显自身特色，选择适合队员发展的管理方式。长远上讲，家长式领导应注重领导者的德行，否则会影响整支运动队的发展。教练员的责任不只是争金夺银，更重要的是培养大量的品德优良的后备人才。长期以来，国家体育职能部门领导对教练员进行综合素质教育、以德治队极为重视，要求运动队坚持以人为本，发扬爱国主义和集体主义精神，加强运动队的聚力教育，使运动队在取得优异运动成绩的同时也重视塑造人才。

（二）运动员积极心态培养

1. 运动员情绪状态与运动表现

针对运动员运动表现与心理状态的关系，很多运动心理学学者都做过专门研究，但多半的研究成果都是从消极心理学角度展开，如引入焦虑理论、最佳功能区域和消极方向理论等，为运动员克服不良的心理状态提供一定的理论支持。随着心理学研究的不断进步，运动学者们发现对积极心理研究的不足不仅体现在竞技运动领域，在大众健身也不够充分。积极心理学认为，积极情绪中的扩建功能可放大人在特定条件下行为指令系统的功能，能

---

[1] 刘国梁,完好,陈驰茵. 教练员领导风格对乒乓球运动员绩效的影响[J]. 上海体育学院学报,2015,39（2）:63-67.

在特定情景下促使人冲破限制，出现更多积极的行为倾向，产生更多积极思想。实践证明，积极情绪可以有效消除负面情绪造成的紧张，从而使机体保持健康和活力。从非专业运动员的角度看，获得轻松愉快的情绪体验感是群众长期参与体育锻炼的重要条件，当运动参加者产生愉快体验，他们将会再次主动投入这项运动，从运动中获得积极情绪体验。[1]

2. 运动员积极心态的相关研究

运动心理学今后的研究不仅要重视如何促进运动参与者的积极情绪体验，也需要采用质性研究方法，对参与运动的体验进行多角度分析，深入了解运动员的竞技心理特征。现代运动心理学的发展始于20世纪60年代中期，初期研究者的选题和思路都受到传统心理学影响，与运动领域里的特有问题联系不够紧密。20世纪90年代以后，最佳心理竞技状态、心理阻塞和自信心等来自运动实践并具备运动特色的研究项目逐渐被提出并有一个相对稳定的发展。对运动员竞技心理的测试与评价内容主要包括：运动员选材、日常心理状态、竞技心理能力测评和比赛心态评价，测试指标包括认知特征、自信心、意志品质、动机水平、情绪、注意、个性和中枢神经疲劳程度在内的8类，这些研究直接反映了各运动员不同心理特征，测试结果为竞技体育训练提供了一套全面而科学的竞技心理状态诊断工具。[1]

3. 积极心态对运动员竞技状态的影响

运动员竞技状态表现是运动训练学理论实践的基础概念之一，是对运动员训练及比赛阶段的身心健康、技战术表现等方面的综合描述。影响运动员竞技状态的因素很多，如运动员的生理状态、心理状态技战术积累等。随着运动赛事的多样化和运动竞技激烈程度的不断提高，越来越多的人认识到运动员的心理状态的赛前调控有助于运动员迅速实现最佳竞技状态。由于运动员要承受长时间的训练负荷，整个过程难免单调乏味，极易造成心理疲劳。长期处于这种状态对运动员的各项竞技能力的提升都是不利的，积极心理学就能够很好地激发运动员竞赛动机，帮助他们明确比赛目标，使他们保持最佳的比赛状态，可以有效地消除心理疲劳，消除赛前因为消极情绪带来的负面影响。[1]积极心态的练习可以在训练时为运动员模拟竞赛场景，演练技战术，增强其信心；还可以通过转移注意力消除运动员紧张情绪，尽量避免运动员接触大赛的相关信息，并给予积极鼓励，缓解其压力；在赛前，运动员也可以进行自我心理调控，确保能以积极稳定的心态投入比赛。

（三）训练任务与交互手段

1. 运动训练任务分析

训练任务可理解为是一项在教练员和运动员共同协作下完成的复杂工作，主要包括训练目标、训练内容、训练方法、训练手段、训练信息反馈、训练调节与控制等多个因素。这些因素的不同组合就构成不同的训练任务，而教练员和运动员两个最关键的要素是不变的。相对而言教练员是施教者，具有更强的决定性，运动员是受教者，应具有更强的积极

---

[1] 徐舸，俞尊元. 积极心理学对竞技项目运动员状态的影响研究[J]. 当代体育科技，2019，9（23）：42-44.

性和顺从性，二者是对立的统一体，共同构筑不同类型的训练任务框架。对教练员而言，每次训练目标的实现、内容的实施、负荷的落实、方法和手段的选择及反馈信息的收集，甚至训练任务的监控与调节，都需要运动员发自内心的积极自主的参与。因此，立足心理学理论视角培养运动员主动性人格显得尤为重要。

2. 培养运动员主动人格

结合竞技体育的构成要素可以认为，教练员与运动员之间的关系是竞技运动中最核心的关系之一，对运动员训练效果、竞技表现甚至整个运动生涯都具有至关重要的价值。积极心理学和组织行为学研究认为，主动性人格对教练员与运动员之间的关系具有显著的正向预测作用，说明在构建良好的教练员与运动员关系的时候，主动性人格发挥着不可忽视的作用，这一结果也同样支持了运动员自身的特质对教练员与运动员关系的预测作用。[1]主动人格常与积极的情感联系紧密，有对感恩在维持教练员与运动员联系作用的研究表明，具有高感恩特质的运动员更能够领会教练员的期望与要求，善于与教练员建立和谐的关系，所以，可认为感恩特质能正向预测教练员与运动员之间关系。

从个性发展的视角看，主动性人格也是一种相对稳定的倾向。主动人格的人更善于把握机会，能快速做出决定并能坚持践行，直到出现有意义的改变。所以主动性人格的个体可认为是传达使命和解决问题的先锋，他们善于抓住机会并付诸行动。在运动训练领域，运动员的主动性人格特点主要表现在场上和场下两个方面，男性多于女性。赛场上，在比赛刚开始对手还没有完全进入比赛状态时，他们就会主动出击，很快占据有利局面，尤其是双方选手实力相近的情况下，谁能先发制人谁就掌握了比赛的主动权。在场下，他们的个性也较为活跃，更愿意积极地与教练员交流，教练员感受到运动员的主动行为时，也会积极给予反馈。这样，双方都能够感受到彼此的支持，他们之间的关系也将得到改善，教练员也必然成为运动员最坚强的后盾。[1]运动训练的过程经常是复杂而漫长的，运动员积极人格的培养也能使他们更加坚韧刚强，在面对困难和挫折时具有更强的心理承受力，也更容易产生积极的心理动机。

二、运动训练活动的时间安排

（一）训练课的结构安排

1. 训练课的主要类型

周期训练是从时间维度对运动训练活动做出规划，并根据周期训练计划结合不同的周期时段完成不同的训练任务，开设不同类型的训练课。结合周期训练理论依据不同训练任务，将训练课分为体能训练课、技战术训练课、综合训练课、检查和比赛课、调整恢复课5种常

---

[1] 艾丽欣,王英春. 主动性人格对教练员—运动员关系的影响：自我决定动机的中介作用[J].中国临床心理学杂志, 2017, 25（6）: 1119-1123.

见类型。①体能训练课指通过多种多样的训练方法与手段，发展运动员一般与专项素质，提高机能水平和运动能力，如心肺耐力、抗乳酸能力、专项力量等。②技战术训练课的主要任务是帮助运动员学习和掌握基础动作、基本技术与专项运动技战术等。在纠错环节，教练员要及时发现运动员的错误技术动作姿态、错误的练习方式、不当的肌肉用力而形成的高风险动作及错误的战术配合等，提升个体技战术水平和集体项目的协调配合。③综合训练课主要目标是全面发展运动员专项竞技能力，是一种包含体能技能、战术能力、心理能力等竞技比赛需要的综合性训练课。综合训练课由于结合了众多课程的优点，是训练中最基本最常用的课时类型。训练课的内容安排可实现生理和心理上的互相调节，可提高运动员的训练兴趣，避免枯燥和单调感的干扰，保持强烈的训练欲望。综合训练课由于训练内容较多，一般时间相对较长，训练负荷大，运动员在训练中也更容易发生运动损伤。因此，教练员必须控制好训练内容和负荷的安排，适度拓展训练课结束部分内容与时间，特别是对一些年龄较大或者尚有伤病的运动员要注意他们疲劳恢复环节的安排。④检查和比赛课的任务就是检查运动员在特定的时间段内或某一个阶段训练所取得的实际效果，检验教练员训练计划制订的可行性、科学性、针对性，接收教练员或者是运动员在训练中出现问题的反馈信息，为下阶段训练计划的制订提供借鉴。⑤调整恢复课的主要任务是消除运动员因训练负荷的不断积累所产生的运动疲劳，加快恢复进程，防止训练负荷产生的疲劳效应的叠加，尽量避免运动性损伤，防止由于长期疲劳造成的身体免疫能力下降及由此带来的疾病等。[1]

每种训练课都有其适用环境，也都有其相对稳定的训练任务。教练员每天训练所选择的训练课的类型不应是盲目的，更不能是凭感觉胡乱编造的，而是要根据周期训练计划的目标和任务进行安排，依据运动训练原则和运动员实际情况确定。因此，教练员选择的训练课时需要注意与前后训练课之间的协调与衔接，全面考虑训练课的目标、内容、任务、方法、手段、负荷安排等要素，要注重可操作性强等相关因素的影响，进行科学有序的选择，尽可能实现最好的训练效果。[1]

2. 训练课的结构安排

训练课的结构是指一堂课在时序安排上的各个部分，以及各部分的主要目标、内容、任务、方法、手段、组织形式、运动负荷的安排情况。训练课由准备部分、基本部分和结束部分构成，三部分划分主要是由于人体机能活动变化的规律和特定的课程内容所决定。

第一，准备部分。准备活动可认为是为参与更高强度的运动而做的必要准备。从生理学角度讲，准备部分的任务是适度提高运动员神经系统的兴奋性，激活各器官系统的机能，克服机体机能活动的生理惰性，提高心率、增加呼吸频率、增加血流量，以适应训练时各系统、器官、机能协调配合的需要，增加肌肉中毛细血管开放的数量，降低肌肉的粘滞性，提高韧带的弹性和伸展性，增强关节腔的润滑性，使运动员各器官系统的机能逐渐进入工作状态，通过身体机能的改善调节心理状态，为快速投入运动做准备。热身能提高体温，

---

[1] 王刚. 训练课的结构与内容安排[J]. 冰雪运动，2017，39（5）：49-51.

使更多的血液和氧流向运动参与部位的肌肉，从而为身体能适应更剧烈的活动做准备。体温的提高增加了关节活动范围，动员肌肉的工作潜能，轻微活动后的伸拉运动会使筋腱更灵活，从而可避免关节、韧带和肌肉的损伤。热身运动应从大肌肉群开始，运动员可通过慢跑、徒手操及灵敏与协调性身体练习等热身。

从时间安排上讲，准备部分以一般性热身开始，主要通过5~8分钟的慢跑、快走及行进中的身体活动等轻松的身体活动，使身体微微出汗。目的是在提高肌肉温度的前提下促进心血管系统更好地运送氧料及营养物质。一般性的热身后要刺激关节，使关节腔内的滑液增多，增加关节的灵活性，防止运动中关节出现意外伤害。热身后，也可进行静态的肌肉拉伸，每个肌群的拉伸持续时间一般也不超过10秒，因为拉伸时间过长，会降低肌肉的力量，可能会影响训练课的质量。最后是动态的肌肉活动，如一般性的具有一定强度的高抬腿、跳跃、小步跑、快速移动练习、灵敏协调练习等，有时也会安排专项准备活动，快速地进行肌肉和神经系统激活。[1]

第二，基本部分。基本部分是训练课的主要部分，占据的课堂时间也最多，其任务就是完成课堂教学或训练的主要内容。在现代竞技体育训练中，有些教练又将其进一步细分，目的是与准备活动部分进行有机的衔接。基本部分的开始通常安排引导性练习，提高运动员的训练兴趣，主要安排变换方位、移动速度、注意力集中等灵敏性、协调性练习等。引导性练习结束后紧接着进入技战术练习环节，也是基本部分最主要的练习内容。这部分练习内容结束后进入对抗性比赛训练或者模拟比赛训练。总体上讲，基本部分内容是根据训练任务合理安排好训练内容的顺序。若是多种内容的综合课，则把技、战术内容安排在前，身体训练安排在后。如以身体练习为主的体能训练课，大多按柔韧、灵敏、力量、耐力等的顺序依次安排。如果是技、战术课，则按基本技术、组合技术或基本战术、成套战术的顺序依次安排。组织形式上则根据项目特点、内容以及练习条件来定，既可采用个人，也可采用小组的或集体的形式来进行安排。基本部分的练习时间占总训练课60%~90%，训练课的负荷安排应根据不同课时计划、课的目标、内容及运动员上一次训练课后的恢复情况来安排。[1]

第三，结束部分。结束部分的任务主要是消除基本部分训练后运动员生理和心理上的紧张状态，主要通过放松与拉伸练习来实现。主要负荷后的合理拉伸练习不仅可以提高身体的柔韧性，减少肌肉僵硬情况的发生，也可使运动训练效果最大化，增强机体新陈代谢，促进运动疲劳的恢复，能将运动损伤发生率降至最低，提高运动训练效果。[1]

（二）不同训练周期的制定与实施

1.周期训练理论制定的理论依据

周期训练理论是苏联学者马特维耶夫（Matveev）根据游泳、举重和田径的径赛等项目备战1952年第15届赫尔辛基奥运会，以及其后至20世纪60年代初对备战世界大赛的训练计划

---

[1] 王刚. 训练课的结构与内容安排[J]. 冰雪运动, 2017, 39（5）: 49-51.

特点进行归纳的基础上,将这些训练的经验理论化形成的。马特维耶夫根据运动员竞技状态的形成需经过"形成""保持"和"消失"阶段,把运动训练过程分为准备期、比赛期和恢复期三个时期,并针对不同时期的特点提出了各个时期的生物学基础和训练任务。整个训练周期实际上是竞技状态的三个阶段与大周期的三个时期相对应,根据专项竞技规律和赛季时间安排,竞技状态发展与不同的双周期、多周期相匹配。在此基础上,可形成多年训练周期、年度训练周期、大训练周期、中训练周期、小训练周期及日训练周期。马特维耶夫对周期训练理论的主要贡献是从运动训练学的角度赋予了运动员不同训练阶段的实际内容,提出了各训练阶段的生物学基础、训练目标和训练任务,主要在时间维度形成了训练周期的稳定结构。[1]

周期训练理论为系统的计划与组织运动训练活动提供了宏观方法论指导,通过训练分期,运动员承受不同的训练负荷产生不同的身体适应。早期运动训练周期理论形成于自然科学初步发展阶段,是人类对现代竞技体育规律探索的早期,那时的训练学理论还相当贫乏。传统的训练周期理论主要利用当时人类掌握的非常有限的运动科学知识,结合当时顶尖运动员的训练实践呈现出来的特征构建起来的,对训练过程的计划与控制在当时的训练科学领域算是很大的突破,对现代竞技体育训练学发展也发挥了积极的推动作用。[1]

周期训练理论作为制订现代竞技训练计划的方法哲学,在过去、现在和将来仍将发挥自身的价值。在现代自然科学深度介入到竞技训练过程以后,人们对运动训练与运动员竞技能力发展的内在规律的认识进一步加深,传统周期训练理论更多体现在训练阶段划分和训练内容的宏观控制上,各个构成要素训练、技术训练和战术训练、心理训练等竞技能力要素的分别训练与整合训练等具体问题却绕不开现代运动科学理论的解释和指导。[1]

2. 周期训练理论尚待完善和发展

随着现代竞技体育的发展,运动训练过程的科学性、经济性和实效性越来越引起人们的重视,以西方体能训练、运动技术控制理论等为典型代表的现代最新竞技训练理论更凸显其实用科学的特征,普遍建立在运动科学(解剖学、运动生理学、运动生物力学等)深厚的自然科学基础之上,体现出在干预竞技训练具体问题上的巨大优势,特别表现在对训练内容和负荷的调控等方面,利于实现训练的科学化。在具体的实践过程中,经典周期训练理论只是从时间的维度揭示运动训练的部分规律,在运动训练中其他要素的科学整合上有时并不能发挥足够的指导作用。学者维尔霍山斯基(Verchoschanskij)和伊苏林(Issurin)通过长期研究发现,运动训练分期理论存在明显的不足,主要体现为多种不同竞技能力的能力混合训练产生的训练刺激较大、运动员生理反应存在矛盾、高强度训练疲劳积累、无法胜任多站比赛的要求等问题,于是就在此基础上根据现代竞技体育的高度集中训练的需求提出"板块周期训练理论"。此后,把训练阶段看作生物体不断适应的过程,结合高水平运动员特征,把板块周期分成积累、转换、实现3个训练阶段。积累期指通过高强度训练模式为后期更好的训练

---

[1] 龙斌,李丹阳. 传统周期训练理论的现代适用性及其发展[J]. 武汉体育学院学报,2016,50(4):84–89.

打下坚实的基础；转换期指通过专项化大训练强度提升训练质量；实现是指通过降低训练强度消除运动疲劳，让运动员得以更好地恢复，提升竞技状态。每一阶段就是一个板块，板块训练能更好地提高运动员参与比赛的质量。该理论与经典周期训练理论都是为了让运动员在必要的时候展现出最好的竞技状态，不过板块训练更加适用于当前多站式比赛特征，可以满足运动员多次参赛并长时间保持最好的竞技状态。[1]

经典训练周期理论与其所处的竞技体育发展环境分不开，在很长的训练实践中起到了非常重要的作用，得到广大教练员和运动员的认可，反映了人们在时间纬度上对运动员竞技能力发展规律的认知。板块训练理论在当前高水平运动员高频次参赛的训练实践中也获得了一定的认可。事实证明，对某种理论的质疑和争论都可能促进其进一步发展完善。不论是经典周期理论还是板块周期理论，都有其适用空间，应给予全面认识。理论视角和具体的适应对象是两者之间最大的不同，后者是对前者的继承发展，两者之间应该在运动训练实践中实现互补，在运动训练中得到更加科学的解释。关键点在于教练员需在此两种理论中能够得出适合自身和运动员的训练观点，得出适应运动员自身的训练方法，并以此完善运动训练理论。[1]

三、运动训练活动的空间设计

（一）运动训练目标和内容的设计

1. 运动训练内容设计的内涵

本质上讲，运动训练的内容设计就是在特定运动训练目标的指引下将运动训练相关的各种要素辩证性地整合起来，以实现运动训练的科学化，更好地完成运动训练的各项目标和任务。结合不同的训练目标和任务，对运动训练内容整合时可遵循自然辩证法、经济学、数学、工程学等原理，对运动训练内容的安排水平反映了运动训练的科学化水平。如果抛开时间维度进行分析，不难发现，对运动训练内容的设计上更能体现辩证的"空间"维度，反映了各训练要素在某一时间断面上的结合状态，而运动训练活动的实施反映了其时空元素的结合，在进行理论研究时常将其抽象为某种"模型"。

2. 运动训练目标内容模型的解读

模型是重要的科学研究手段，也是一种理论思维工具，在近代实验科学产生和发展中发挥过重要作用。[2]事实上，任何一门科学都可认为是立足实际建立在抽象基础之上的，都可建立相应的模型。模型方法是以研究模型来揭示被模拟对象的形态、特征及本质的科学方法。客观事物、现象和过程之间存在相似性是模型方法的客观依据。模型一般可分为物质模型和思想模型两大类。物质模型是用某种程度、形式相似的模型实体去再现原型，按

---

[1] 余陆玮,黄达武.经典周期训练理论与板块训练理论之刍论[J].体育科技文献通报,2018,26（11）: 83–87.
[2] 钟永锋.竞技运动宏观结构比较研究[D].武汉体育学院,2009.

物质模型模拟原型的性质和内容，又可分为外型结构模型、物理模型、数学模型、动物模型、功能模型5类。[1]思想模型是"客体"在人们思想中的理想化反映与描述，在人们头脑中创造出来，并被运用在思维中进行逻辑推理、数学演算和理想实验。

运动训练内容模型是建立在对训练主客体关系、运动项目特征、训练活动规律等的认识基础上，借助于多学科的技术方法和工具实现的。从时间的维度讲，运动训练内容模型是运动员多年训练计划、年度训练计划、大周期训练计划的重要基本内容，而训练周、训练课的计划大多没有必要。[1]从这个角度讲，运动训练内容模型具有相对的稳定性，是在时间维度支配下的各运动训练要素的内容整合，模型本身就蕴含着对运动训练结构和各要素交互形式的科学理解。运动训练内容模型的构建就是在运动员起始状态和目标状态之间搭起一座桥梁，要对起始状态和目标状态进行综合分析评判。

（二）训练器械场地的设置

运动训练的器械和场地共同构筑运动训练的物质环境基础，为运动训练活动设定了一个相对稳定而具体的物理空间，运动员竞技能力的提高和运动成绩的取得都应建立在特定的训练器械和场地的基础之上。在现代科技的推动下，运动训练器械和场地的不断进步也促进运动训练方法和手段的创新，甚至引起运动训练思想和理念的转变。从运动训练活动过程来讲，运动训练计划的制订、运动内容的设计、运动训练方法和手段的选择、运动员恢复训练的实施及运动员反馈信息的收集等都应建立在一定的器械和场地基础之上，不同的训练过程体现了器械和场地组合形式的不同，器械与场地就自然成为运动训练活动的一个"定量"。对器械和场地本身来讲，必须与国际接轨，所用器械和场地应符合国际标准，在器械和场地的设计或调试时也应按国际标准进行，确保训练和比赛器械与场地的一致性。

（三）运动训练方法和手段的结合

运动训练方法与手段是互相依存不可分割的，方法是实现训练目标、完成训练任务的途径和办法的总称，而手段则主要指身体练习动作。就作为训练的单独的身体动作来讲，如果不对其有任何规定，那么练习的次数、时间、频率、重量等也不可能做到非常规范，练习的负荷就很难做到科学合理，练习的效果自然难以实现。就练习方法而论，如果缺乏科学而规范的动作作支撑，无论方法安排得多么合理，都难以科学地分配负荷，做到身体各部位和各竞技能力的协调发展，而且，很可能造成运动损伤，甚至使运动员运动生涯提前结束。运动训练方法和手段都需要建立在一定的专项要求和运动员个人解剖和生理特征基础之上。在具体实施过程中，运动训练方法和手段的实施并不是一成不变的，应针对不同的运动员、不同训练目标和内容，选择不同的组合形式，也需要根据运动员的状态改变随时调整。所以，以专项特征和运动员自身特色为依托的方法与手段组合在运动训练活动

---

[1] 邓运龙.运动训练设计中"目标-模型"建构的基本内容与方法[J].武汉体育学院学报，2007（1）：85-88，96.

中更多的表现为空间特征，并把各种训练要素有机结合起来。

（四）训练中各要素关系的统筹

运动训练中各要素关系的统筹事实上就是建立在一定时序基础之上的空间联系，运动训练活动自身也就有一定的层次性和相对稳定的结构。从层次上讲，运动训练器械和场地设置属最基础的层次，为运动训练的顺利进行提供了最基础的保障；运动员和教练员关系处理属于中间层次，和谐默契、积极且富于活力的师徒关系是有效开展训练活动的重要前提；运动训练的目标、内容、方法、手段等在较高层次上主导运动训练活动，直接决定运动训练的效果。从运动训练活动的结构上讲，教练员和运动员分别属于整个训练系统的两根支柱，运动员处于主体地位，属于整个训练计划的践行者和信息反馈者，教练员则为主导者，一切安排都是围绕运动员的健康成长展开，教练员负责整个运动训练系统的控制，也应是最具创新性和激励性的最关键要素。从宏观的时空观来看，由于比赛周期是确定的，对所有的运动员都是一样的，所以，在相同的时间区间内怎样安排运动训练则可理解为一种空间概念，其中的要素组合则体现为在"空间"视角下的一种科学统筹。运动训练目标的达成在很大程度上决定于以教练员为主导训练团队对各要素的统筹，所以，运动训练思想、理念、方法、手段等的创新可认为是统筹方式的创新，这种创新没有终点，没有最好，只有不断进步。

思考题

1. 优秀的教练员应该具备哪些修养？
2. 优秀教练员应该具备哪些能力？
3. 该如何设计训练的目标和内容？

第十章 运动员竞赛调整与控制

第一节 运动员赛前准备

一、参赛的理论基础

（一）运动员参赛影响因素

竞技体育是众多领域综合性融入的社会文化活动，主要包括运动员选材、运动训练、运动竞赛以及竞技体育管理4个板块。这4个板块是紧密结合的一个整体，构成了竞技体育活动的整体架构，但4个板块的层次、任务和价值则各不相同，其中前三个板块具有一定的时序关系，第四个板块可融入到前三个板块之中。从另一个角度讲，运动竞赛可认为是对竞技体育选材、训练及管理成果集中展现的主要平台，运动员选材、运动训练、竞技体育管理属于服务板块，主要致力于运动员成功参赛并取得理想成绩这一核心任务的实现。

从运动竞赛活动本身的构成要素来看，运动员参赛的成绩主要受运动员自身具有的竞技能力及在比赛中表现、参赛对手具有的竞技能力及在比赛中发挥的程度和比赛结果的评定行为3个因素的制约。对于参赛方的运动员和他的支持系统（教练员、管理人员、服务人员、科研人员）来说，这3个因素中，只有运动员自身具有的竞技能力以及在比赛中发挥程度可以在较大的程度上被运动员及其支持系统所控制。因此，运动员的参赛安排自然就应主要集中于这一取向。提高运动员竞技能力的任务主要在训练过程中实现，而在比赛中则应充分利用有利条件，出色地表现出在训练中已取得的竞技能力。

运动员参赛表现同样受多个因素的影响，如参赛选手的确定、参赛方案的制订、赛前训练的安排、赛中的战术指挥等。虽然竞技体育已有漫长的发展历史，很久以前体育工作者就开始思考这些问题，已有大量的相关研究和论述，但至今还没形成系统的参赛理论体系。从竞技体育理论体系的完整性上讲，构建运动员的竞技参赛理论体系是非常必要的，也应是当代竞技体育理论与实践发展的迫切需求。[1]

（二）参赛准备的定义

参赛准备就是为参加比赛而进行的提前筹划与安排。宏观上讲，参赛准备是在竞技体育体系中为运动员成功参赛所作的一切有意识、有目的的准备活动；狭义上的参赛准备则是指为参加某次比赛而进行的专门性准备活动，也可称为赛前准备。相对其他因素而言，组织好赛前训练是赛前准备的核心内容，对运动员参赛成绩将产生最直接的影响。一般所指的参赛准备主要是狭义上的为某一次参赛所做的针对性准备。对教练员和运动员来说，为了成功参赛，主要工作是在赛前最后的几周里安排好赛前的训练计划，改进和提高运动员的竞技能力，并把运动员的竞技状态调整到理想状态，力求在比赛中充分表现竞技能力。运动员赛前准备应包括体能、技能、战术能力以及心理方面。同时，运动员和教练员又应分别注意到会影响比赛过程与运动成绩的多方面的准备工作。

关于赛前准备是教练员和广大运动训练理论工作者共同关注的问题，在有些方面已基本达成共识。普遍认为，赛前准备是一个完整训练周期的最后阶段，在对运动员竞技能力水平和竞技状态充分诊断的情况下而开展的全方位的针对性安排，准备时间基本是在赛前一个月左右开始。但是参赛准备并非是一个机械的程序，有些方面应根据赛事的具体情况酌情安排，如参加重大比赛可考虑将参赛准备时间延长1~2周，而赛事较为密集时，可结合运动员表现适当缩短。另外，还应充分结合各个运动项目的不同要求及运动员的个人状况来确定参赛准备的具体时间和任务。

二、运动员竞技能力准备

（一）全面准备辩证分析

1. 体能准备

训练与比赛的主要差别在于心理承受力和身体对强度的适应上。比赛时身体负荷强度和心理压力要比日常训练时大很多，运动员在比赛期间体力和心理消耗增加，极易出现身心疲惫，影响比赛发挥。体能是运动员技战术发挥和心理能力体现的基础和保证。基于比赛中体能消耗过大的实际情况，在日常训练时应打好基础，特别是赛前阶段体能训练更要适度加强，认真做好体能贮备，以适应高强度比赛的需要。科学选择与安排训练内容和负荷是直接赛前准备周期的关键，赛前安排训练内容和训练负荷应尊重运动训练规律，应考虑各种训练内容的不同作用和转化成竞技能力的时间安排准备周期，结合影响运动能力的

---

[1] 石岩，赵阳.竞技参赛理论体系的构建[J].山西大学学报，2011.

各个器官和各种身体机能系统的不同适应动力学特征安排内容与负荷，使各运动负荷对运动员机体所施加的训练刺激对竞技能力转化起决定性作用。众多运动训练实践表明，对运动员机体起一般性和多方面作用的负荷转化成运动员竞技能力的时间较长；相反，对运动员机体起专门作用的负荷要素能在较短时间内迅速转化成运动能力，即在最合适的时间产生超量补偿效应。所以，要想在某一既定间取得最好的运动成绩，就必须对各个训练要素在时间、内容和顺序等方面作出合理安排，使之和训练负荷要素的特征相适应，使最大负荷的补偿效应最终作用于比赛，取得理想的竞赛成绩。[1]

2. 技术准备

比赛基本上就是以技术为表现形式的综合较量，各项目的运动员赛前都非常重视技术准备，尤其是熟练完整技术直接决定技能主导类项目的最后成绩。一般而言，技术准备时常根据赛场的具体条件针对性的适应比赛动作的技术要求或完善局部的技术缺陷。随着赛事的临近，运动员在技术准备时应以熟练完整的技术为主，加强其自动化水平。减少平时训练时的一般性练习和分解练习的比重，直接采用比赛或接近比赛的运动形式，力求在较强的身体和心理压力下高质量地完成完整的技术动作，提高技术训练规范化和自动化水平。练习的次数不应过多，应重点提升技术动作的稳定性和成功率。越是比赛临近越应采用比赛训练法提升完成完整技术动作的能力，科学安排必要的队内检查性的或适应性的热身赛，在实战条件下检测运动员掌握完整技术的情况，加强能满足实战需要的技术能力。由于运动技术的习得到形成竞技能力需要相对较长的时间，所以，赛前通常不建议较大的改动主要技术环节，因为原有的动力定型被破坏后，建立起新的动力定型需要一定的时间，重新调整和适应恐怕来不及，甚至会导致运动员在赛场上的技术紊乱，影响比赛发挥。若是主要技术环节存在明显缺点，一定要在早期训练中予以纠正。在赛前训练中，只有在短时间内取得明显效果且非常必要的前提下，才会考虑安排弥补局部技术缺陷的练习。

3. 心理准备

在运动竞赛中，心理能力可认为是一种综合能力，既指运动员心理机能状态、心理定位和定向，也包括相关战术知识的掌握和运用能力。所以，在参赛准备阶段既要有所侧重地分别解决体能、技能等方面的问题，也要随着比赛日临近重视提高和巩固比赛条件下运动员综合运动能力，加强运动员参赛的心理准备。运动员赛前心理准备的主要目的是调节运动员心理状态，保障智能水平发挥作用，通过技战术演练使运动员在赛前形成积极稳定的心理状态，消除他们在赛前和比赛中可能出现的心理障碍，使最佳竞技心理状态的形成与保持成为运动员在比赛中取得优异成绩的重要保障。参赛心理准备主要包括以下内容。

（1）心理定向、准备方案和心理状态的准备

第一，摆正位置，建立正确的比赛心理定向。比赛心理定向是运动员对比赛的注意指向和心理活动的准备状态，即运动员对比赛的动机、态度、指导思想和目标等方面的心理倾向，以及所确立的心理准备和自我要求的方向，是赛前和平时心理准备的重要内容。运动员的活

---

[1] 哈雷，蔡俊五. 直接赛前准备[J]. 贵州体育科技，1997.

动动机倾向可分为任务定向和自我定向，任务定向以自我提升情况为主要参照标准，很少受到自己和他人比赛成绩的影响。自我定向是在与他人比较的基础上设定的成绩指标，只有成绩超过别人才能感觉到成功，心理和行为受结果影响较大，易引起情绪紧张。由于心理定向不同，运动员在心理准备时常形成以下四层次的心理状态。首先，"重过程，轻结果"，即高控制，低焦虑，这被认为是最理想的参赛心理状态，易于取得优异成绩。其次，"重过程，重结果"，即高控制，高焦虑，这是多数运动员在重大比赛中最常见的心理状态，可通过对比赛过程和技术动作的高控制，争取好的比赛结果。再次，"轻过程，轻结果"，即低控制，低焦虑，这是责任感和事业心不强的表现，不应是运动员追求的目标。最后，"轻过程，重结果"，即低控制，高焦虑。这是运动员最差的比赛心理状态，很难赛出优异成绩，应重视调节。

第二，制订周密、详细的心理准备方案。运动员赛前撰写参赛方案是一项惯例。比赛虽有规律可循，但也是变化莫测的，运动员应根据对赛前状况的分析和对比赛条件的了解，制定出周密的比赛方案，结合包括赛前行为和思维程序撰写参赛方案，并尽可能充分地设想比赛中可能出现的情况和解决的措施。[1]

一个好的比赛方案除了包括体能、技能方面的要求外，还应有行为程序和思维程序等心理方面的安排。体能方面保障有充分的体能储备；技术方面主要指要表现出合理的动作程序；心理上的行为程序主要是指比赛前的不同时间段应做什么，如准备活动的内容选择时间设置以及比赛期间闲暇活动的计划等。思维程序主要指比赛前不同时间段思考的内容，如默念动作要领表用以调节比赛中经常出现的情绪紧张，稳定比赛的心理状态。制定比赛心理准备方案的过程不只是一个简单的准备过程，更重要的是通过积极强化来明确指导思想的心理定向过程。运动员因制定心理准备方案而进一步提升控制比赛的能力，当他们感觉整个比赛过程都在自己的掌握之中时，产生比赛应激的可能性和比赛的不确定性都将随之降低。心理准备方案作为比赛方案的重要组成部分，可单独由运动员独自撰写，也可以在教练员和心理教练共同帮助指导下完成。心理准备方案的内容应立足本人现实的状况、思想活动、比赛的特征等，对其针对性、可操作性、科学性等进行综合考虑，避免流于形式。

第三，帮助运动员调整好赛前心理状态。为使运动员形成最佳的赛前心理状态，教练员首先要运用心理诊断的理论和方法判定运动员参赛时将处于何种状态及其具体程度；其次，针对性地采用镇静或兴奋等心理训练方法，同时请运动心理学专家通过心理咨询等手段来帮助运动员调整赛前心理状态。赛前教练团队要妥善解决下列任务：一是创造一种促进运动成绩提高的良好氛围；二是激发运动员取得优异成绩的比赛动机，调动他们的拼搏精神；三是坚定运动员比赛的必胜信心；四是针对直接对手的心理特征进行专门性调适训练；五是模拟比赛前和比赛期间的气氛，对运动员进行针对性的训练。[1]

（2）运动智能方面的准备

众所周知，运动智能是运动员在运动训练和竞赛中表现出来的智能水平，是在比赛中灵活运用所学知识的能力，需要以一般智能为基础，也需要有一定的智能储备。运动智能是良好的心理状态和丰富知识的创意性结合，其作用体现在整个运动训练的全过程，灵活

---

[1] 田麦久. 运动训练学[M]. 北京：人民体育出版社，2012.

的战术运用时期最主要的表现形式。所以，运动智能的准备主要体现在观察、记忆、思维、想象训练，知识的积累，心理状态的调节和方法类知识的不断强化等。优秀的运动选手都能将知识转化为思维、把思维转化为行为、把行为转化为习惯、习惯转化为能力。所以，赛前良好心态的塑造、技战术运用习惯的培养与强化应是运动智能准备的重点。

（3）运动战术准备

战术实质上就是运动员在比赛中的心理和智力上的较量，战术准备的主要就是制定实用有效的参赛战术，并熟悉战术关键环节、具体要求和战术变化，通过反复演练后能在比赛中熟练应用，并达到出奇制胜的目的。参赛战术制定时通常考虑具体的比赛目标、比赛规则的规定，要根据自己的体能与技能特点和优势、主要对手的特点，要考虑比赛时间和地点及赛场环境等方面的情况，选择并确定适宜的战术，进行周密细致的战术准备，然后根据不同的参赛目标和项目需求选择不同的参赛战术。比如中长跑选手要想赢得比赛，通常多采用跟随跑战术，制定自身的体力分配计划，在到达终点前进行冲刺，达到最终领先的目的；当然若是想创纪录就另当别论了，把握自己的节奏，量力而行，不被外界干扰可能是最好的选择。

事实上，在战术制定时常常对竞赛规则重视不足，一定要清楚竞赛规则就是赛场上的法律，一切参赛战术安排都必须符合竞赛规则的要求，否则得不偿失。而竞赛规则通常会发生周期性的改变，多半表现难美性项目通常都会在每四年一次的国际性大赛后，发布新规则，以便于教练员、运动员尽早认识项目发展趋势和要求，按新规则的要求进行战术设计和训练。战术制定一般都很有针对性，每个运动员竞技能力结构都有明显的自身特征，在参赛战术制定时一定要扬长避短，力求充分发挥运动员在体能、技能和心理方面的优势，并以合乎规则的行为影响或限制对手发挥特长。战术制定还应充分考虑竞赛环境，不同的赛场环境对战术要求不同。在寒冷冬季的室外比赛，刚开始应采用相对稳重的战术为宜，随着时间的推进和运动员热身程度的提高，就可考虑进一步采取更积极、主动的战术，充分发挥运动员的竞技能力。

总体上讲，参赛战术制定完成后，首先，应通过认真学习和深入讨论统一全队思想，提高团队对其内容与作用的认识，了解其关键环节，在训练和比赛中明确奋斗目标和努力方向。其次，要制定切实可行的具体措施，鼓励多种打法与技术风格的共存与竞争，做到优胜劣汰，优化战术体系。再次，在备战训练中，要把预定战术指导思想和具体措施落实到每堂训练课之中，使之与其他竞技能力结合，进一步巩固完善自己的技术打法和战术风格。战术的精髓在于实战，所以要合理地安排一些热身赛和模拟赛，通过反复演练，做到精益求精，能熟练掌握和赛场上的灵活运用。

（二）风险识别，评估应对

运动竞赛，特别是奥运会、世锦赛、世界杯等重大比赛，是极其复杂的系统工程，运动员在参赛过程中可能会遭遇多种风险。通常而言，运动员参赛过程可分为两大阶段：第一是赛前准备阶段，第二是比赛阶段。[1]每个阶段又可根据不同标准划分为许多小的阶段。对于这些已确定的小阶段，一般都有规定的参赛程序或流程，其管理工作的难度和复杂程度相对

---

[1] 石岩，田麦久.运动员参赛风险研究导论[J].中国体育科技，2004.

较小。但在运动员参赛过程中，不可避免地会遇到各种不确定因素的影响，比赛存在风险性问题，其管理则相对复杂。由于收集到的竞赛的信息不完整或信息获取相对滞后，常造成运动员参赛风险的识别不准，对风险性质的把握困难较大。因此，从某种意义上讲，运动员若想在比赛中取得理想成绩，就必须认真分析可能面临的参赛风险，有效地管理各个参赛环节。

运动员参赛风险，是指运动员在竞赛这一特定的社会文化活动中可能遭遇的风险，包括运动员在参赛的各个阶段或环节可能遇到的风险，即在运动竞赛中发生各种影响运动员比赛发挥，导致运动员比赛成绩下降的事件，还可能影响运动员竞赛状态或使运动员在竞赛中难以获得理想成绩。[1]运动员参赛风险伴随赛前准备和参赛的全过程，这个过程存在各种不同的参赛风险及参赛的复合风险，出现的概率及所造成的影响也各有不同。

运动员参赛风险管理主要由运动员参赛风险识别、参赛风险评估和参赛风险应对三部分组成。运动员参赛风险识别是指寻找比赛中可能出现的主要风险，是运动员参赛风险管理的第一步；运动员参赛风险评估是对运动员参赛风险的定量或定性分析，目的是为参赛风险应对策略与方法的科学选择提供可靠的数据；运动员参赛风险应对是在参赛风险识别、评估基础上，采取措施防范或减轻运动员参赛风险影响的过程。[2]

1. 运动员参赛风险识别

风险识别是运动员风险管理的关键的第一步，主要是对运动员潜在的参赛风险和可能面临的状况加以分析、判断和归类。竞技体育实践和理论研究已经证实，运动员参赛风险具有多样性，在前人的研究中就有很多经典案例和相关报告，通过收集、整理这些出现过的运动员参赛风险案例，可帮助我们识别运动员参赛风险发生的位置、发生的条件、运动员参赛的主要风险、这些风险产生的原因等。

运动员参赛风险识别的主要任务是预测，提前思考未来运动竞赛中可能遇到的问题，以便在合适的时候采取有效措施加以应对。从工作程序上讲，运动员参赛风险管理的首要任务就是运动员参赛风险识别，其工作好坏直接影响后面的风险评估与风险应对。依据竞赛成绩的影响因素，石岩（2004）提出"运动员参赛风险源"概念，对运动员参赛风险进行溯源分类。他认为，运动员参赛风险主要由参赛选手风险、对手风险和比赛环境风险三大类组成，其中参赛选手风险和对手风险主要包括体能风险、技术风险、战术风险、心理风险、比赛经验风险、伤病风险和自我管理风险，体现在运动员自身竞技能力方面；比赛环境风险包括比赛时间与地点风险、比赛场地与器械风险、比赛规则与规程风险、裁判员风险、气候与地理风险、生活与交通风险、教练员风险、观众和媒体的社会支持风险、运动队管理风险以及其他风险。[2]

为了有效地识别运动员参赛风险，研究者依据过去在比赛中发生过的运动员参赛风险事件，按照特定的目标要求编制了"运动员参赛风险检查表"，将其作为运动员参赛风险识别的重要工具。"运动员参赛风险检查表"采用"二选一"的方式，也就是要求教练员或运动员逐一对表中所列出的运动员参赛风险从"可能出现"或"不可能出现"选项中选一种。若还想到表中

---

[1] 石岩. 我国优秀项目高水平运动员参赛风险的识别、评估与应对[D]. 北京：北京体育大学，2003.
[2] 文丛. 我国运动训练科学化动力系统的研究[M]. 北京：北京体育大学出版社，2005.

没有列出的其他参赛风险，可以写在表中备用的空栏中，并一起归为风险识别选项。分析评判之后，将教练员或运动员认为可能出现的风险汇总起来，就是运动员可能面临的参赛风险。[1]

运动员参赛风险识别不是仅靠一两次调查分析就能完成的，它是一个连续不断的、动态的过程。许多复杂的潜在的运动员参赛风险通常要经过多次识别才能准确发现。全面考虑运动员可能遇到的参赛风险是非常必要的，但这几乎是不可能的。因此，寻找运动员主要的参赛风险应是运动员参赛风险识别的重点。但比赛都具有保密性，很多因素是未知的，所以目前，运动员参赛风险方面的资料数据严重不足或几乎没有可利用的资料和数据是运动员参赛风险识别遇到的最大问题。运动员参赛风险识别的这些难度导致在很多时候只能采用主观评估的方法评估运动员参赛风险，因此，应该尽快建立各个项目运动员参赛风险资料数据库。

2. 运动员参赛风险评估

风险评估是对运动员参赛风险的定量分析，目的是为风险决策、风险应对策略与方法的选择提供可靠的科学数据。[2]在运动员参赛风险识别的基础上，请教练员对运动员参赛风险的可能性、严重性和可控性进行评估，通过将3个指标的评分相乘，得到描述运动员参赛风险的综合指标——风险量（Rv）。运动员参赛风险评估采用的改良列表排序法是在传统的风险发生可能性（P）与后果严重性（S）基础上加入风险可控性（C）维度的一种综合评估方法，其风险量（Rv）的计算公式是：$Rv = P \cdot S \cdot C$。另外，可以采用风险系数（Rr）来表示运动员的参赛风险、类别风险和总体风险情况，计算公式是：风险系数（Rr）=所有风险因素实际得分之和与所有风险因素最大可能之和。

我国优势项目中的跳水、体操、射击、举重等间接对抗类项目中，运动员参赛面临的最主要风险是来自与比赛环境相关的裁判员风险、场地器材风险及与来自参赛选手相关的心理风险、技术风险和伤病风险。我国优势项目中的乒乓球、羽毛球、短道速滑等直接对抗类项目运动员参赛面临的最主要风险是来自比赛环境方面的裁判员风险、来自参赛选手的心理风险和来自对手的战术风险，我国这些优势项目高水平运动员相同的主要参赛风险是裁判员风险和心理风险，它们经常是排在前两位的最主要参赛风险。乒乓球、羽毛球项目主要应重视来自对手战术与经验等方面的风险。[2]

3. 运动员参赛风险应对

在对可能遇到的参赛风险因素与风险事件进行识别、评估的基础上，研究提出了我国优势项目高水平运动员参赛风险的应对方法与策略。风险应对方法与策略主要有两类：一是防范风险，即在风险发生前针对与风险发生的相关因素采取的控制措施，以消除或降低风险；二是减轻风险，即在风险发生时及时采取有效方法，减少损失。运动员参赛风险应对策略主要有：风险回避、风险降低、风险转移、风险自留等。其中，风险降低策略是运动员参赛应对策略中应用最多的。在应对运动员参赛风险中，应坚持"谨慎原则"和"程序性原则"。对我国优势项目高水平运动员进行"参赛风险典型事例"教育或参赛风险教育

---

[1] 石岩. 我国优秀项目高水平运动员参赛风险的识别、评估与应对[D]. 北京：北京体育大学，2003.
[2] 田麦久. 运动训练学[M]. 北京：人民体育出版社，2012.

可以提高运动员应对参赛风险的意识和能力。

我国优势项目中的间接对抗类项目运动员参赛风险应对的主要特点是，重视训练时动作熟练程度，提高动作的成功率，同时通过在训练中增加多种类型的模拟比赛，提高运动员对环境的适应能力和对突发问题的应对能力。我国优势项目中直接对抗类项目运动员参赛风险应对的主要特点是，把比赛对手放在突出重要的位置上，赛前模拟训练主要是针对比赛环境和主要对手来进行，积累风险应对经验。我国优势项目高水平运动员风险应对的基本特征是，重视平时训练对运动员竞技能力的培养与保持，赛前开展针对性的模拟比赛训练。同时，强调运动员参赛风险应对措施与方法选择的专项化与个性化。大赛前准备工作是我国优势项目高水平运动员参赛风险应对的主要内容之一，已积累了丰富的经验。做好大赛前应对参赛风险的准备，有助于我国优势项目运动员获得理想的比赛结果。[1]

三、运动员器械准备

（一）自带器械的准备

有很多运动项目都需要运动员自己准备比赛器材，如隔网对抗类项目的乒乓球拍、羽毛球拍、网球拍；表现准确类项目的射击枪弹、射箭弓箭；体能类项目的公路或场地自行车、赛艇和皮划艇等；各项目所需的专业运动鞋服等。作为参赛准备的一部分，还必须保持所有装备处于完好状态。运动员参赛前要仔细检查比赛所需的器材，并保持其干净、整洁和正常使用。此外，在出发前，最好请有经验的教练员和裁判员按照最新的规则要求检查比赛所需的器材。

由于种种原因，在比赛过程中常常会出现比赛器械发生故障的现象，如护掌断裂、拍子及拍线断裂、车轮破损、器械变形等，此外，有时也会出现鞋、袜、滑雪板等临场装备对比赛场地条件不太适应的现象，如乒乓球拍在潮湿的环境中摩擦系数降低达不到正常使用要求等。因此，为确保比赛顺利多准备1~2套备用器械，易损零件或器械要多配备几件备用的，按照比赛要求，适当配备一些相应的备用装备和器械是确保比赛时万无一失的重要保证。像球类、击剑类等属于在现场随时都能更换装备和器械的项目，这一类问题比较好解决；像公路自行车、长距离滑雪等长时间耐力项目则需要安排一种流动的供给保证，当然，这样做时必须遵守比赛规则的有关规定。对于某些重要的比赛器械，如羽毛球拍、气手枪柄等，为了防止在运输和比赛中出现损坏或丢失情况，应该随身携带或专人运输、分地点放置与保管。[2]

（二）对赛场设备的适应

1. 赛前一天的适应

运动员在赛前24小时的常规准备，除了选择一些运动内容外，其他方面的准备也是必不可少的，具体体现在以下几方面。①认真准备第二天比赛的必备用品，如饮料、毛巾、雨具、

---

[1] 田麦久.运动训练学[M].北京：人民体育出版社，2012.
[2] 石岩.论竞技参赛准备[J].中国体育教练员，2005.

多备一双鞋袜、T恤等。②如果时间允许，可直接去赛场，熟悉赛场环境，想象比赛时的情景。③选择赛场附近的旅馆，可节约路上的时间，万一出现天气变化、交通阻塞或其他事件，不会影响到当天的比赛。④注意高能量饮食或易消化的食物等，晚上9点后最好不要再吃东西，不要睡得太迟，至少保证6~8小时的睡眠。⑤睡前观看一些优秀运动员的录像。许多心理学家认为，无论你做的是噩梦还是好梦，睡觉前一小时内你所看到的印象是最深的。⑥赛前的准备工作要充分，晚上不要过多地考虑第二天早晨的比赛，以免影响睡眠质量。

2. 比赛当天的准备

在比赛当天，无论是上午还是下午都应注意以下几个方面的常规准备。①早晨醒来到出发前，一定要给自己足够的准备时间，不要一起床就奔赴赛场，要留出足够的时间去比赛现场做准备活动，当然也不要等到最后一刻才离开，否则导致收拾物品时手忙脚乱，会遗忘东西。②早餐前适当地做一些轻微的拉伸练习，使身体微微出汗。③吃一些易消化的能补充能量的食物，如香蕉、蛋糕等；少吃或不吃难消化的食品，如牛奶、咖啡等。也可以按照自己平时的饮食习惯进行选择。④到赛场后，向裁判员示意自己已经到了，做准备活动前要问清楚裁判员比赛的开始时间和每人练习的次数，再决定什么时候开始做准备活动，活动内容可以按平时的活动习惯，将状态调整到随时可以参赛。千万不要过量，防止出现疲劳状态。⑤反复回想你的准备活动和在比赛中的动作，想象动作前后的反应及以哪种方式进入或退出比赛状态。⑥如果比赛时天气太热，应尽量避开阳光充足的地方，避免引起身体不适。[1]

第二节　参赛过程控制

一、竞技能力的整合

（一）教练智力支持

1. 教练员赛场指挥的依据

赛场指挥是在比赛情况下进行对运动员一种主动的调适应变的方法，不但要求教练员明确分析比赛形势和战术方案，而且要求他能为下一步的比赛进行实时的和针对性极强的必要指导。这就要求教练员必须要结合以下述依据。

第一，严格按照比赛规程。由于项目的自身特征和比赛规则的不断变革，教练员的临场指挥受到越来越多的限制，因此，教练员在每次指导时，都要严格遵守最新的竞赛规则以及组委会的特殊规定，以免带来损失或受到惩罚。

---

[1] 谭建共,李涛.对投掷运动员赛前准备的综合分析[N].广州体育学院学报,2002.

第十章 运动员竞赛调整与控制

第二，认清彼我双方的技战术特点和博弈情况。竞技双方的博弈也体现在技战术尺长寸短的针对性和局限性上。因此，必须结合实战情况对其进行必要的调适，以更好地适应比赛发展的需要。这里的调适是一个比较宽泛的概念，既包括保持、加强或减弱某种技战术，也涵盖变换其他技术与对策等。总之，对技战术的调适就是以我为主，先发制人，扬长避短，克敌制胜。根据项目不同，技战术变化可以表现在出场阵容、运动员搭配、出场顺序、某种技术及技术组合的使用与回避、攻防战术选择等几个方面。

第三，结合运动员的竞技表现与情绪状况。教练员还应该根据运动员在实战中的竞技表现和情绪状态进行指导，使运动员从容参赛，并将其与战术调整等工作结合起来。这就要求教练员的指导必须简洁、准确、明晰且富有激情，既要有效地调动运动员的比赛热情，又要最大限度地克制自己的情绪，尤其是比赛进入白热化时更应如此。

第四，要抓住赛后的大好时机及时解决重要问题。重大比赛一般要从及格赛直到决赛经历一整套系列比赛，历时2~14天。在比赛时期内，各方运动员都不可避免地出现各式各样的问题，教练员应该敏锐地发现问题，并进行及时有效的指导与教育，使运动员可以吸取教训，引以为戒。[1]

2. 教练员赛场指挥的原则

第一，要重点突出。教练员的赛场指挥要求更有针对性地解决运动员在比赛中出现或可能出现的重点问题。这些问题有可能是技术的、战术的、心理的，也有可能是运动员自身的问题。一般来讲，教练员临场指挥的要点主要集中在运动员的技战术和心理调适及竞技状态的保持等方面。

第二，要简明扼要。在比赛实战中，运动员处于全身心投入的竞技状态，教练员指挥的有效时间是很短暂的，因此，教练员的指导不仅要重点突出，还要尽可能简明扼要，一语中的。这样就便于运动员快速理解和响应，省去思考的过程，也可以有效避免因没能领会教练员的指导思想而贻误战机。另一方面，简明扼要的指导语有利于运动员在场上自我暗示和强化，更有效贯彻教练员的指导思想和意图。

第三，要鼓励支持。运动员在场上的竞技，实际上是他们各自的团队之间的较量，离不开各自技术团队背后的决策和协作。每一个竞技运动项目都是这样，运动员在场上拼搏，不论情况如何，都非常需要教练员与队友的肯定与鼓励。尤其是在场上发挥不利的情况下，更需要教练员和团队热情的鼓励和积极的支持。可以是简洁的称赞，也可以是建设性的积极反馈，让运动员获取积极的场外信号，并调整状态，增强信心。

第四，要尊重个性化。要发挥个性就是要求运动员集中优势技术、战术和力量，充分发挥我方优势去攻击对方的弱点和短处，或协助队友防守其强处，放弃攻击对手的短处。事实上，一切技战术的选择和运用都应获得战术效果最大化，应该体现以我所长攻彼所短及抑彼之长避我之短的个性化原则。

---

[1] 田麦久. 运动训练学[M]. 北京：人民体育出版社，2012.

3. 教练员赛场指挥方法

第一，技术指挥方法。由于比赛紧张而激烈，除举重、高山滑雪等很有限的几个项目外，在比赛中对运动员进行技术纠偏指导的可能性很小。教练员在进行技术指导前，必须通过观察信息监测等反馈手段对运动员动作做出客观的分析。

第二，战术指挥方法。战术指导具有鲜明的项目特征。比如，中长跑、马拉松、竞走、公路自行车等长距离耐力项目，教练员可向运动员反馈目前的名次、分段速度、与竞争对手之间的距离以及剩下的距离等比较准确的信息，[1]以便运动员实施下一步战术。在球类项目中，教练员进行指导的余地非常大，依规则规定，可在比赛进行、节间休息、更换运动员、叫暂停等时段进行技术指导。但在紧张激烈的比赛间歇阶段，运动员能接收和理解的信息非常有限，教练员指导一定要简明扼要，并结合双方早已达成的默契，将指导落到实处。

第三，心理指挥方法。大量事例表明，对运动员和运动队进行积极的心理和情绪调节，能够出奇制胜，获得成功。对运动员心理影响分为两种情况：一种是在下一阶段比赛中，进一步挖掘运动员的潜力，进行心理—情绪的动员；另一种是在技术类、一对一搏斗类或球类等项目中，调节过分激动和神经质的情绪状态。教练员可在中间休息时通过个别指导或换上有比赛经验的、心理比较稳定的运动员的方法来实现其指挥意图。

第四，对应赛场突发事件的指挥方法。既便赛前做了大量准备工作，由于比赛竞争非常激烈，赛场情况瞬息万变，运动员或运动队处于情绪激奋状态，加上一些客观因素的干扰，往往容易激发一些不良的突发事件。比如，质疑裁判员的判决、在关键时刻双方运动员发生口角、客场的观众起哄或干扰等，如果不能冷静对待就会出现大的问题。此时，教练员要善于临场观察，及时做好疏导工作，制止事态的恶化。如果突发事件不可避免，教练员要有清醒的认识和足够的思想准备，要立即协助有关人员控制场上局面，使比赛能够顺利进行，避免矛盾激化。要彰显教练员的权威，控制队员情绪，稳定心态，使之继续投入比赛。尤其值得注意的是，不管场上发生什么，教练员一定要以大局为重，冷静对待场上问题，切不可火上浇油，体现出对裁判、对手和观众的不尊重。

（二）聚焦内在的思想力量

1. 在信息干扰下调控自己的思维方式

比赛期间较平常有更加特殊的时空环境，运动员在比赛期间会收到各方面的比赛信息和干扰，正确地处理信息、调控自己的思维方式显得尤其重要。运动员对信息的处理上在情感状态和价值认知上主要体现为接受并吸纳、重视并创新、排斥并化解三个层次，尽可能使之发挥积极作用，避免干扰发生。

①接受并吸纳思维主要有以下3种类型。一是认可与接受。运动员在获得消极信息后，承认所接收竞技信息的内容，有时还会在此基础上进一步的思考或采取某些行动。二是美

---

[1] 袁蓓,魏冬.教练员对比赛的准备和指导[J].中国体育教练员,2000.

化思维。对于不愿接受或难以置信的信息内容，设法探寻其产生的原因，尝试给以合理的辩解，甚至故意去美化，使之合乎某些道理，以维护自尊或达到心理平衡。三是置换思维。运动员确定自己接收到消极信息后，不气馁，反而根据自身需求，通过想象等思维方法，将信息中的自己最不愿接受的部分内容替换，造成信息主要意义的改变，或假设一种原有信息中并不存在的内容附在原有信息当中，以满足自己心理调控的需要。

②重视并创新思维主要体现为以下3类。一是泛化和投射思维。运动员接收到关于己方和对方的心态、比赛和训练的情景、比赛条件对自身或对方的影响等类型的竞技信息后，给予高度重视，并将该信息原本内容或加强效果后，转移到其他人或事情上，从而减轻信息对自己的消极作用。二是创新思维。运动员在接收到消极信息后，有时会以该信息为重要依据，努力思考克敌制胜的招数，积极探寻求解决问题的办法。三是质疑和关注事实。运动员接收到消极信息后，并没有马上对该信息的价值进行分析，而是对关注点发生转移，首先是质疑该信息的真实性，继而更加关注与信息内容相关的事实，以便确认所接收信息内容的真实性。[1]

③排斥并弱化思维主要体现为以下4类。一是否认排除思维。运动员在接收消极信息后，为不被其干扰，根本不承认竞技信息内容的存在，也不接受其导向，并以该信息为参照，站在对立面上，重新评估该竞技信息内容。二是抗性思维。运动员接收到该类竞技信息后，以该信息为激励，表达并提升自己原有的求胜愿望。在这种处理中，所接收的信息会激起运动员强烈的获胜愿望，使之要求自己不退让、不妥协，努力实现原定目标。三是逆向思维。运动员接收该竞技信息后，以所获取的信息为参照或起点，改变思维路径，或沿着其他方向，甚至相反的思路去思考。四是弱化排除思维。运动员虽然接收了竞技信息，但对所接收信息的内容并没有产生积极反应，反而主动要求自己忘却、忽视、淡化，甚至放弃所接收的信息，进而达到使竞技信息影响在头脑中消失的目的，好像自己不曾接收过这种竞技信息的效果。

2. 调控竞技目标

竞技目标的调整是运动员在临场比赛中的常见现象，主要有以下几个环节需要重视。一是锁定新的目标。当运动员接收到消极信息后，应尽快根据接收到的信息重新定位，为自己设定一个目标，并迅速转移原来的目标定向，要求自己关注刚建立的新目标，并取代对原有信息的关注，尽量避免所接收道德信息的干扰。二是锁定新的模糊目标。当运动员确定自己接收到消极信息后，应尽快根据接收到的信息重新为自己设定一个相对模糊新目标，新目标应更强调目的性和导向性，可以缺少可操作性，而不注重如何操作去达到该目标。三是目标难度调节。目标难度调节有两类。一为弱化了的目标，表现为难度下降，更易完成，目标的可控制性提高，目标从结果指向过程，更易操作。二为强化了的目标，被调整过的目标更加远大，更加难以实现，也更加模糊和不易操作，更指向结果，而不是过程。

3. 控制定向行为

运动员在比赛中的定向行为对比赛过程和结果将产生重要影响。具体来讲要做好以下

---

[1] 许小冬. 中国队08奥运"本土作战效应"攻略设想[A]. 首届中国体育博士高层论坛, 2006.

几方面的工作。一是采取具体的行动措施。运动员在定向行为方面可采取多种多样的具体措施，不仅对不同的问题可以有不同的方法，而且对相同的问题，也可有不同的方法。根据所获取的竞技信息的差异，运动员所采用的具体措施可包括身体、心理、技战术等方面。二是求助、协商与倾诉。在竞技信息的处理方式中，运动员将接收到的某类或某些信息主动传递给他人，向他人请教解决问题的办法，或直接通过传递信息得以解脱。事实上，求助、协商或者倾诉是运动员在认识到自身能力不足时，借助外界力量解决问题的常见手段，也是他们在所获取的信息引导下积极寻求助力的过程。三是抗性行为。运动员在接收到消极信息后，强迫自己发愤图强，完成比赛任务，达到既定目标。他们所计划的行为也许是自身不愿做或难以做到的。抗性行为更多的是为表达一种实现目标的强烈愿望，而非关注达到目的的能力。但对胜利的强烈愿望能激起运动员积极探索获胜的途径和方法，为最终获胜做铺垫。抗性行为有其鲜明的自身特征，在很多抗性行为中，运动员有时孤注一掷，甚至可以把自己的健康和生命危险弃之一旁，执著于要实现的目标，进而发挥自身的潜能。四是转移和回避。运动员事先故意将自己的信息接收器官避开信息源，在时间和方位上故意屏蔽消极信息源，避免接触到有害的竞技信息。[1]

（三）运动员参赛不同阶段的自我控制

1. 竞赛初期的自我控制

运动员参赛可从广义和狭义两个视角解释。广义的参赛阶段是指运动员入驻比赛地直至离开比赛地，狭义的参赛阶段则是指运动员开始参加某一轮或场次的比赛到该比赛结束。不同项目的比赛持续时间长短、同一项目赛轮次或场次的规定、运动员参加多个项目比赛等因素，都决定了运动员对自我控制有不同的要求。运动员进入比赛场地后，参赛行为的自我控制主要体现在身体和心理迅速适应比赛环境，在此基础上将参赛方案的进一步具体化。在比赛起始阶段，客观环境的作用主要体现在对手技术水平的高低和战术方案的优劣。体能主导类和技能主导类项群运动员的比赛过程主要体现在自身训练水平高低的充分发挥和稳定性上，所以，尊重运动员主体地位的基本战术思想必须贯穿比赛始终。

在比赛中，运动员竞技能力就是体能、技能和心理能力的复合体，而战术可理解为心理能力的"显性"表现，需要建立在一定的体能、技能、智能和心态的基础之上，又能统领这些竞技能力的发挥。比如，在有多个赛次的体能主导类计时类项目中，一般主要采用"争权夺标""先发制人""后发制人"战术，其出发点就是运动员竞技实力和参赛目标的最优化组合，根据比赛目标，确立控制好体能与速度分配，确保进入下一个赛次，最终进入决赛，在决赛中尽力拼搏获得理想成绩的参赛战术。"争权夺标"战术就是以最经济的办法逐层推进，把竞技能力保留到最后，其本质是指运动员在预赛、半决赛阶段，分别根据所有参赛运动员的水平和实力，以争取决赛权为目标，保留体能，控制速度，确保能进下一轮的情况下，按

---

[1] 许小冬.竞技信息及我国优秀选手对竞技信息的处理[M].北京体育大学学报，2005.

第十章　运动员竞赛调整与控制

预先设定的速度进行比赛，在决赛中再竭尽全力，力争以更好成绩去夺取优胜名次的比赛战术。"先发制人"战术更体现在心理层面，指在决赛的开始阶段就以超出所有对手的速度去压倒对手，获得领先优势，打乱对手动作和速度节奏，并在全程中竭尽全力始终保持这种优势，最终夺取金牌的比赛战术。"后发制人"是指运动员在激烈的竞争中，根据对手水平的临场情况调整心理与体力，控制节奏与速度，在比赛过程的大部分时间内并不急于领先，始终保持既定的速度和节奏，在比赛的最后阶段再加速冲刺，超越对手获胜。

"争权夺标"战术是运动员较广泛采用的一种战术。该战术有利于运动员在多个赛次的比赛阶段保存体力、迷惑对手，并在决赛中拼搏夺标。"先发制人"战术有利于运动员在气势上和心理上压倒对手，也有利于其在领先的情况下技术水平的充分发挥。该战术适宜于技术出众、实力强劲的超一流运动员。"后发制人"战术是部分运动员采用的一种典型战术。该战术要求运动员具备良好的速度与速度控制能力、优良的心理品质、必胜的信心和一拼到底的精神。[1]

2. 竞赛中期的自我控制

比赛就意味着竞争或对抗，参赛行为的可控和非可控性因素都将受到对抗或竞争的影响，受影响程度因项目不同而差异显著。在大多数体能主导类项目的比赛中，运动员参赛行为发生变化后，其可控性或外部干预可能性较小，特别是对于一个赛次竞赛时间短的项目尤其如此。但田径、游泳、举重、皮划艇、赛艇等项目中因为有赛次、轮次及赛次、轮次间隔，在能够进入下一赛次或轮次的前提下，运动员有时间对下一赛次或轮次的比赛过程进行调节。在一次比赛时间持续较长或者有比赛间隔的项目，如技战能主导类、球类集体、个人项目以及同场格斗等项目中，运动员可以通过自我调节或教练员干预来对参赛行为实施影响。[2] 不同项目运动员在参赛过程中对自身参赛行为的控制的可行性和实效性亦有不同。如果只是一场比赛，自我控制的难度就较大，特别是竞赛时间短暂且为连续性工作的项目，如短距离跑、游泳，成套动作组成的体操、跳水、花样游泳、艺术体操等，竞赛过程相对独立短暂，运动员参赛行为控制效果主要取决于运动员训练的水平。

人体系统功能具有动态稳定性，但也很容易受外界因素的影响，所以，赛中竞技状态与赛前竞技状态有密切联系，又有其相对独立的一面。尤其是多赛次、多轮次且持续时间足够长的比赛中，运动员的竞技状态需要根据比赛的进程而不断调整，因为赛前准备状态不可能完全渗透到比赛中，比赛过程更需要强大的自控力。在比赛过程中，运动员的自我控制、教练员以及相关工作人员的组织、配合都必须与竞赛过程的变化相适应。

3. 竞赛后期的自我控制

在比赛中后期，运动员体力和精力消耗都很大，比赛发挥的稳定性都有不同程度的下降，后期的自我控制显得尤为重要。高水平竞技或者实力相当的比赛拖到后期，决定参赛结果好坏的往往是参赛双方出现失误的次数和程度，而比赛中、后期，或者说相持阶段又

---

[1] 谭明义. 奥运会优秀游泳运动员参赛战术新特点[J]. 体育科技文献通报, 2005.
[2] 熊焰. 运动员竞技能力的参赛变异及其成因与对策[D]. 北京: 北京体育大学博士论文, 2011.

是失误的多发期。由于体能和心能的衰减，竞争双方的适应都可能引发运动员错误运用技战术，此时的运动员和教练员在专注于把握比赛节奏、及时调整技战术上就显得非常重要，运动员应当根据竞赛实时表现控制自身参赛行为。总体来讲，若整场比赛运动员发挥正常，就应该全力保持这一态势，直至比赛结束；若处于不利位置，就应该尽力完成比赛；若处于相持状态，则应加强自我控制，充分发挥竞技能力的优势因素，尽量避免失误出现。体能主导类项目的比赛后期，双方比拼的是运动员的意志力和洞察力，对自己比赛状态的强势控制和对赛场局势的深刻洞察。在技战能主导类项群比赛后期，比赛双方的外在表现是失误和连续失分现象，是双方制约与反制约效果，同时失误也是技战能主导类项目比赛中运动员竞技能力变异的一个重要指标。

体能主导和技能主导类项群项目的比赛过程大多数都是连续的不间断的，要求运动员不管处于什么状态下都应当全力专注于比赛。在重大比赛中，由于预想不到的比赛结果即将到来，运动员会因为意识和注意指向的突然改变而产生内心波动。技心能主导类项目运动员比赛的参与过程没有体能主导类和技战能主导类项目那样有较大范围的过程可操作性，每一次击发都不能够为自己所掌握，而且几乎没有时间进行补偿。技战能主导项群目的比赛节奏受对手制约明显，在任何一次比赛后期，运动员的行为方式对最后比赛的结果都将产生决定性影响，特别是在竞争激烈或比赛始终处于胶着状态的时候更是如此。技战能主导类的隔网对抗项群盘赛点期就具有这样的特征。在决定胜负的局盘赛点期，运动员的自信心、求生欲望、应激反应水平以及情绪调控等对最后结果都有着重要的制约作用，最后获得胜利的常常是那些整合水平较高的运动员。在同场和隔网对抗项目比赛中，通常具有体能与技能交互显现、发球与接发球攻击性并存、间质对抗时时空协同延搁、局盘赛点期频繁出现、竞技表现的僵持状态等特征。尤其是比分交替上升和局盘赛点期，运动员（队）更容易产生竞技表现正和负两个层次的极化现象，这是运动员（队）整体竞技能力和整合水平的综合反映，这一时间节点非可控因素对局盘赛点期运动员（队）可以产生积极和消极两个方面的影响。[1]

二、运动员调节机制

（一）心理辅导和心态调节

1. 客观的自我评价

自我评价是主观自己对客观自己的认识与评价，自我认识是自我对自我身心特征的认识，在这个基础上的自我评价就是对自己作出某种判断。积极而正确的自我评价对个人的思维习惯及其行为方式有较大影响，参赛时正确的自我评价更是能促使运动员静下心来客观分析自身优势和可能面临的困难。如果个人对自己的估计与社会上其他人对他客观评价的差异过于显著，就会影响个人与周围人之间的关系，进而产生矛盾，长此下去，将会形

---

[1] 熊焰. 运动员竞技能力的参赛变异及其成因与对策[D]. 北京：北京体育大学，2011.

成自满或自卑的稳定心理特征，对个人心理上的健康发展很不利。自我评价是在认识自我行为和活动的基础上产生的，是自我意识发展的主要标志和主要内容，也是通过一定的社会比较而实现的。由于运动员自我评价水平一般不高，常常是过高或过低，大多数人自视过高。因此，要提高自身的自我客观评价能力，就应学会与队友或对手进行比较，通过比较做出客观评价。还应积极借助别人的评价来审视自己，学会用客观公正的观点评价自己。

2. 成功的自我暗示

自我暗示训练是指运动员调动自己的思想、用自己的语言对自己的心理施加影响，来调整和控制自己的意志、情绪和注意力等心理活动，因而提高自我控制能力，并能在比赛过程中建立良好的心理状态。比如在比赛中的体操运动员，可以积极地进行自我暗示："我一定能做好，这个难度对我来说没什么问题。"类似这种鼓励的语言暗示不断地激励自己，克服消极心态，确立积极的良好的情绪状态，加大动作成功率。运动训练过程并非都紧张而激烈，必要的放松训练也十分重要。以自我暗示为主要手段的放松训练法，能起到缓解赛前紧张和消除训练疲劳的作用。生理学上讲，教练员在训练中可以通过语言暗示调节运动员植物性神经系统机能，使肌肉、关节和韧带等生理部位的能量消耗减小到最低限度，从而带动机体的其他系统的放松，实现恢复体力和脑力的目标。运动员可以静静地躺在垫子上闭目进行放松暗示，使心绪安静和四肢放松；暗示可以调节呼吸器官，保障有更好的呼吸节奏。成功的暗示还可以使血液循环加强，对内脏器官产生积极的影响，满足高强度训练和比赛的要求。

3. 有效的自我监控

运动员实现自我监控需经过自我体验向自我监控转化的过程。一般来讲，自我体验是主观的自我对客观自我所持有的一种态度，是主体因对自身的深入认识而引发的内心情感体验，如自信、自尊、自卑、自满、羞耻、内疚等都是自我体验。良好的自我体验有助于培养有效的自我监控，自我监控能力的提升有利于更好地把注意力集中到比赛目标上，保障比赛预定目标的实现。自我监控是对自我行为、思想与言语的控制，具体表现为发动作用和制止作用两个方面，也就是有效支配某种行为，抑制有碍于该行为进行或与该行为无关的行为。进行自我认知和自我体验的训练目的就是达到有效的自我监控的目的，进而调节自己的行为，使自身行为符合社会道德要求，符合群体规范，进而通过自我监控调节自己的认识活动，提高学习效率。

（二）倒时差及饮食调节

1. 时差调节

有些比赛可能离运动员生活和居住的地方很远，要经过长途飞行才能达到，这样日出和日落时间就会有显著差异，有时甚至相差十多个小时。这种时差状况需要运动员积极适应，否则会影响运动状态。众多研究和实践表明，改变时间和环境后运动员的竞赛状态呈明显下降趋势。可能是睡眠质量等原因导致运动员作息习惯被打乱，继而影响心理状态，竞赛状态受到心理因素的影响明显，例如在比赛过程中常见的紧张、焦虑、缺乏信心等现象即是如此。时差改变常会使运动员身体内正常的睡眠与觉醒周期受到干扰，导致失眠、情绪反常、反应迟钝、疲倦无力等时差反应的出现，直接影响运动员竞技状态，使之表现消极，特别是在那些动作复杂对协调性要求较高的动作中，运动员动作成功率明显降低。

有些运动员用自己的切身经历证实，进入差异明显的新时区后第一天的比赛状态与进入之前相比差异不明显，而进入第三天状态差别较显著，各项技术的统计得分也明显下降，第五天状态要比第三天稍好，但仍不如起初进入新时区之前的状态。可能是因为机体反应的滞后性，在到达新时区的第一天时差反应尚未产生多大影响，而随后的2~3天里表现明显，到第五天时运动员身体节律已开始稍适应新的环境，不良反应减弱。众所周知，血压、脉搏和肺活量等是反映心血管和呼吸系统机能状况的重要指标，也是反映人的体质状况的基本指标。研究表明，时差反应能使肺活量降低、血压升高、脉搏加快，影响运动员的身体机能。其原因可理解为时差打破了运动员原来生活地区的生活节奏，使得内在节律与外界环境非同步现象，导致人体机能节律受到环境干扰，人体机能很难立即适应，使得运动能力下降，继而竞赛状态也随之下降。[1]

房国梁等研究认为，运动员时差反应主要受睡眠习惯、睡眠类型、身体机能、性别、航行方向、跨时区数量、年龄、到达目的地的时间等因素的影响，主要导致运动员认知能力、运动能力、团队表现下降，要做好飞行前、飞行阶段及飞行后适应阶段的准备。可用褪黑素、咖啡因、镇静剂、安慰性等类型的药物干预，也可通过光照、饮食、小憩及社交活动等进行干预。[2]

2. 饮食调节

为了提高运动员运动成绩，教练员在赛前必须重视运动员身体的训练和调节，即采用多种方法来加大运动量和强度，使身体机体产生超量恢复，进而提升运动成绩，但却常常忽视运动员的饮食调节，甚至片面地认为只要饮食有营养，运动员在比赛前想吃什么就能吃什么，忽略营养的科学的搭配。从另一面讲，人体机能的承受力是有极限的，试图用大运动强度和运动量来突破这个极限是很困难的。如果重视科学饮食，使人体机能产生积极适应，来挖掘人体最大潜能，再辅以科学的训练方法，就能有效提高运动成绩。事实上，人体能量主要源于糖类、脂肪、蛋白质三大营养物质。糖和脂肪是人体能量供应的主要来源，而食物中的营养素则可分为糖类、脂肪、蛋白质、水、无机盐和维生素六大类，各种营养素都有其特殊的作用。而人体运动能源物质大致可分两类，一类是糖类、脂类、蛋白质为主的非磷酸化合物，另一类是三磷酸腺苷和磷酸肌酸为主的磷酸化合物。当前很多体能类项目赛前都比较重视高糖饮食，尤其是耐力项目更是如此，其方法主要是通过大运动量训练将运动员体内糖元耗尽，然后再连续2~3天食用鸡、鸭、鱼、肉、巧克力、牛奶等品类的高脂肪和高蛋白饮食，使体内糖元含量进一步降低，临近比赛前3天高糖饮食，使体内糖元

---

[1] 孙晓，李雷.时差对运动员竞赛状态和机能状况影响的研究[N].沈阳体育学院学报，2007.
[2] 房国梁，瞿超艺，赵杰修.时差反应对运动员的影响及应对策略[J].中国运动医学杂志，2015，34（9）：918-922.

储备至最高点时就参赛，容易比出优异成绩，对赛后恢复也有利。

水是人体的重要组成部分，水能促进营养物质的电离、分解和促进体内化学反应加速进行。水还能直接参与体内的水解、氧化及还原等生化反应。而无机盐的功能就是维持神经、肌肉系统的应激性，人体所需的无机盐种类常见的有20多种。运动量较大时会大量出汗，无机盐损失较多，因此，在平时运动员就要多注意铁类无机盐的补充。同时，在比赛中不仅消耗大量能量，同时也损失大量水分，尤其是天气较热时水分丧失会更多，因此在赛前要适量饮用矿物质水，补充水和无机盐的损失。[1]

维生素是维持人体正常生理机能不可缺少的营养素，不同维生素在体内都有其特殊作用，总的来说都是用来调节物质代谢，保证人体生理功能。维生素不是机体的构成材料，也不提供热能，但维生素对运动员来讲非常重要，不仅是运动员身体健康的重要保障，有些维生素甚至能直接影响人体的运动能力。多半微量元素都自然地存在于天然食物中，只要正常饮食，重视营养均衡就不会缺乏，但赛后或大运动量之后要注意补充。此外，由于高强度的运动，运动员体内也会出现氧亏现象，吸负离子和氧可加强神经系统的抑制过程，减缓神经系统活动加快和肺的高负荷反应，而且吸入负离子还可以改善肺的功能，提高心脏泵血能力，提升血红蛋白的工作效率，进一步提升运动员的恢复效率。

（三）参赛状态调节

参赛状态调节需要考虑多方面的因素，也应是运动员参赛准备要考虑的重要问题，通常采取运动员、教练员与总教练或领队三结合的方法进行。一般应先由总教练或领队提前做参赛动员工作并进行参赛准备，然后由教练员结合比赛任务和要求等进行参赛准备，最后再由运动员根据教练或领导要求做参赛准备，这是一个由上而下的过程。总教练或领队通常要完成宏观的参赛准备工作，而教练员和运动员需要密切配合，主要从微观的角度进行周到、严密的参赛准备。参赛准备不能只停留在口头上，更关键的是要落实到赛前和比赛工作中，需要有书面文字材料做记录或提示，使参赛准备更周全，为运动员进入更好的竞技状态做全方位准备。为达到此目标，运动员、教练员及总教练或领队都要围绕参赛目标制订各自的参赛准备计划或方案，并在讨论和修改完善后，严格按照准备程序付诸于参赛准备工作中。

1. 竞技状态诊断与调节

运动员可根据参赛准备进程和比赛的赛程安排，诊断自身竞技状态的形成情况及稳定程度。在具体的诊断过程中，可参照生理学标准、训练学标准和心理学标准，并结合诊断情况作适当调节。事实上，运动员在进行状态诊断时应同时关注比赛信息的收集，竞赛信息使运动员在比赛中做到知己知彼，对运动员竞技状态调节具有重要意义。在竞赛信息收集时，要首先掌握最新的竞赛规则和参赛指南，同时设法运用最先进的科技手段，了解相关运动队、运动员和主要对手的整体状况，包括"敌"我双方的近期竞技状态，譬如技术

---

[1] 王文.长跑运动员的饮食调节[N].洛阳医专学报，2002.

统计资料和战绩、主力运动员阵容组合及伤病情况、近期训练和比赛的影音与文字资料、技战术特征及优劣势等。通过对此类信息的收集、鉴别和分析,做到知己知彼、有的放矢。不仅如此,还要尽可能全面了解比赛环境各方面的情况,包括比赛器材、场地、环境、气候、气温、裁判、观众、赛场的实时消息等各方面的因素,使运动员、教练员做到心中有数,有备无患。运动员可以结合自身状况,根据收集到的资料信息,改善心态,安排赛前训练和作息时间,调节自己的竞技状态。

2. 制订参赛计划

参赛计划包括赛前训练计划和赛时的专门性计划。赛前训练计划主要包括准备周期、训练内容选择、训练负荷安排等;赛时的专门性计划则包括比赛方案设计、比赛任务和要求,双方情况对比,赛时运用的技战术,主力阵容配备,替补队员安排,赛前训练、准备活动的设计与要求,比赛中可能出现的各种不利情况的预测及应对措施,比赛期间的作息制度与生活要求,以及筹备会的安排。需要重点关注的是,由于参赛准备和比赛过程中会有一些突发事件,如运动员伤病等,这些措施都为运动员以最好的状态参赛提供了重要保障,也为运动员竞技状态调节奠定了基础。因此,参赛准备计划要有一定的弹性或灵活性,能及时根据临场的条件变化做出相应调整。[1]

三、运动员赛间保障

(一) 切实保障运动员合法权益

1. 保护运动员申诉权的价值

在众多的竞技体育法律关系主体中,运动员主体位于体育法律利益关系的核心环节,一切纠纷与根本利益都围绕他们展开。在实践中,运动员主体与其他的体育主体产生的各类纠纷常源于体育不当行为和非体育行为。体育不当行为通常是指违反体育道德精神或运动比赛规则,以及违反了体育组织最大利益的行为,这类体育不当行为往往会引发运动员主体与国家的体育行政机关、体育行业协会及竞赛组委会等主体之间的纠纷。当因体育不当行为的出现而产生业务上的纠纷时,各利益相关方首先可以寻求体育行业内部的纪律处罚、申请复议、调解等途径,其次则可以诉诸外部仲裁与诉讼等常用的纠纷解决机制。由于国家体育行政机关、体育行业协会、竞赛组委会依法享有对行业内部适用的管理处罚权,因此,运动员与国家体育行政机关、体育行业协会及竞赛组委会因管理而产生的法律关系属于内部行政法律关系。为了保证体育运动利益的最大化,运动员也要承认其内部纪律处罚权。然而,由于运动员自身的业务身份特征和自然人特性,相对而言,运动员主体在与国家体育行政机关、体育行业协会、竞赛组委会主体发生纠纷时,常处于弱势一方,因为那些机构本身就具有管理权。为了平衡双方的权利和义务关系,最大限度保障运动员的合

---

[1] 石岩. 论竞技参赛准备[J]. 中国体育教练员, 2005.

法权益不受侵犯，法律同时也赋予了运动员享有对国家体育行政机关、体育行业协会、竞赛组委会的处罚不服而申诉的权利。国家各级法律法规也都规定运动员对体育行政管理享有监督权，以使他们在合法权益遭受侵犯时能寻求法律救济。

2. 现行法律对运动员合法权益的规定

结合竞技体育实践现状，我国现行的体育法规规定：运动员在训练、比赛及社会活动过程中享有如下权利。①有参与训练和参加国内外各种体育竞赛的权利；②在各类竞技比赛中，对裁判员的判决不服具有向仲裁委员会提出申诉的权利；③有拒绝服用违禁药物的权利；④有获得竞赛优胜后的成绩奖励、奖金和荣誉称号的权利；⑤有进行深造和接受文化教育的权利；⑥有参与运动队民主管理的权利；⑦有享受国家规定的福利待遇的权利；⑧运动员与所在单位签订的合同期满后，有重新选择单位的权利。如果因国家体育行政机关、全国单项体育协会、竞赛组织委员会做出违法的或错误的决定与判决，或因国家工作人员的违法失职行为而使以上规定的权利受到侵害时，受害运动员具有依据现行法律法规向有关机关申诉、要求重新处理的权利。目前，现行体育法律法规、规章制度对解决体育纠纷的方式也做了具体规定。[1]

3. 运动员行使申诉权应注意的问题

广而言之，依据《宪法》精神，我国《刑事诉讼法》《行政诉讼法》《民事诉讼法》《行政复议法》及大量的行政法规等都相继规定了公民、法人和其他社会组织享有包括民事诉讼中的申诉、刑事诉讼中的申诉、行政诉讼中的申诉和非诉讼中的申诉等广泛的申诉权。依据我国的法律规定，我国公民行使申诉权，主要有两种情况：一种是对已发生法律效力的判决和裁定，当事人、被告人及其家属或者其他公民，可向人民法院或人民检察院提出申诉，要求改正或撤销原判决或者裁定；另一种是当公民对行政机关所做出的行政处罚决定不服时，可向有关国家机关或其上级机关提出申诉，要求改正或者撤销原决定。我国运动员的申诉权是相对狭义的申诉权，即运动员对体育行政机关所做出的行政处罚决定不服时，可向其上级机关或者有关国家机关提出申诉，求改正或者撤销原决定。据此来讲，我国运动员申诉权的实现途径就主要包括：行政复议、仲裁和行政诉讼。由于法律规定当事人需要根据纠纷的性质确定申诉的主体、程序、范围、时间等以便及时有效地行使申诉权，因此，运动员在行使申诉权时，应当根据自身案件的实际情况选择合适的申诉形式，从而以付出最小代价达到申诉目的。[1]

（二）科学安排运动员赛间训练

赛间训练是运动员参赛过程的重要环节，也是他们竞技能力保持和良好的竞技状态延续并创造优异成绩的重要保障。在多轮次比赛的项目中，赛间训练更是必不可少。赛间训练中应做好以下几方面的工作。

1. 合理安排负荷

在比赛期间，基本上各个项目都是按照高强度、小运动量的训练安排，安排大负荷强

---

[1] 彭昕. 运动员申诉权问题研究[N]. 武汉体育学院学报, 2010.

度时，为避免运动员过度疲劳，应做到以下几个方面。①根据队医或科研人员的测试情况，结合运动员的自我感觉来确定训练内容，一旦发现运动员有疲劳症状，应立即进行调整或减量。②大负荷积累后，安排小强度负荷，保证运动员机体出现超量恢复。③做好充分的准备活动，并安排不同训练内容交替进行。[1]④尽可能采用科学的恢复方法和手段，加快运动员的恢复速度。事实上，对赛前运动负荷的控制主要在于对负荷强度和运动量大小的确定，以及对某一时间区间负荷量度的把握。比赛期间需要解决的任务有很多，对团体类多轮次竞赛项目而言，仅仅靠比赛的运动量尚不能完全满足整个赛季训练的要求，而且一味追求比赛的负荷强度，会影响负荷量，其结果是运动员竞技状态难以长时间保持。通常情况下，会把小负荷课的安排放在大负荷课之后，使第二次课不至于明显增加机体的疲劳。此外，再通过一些生物学的恢复手段作为辅助手段，促进机体恢复。[2]同时在每一次训练课的内容安排上也注意不同负荷的交替，这样既保证训练时间，又有利于恢复。

2. 对不同运动员做到区别对待

集体性项目是要求多个运动员集体参赛，在训练时对于新、老运动员应结合他们的训练需求做到区别对待。区别对待是指在运动训练中，根据运动员的个人特点，针对性地确定各自的训练任务、方法、手段和运动负荷。年轻运动员身体素质相对较好，体能水平高，但各项技术水平发展尚需提升，心理素质也不够稳定，尤其是在激烈的对抗中很容易发生动作变形。因此，年轻运动员在训练时应全面发展身体素质，循序渐进地提高各项技术。老运动员的各项技术相对全面，但在体能上可能不如年轻运动员，为了维持现有的竞技水平并保持最佳状态，应尊重个体差异，本着扬长补短的原则安排训练。这样在新老队员共同参与的比赛中，用老运动员的经验稳定军心，同时激发年轻运动员的拼搏精神，充分发挥新老运动员的合力。[3]

3. 强化个人特长技术

个人特长技术是指个人最擅长使用的而又能经常得分的技术，也是比赛中的主要的得分手段和基础。在团体项目中，多数战术变化都是围绕着运动员个人特长技术来安排的。为了在比赛中充分发挥特长技术的优势，运动员在平时训练中几乎都要反复练习自己的特长技术，使特长技术和实战战术配合更加默契。据多项团体类运动的技术统计结果显示，一个队取胜的关键是个人特长技术占据一定的优势，并针对有优势的个人特长技术来合理安排战术。赛间训练能够不断改进和提高个人特长技术水平，强化个人特长技术，为比赛获胜创造条件。

4. 针对性的战术演练

实战演练主要是模拟比赛环境，根据所掌握的主要对手的信息，进行针对性的战术训练，尤其重视高强度实战状态下的训练演习。相对而言，对于体能、技能、心理能力主导的单人项目，比赛过程中受到的直接干扰相对较少，战术演练如同平常训练，只是进一步强化了战术环

---

[1] 刘卫军. 对中国国家队女子柔道运动员赛前训练节奏安排的研究[J]. 中国体育科技, 1999.
[2] 过家兴,等. 体能类项优秀运动员重大比赛前训练安排的规律[N]. 北京体育大学学报, 1995.
[3] 邹本旭. 新赛制、新规则下排球赛间训练的研究[N]. 沈阳体育学院学报, 2002.

节。对集体对抗性项目来讲，战术强化训练就能充分发挥集体的合力，有利于新老运动员的配合。针对老队员头脑冷静、技术全面的特点，在模拟实战演练中则主要是处理关键环节的节奏，准确把握进攻时机，准确运用集体战术，能最大限度地稳定军心。针对年轻队员敢打敢拼、体力充沛、动作灵活的特点，一旦比出气势就更能超常发挥。实战演练更重要的是发挥其补弱功能，在实战中队员可以结合主要特长，针对自己的薄弱环节提高战术能力和整体实力。[1]

5. 科学安排放松训练

放松训练的主要目的就是放松肌肉消除紧张。放松训练是促进运动员身心恢复的重要措施之一，也是心理训练的基础。放松训练的直接目的是通过机体肌肉的放松使整个机体代谢水平降低，实现心理上的松弛，进而使机体内环境平衡稳定。从原理上讲，放松训练主要是对"身"和"心"的调适，就是在意识控制下使肌肉放松，同时间接松弛紧张的情绪，实现心理轻松的状态，有利于身心健康。现代运动竞技的快节奏和高压力比赛方式使运动员常要面对各种训练及比赛的压力和刺激，要求他们必须产生积极的应激反应。应激引起的机体反应包括生理和心理的多个方面。生理反应主要包括两种：一种是肾上腺反应，表现为交感神经活动加强，肾上腺髓质释放儿茶酚胺增加，使血压升高、心率增快、呼吸加速、肌肉张力增强等；另一种为垂体—肾上腺皮质反应，能促使肾上腺皮质激素（ACTH）的大量分泌，ACTH等肾上腺素皮质的分泌活动可直接促进糖皮质激素分泌增加，从而引起抑制炎症反应、对抗过敏反应、血糖升高等一系列反应。心理反应在性质上也可分为两类：一类是提升应激能力的；另一类是干扰应激能力的，例如过度焦虑、情绪激动等，这些消极的认知反应能引起认知和自我评价的障碍。

从放松方法上讲，运动员赛间训练可选用以下方法。①膈肌呼吸法。为了实现较高代谢水平的身体和心理放松，应首先使用膈肌呼吸技术。膈肌呼吸属于腹式呼吸，此种呼吸是最基本的腔内压力管理技术，可认为是所有其他呼吸训练技术的先驱。通过全力专注于呼吸以清除心理杂念，在心理练习期间，运动员应尝试以放松的、自然的态度采用有节奏的深呼吸，避免过度换气和屏息。②渐进肌肉放松法。渐进肌肉放松法（PMR）是由通过控制肌肉张力调节躯体的唤醒水平，进而促进身心放松的放松方法，本质上就是合理控制肌内紧张和放松阶段。理论上讲，此技术就是一种通过交叉控制过程而发挥由身体放松引起心理放松的作用。多数情况下，减少肌肉张力能增加动作的平顺性、流畅性和有效性，增加关节活动范围。对运动员来讲，不论在赛前还是赛后，这都可认为是一种非常有效的自我调节技能。③自生训练法。自生训练是指自律神经丛由交感转换为副交感优势的训练过程。对于那些受伤运动员、身体不舒服或无法经受激烈张力的选手来讲，可以不必为每个肌群实施PMR，而将注意力集中在特定四肢或肌群之上。④心智意象法。心智意象定义为认知的心理技能，即运动员以心智演练动作，以视觉、听觉、动觉、嗅觉及外在线索，通过意象模拟真实情况。意象的最初阶段是指运动员相对简单的、视觉的角度采取单一感觉开始，这样有助于技术的成功率。与学习其他技术一样，从简单至复杂。运动员以静态

---

[1] 邹本旭. 新赛制、新规则下排球赛间训练的研究[J]. 沈阳体育学院学报，2002.

简单意象开始,通过不断练习,意象清晰度或细节会越来越明显,有些人甚至天生就具有这种能力,但毫无疑问,每个人都可通过重复的练习得到改善。⑤催眠法。虽然催眠常被大众所误解,但它作为改变一些行为表现或心理唤醒的有效工具,催眠可定义为过度暗示所引起的状态反应,将与运动员表现有关的正面行为根植于意识中。譬如,一些运动员缺少自我效能感或自认为无法胜任某项任务,因而无法有效管理自身身体资源,但经身体检测及教练的判断后,却发现运动员具有卓越的潜力。这样的话就可通过催眠法进行放松训练。⑥系统的脱敏作用法。系统脱敏作用法应是运动员意像放松训练的一种类型和形式。运动员在意像放松开始的时候可能会经历轻微的焦虑,但较强的放松意识能更好地克服运动员焦虑或一些其他不适应现象。维持放松状态时,运动员应持续练习技术,直到能轻松自如地掌握意像。运动员应按照层级步骤进行,在经历了轻微的焦虑恐惧后,并藉由PMR和有节奏的呼吸产生放松加以克服。

第三节 参赛总结与调整

一、参赛总结概述

教练员和运动员在比赛结束后,反思检查参赛的情况,明确成绩和不足,总结经验与教训,并将其写成书面文字,就是参赛总结。参赛总结是指赛后对以往训练和竞赛工作进行全面系统的反思与回顾,检查参赛计划执行情况,通过分析研究,把散乱的感性认识进一步归纳梳理,使之条理化和系统化,并上升到理性认识,从中总结经验教训,形成规律性的知识和书面材料。

(一)参赛总结的意义

1. 参赛总结是积累训练和参赛工作经验的重要环节

参赛本身就是对以往训练工作的检验,参赛总结可以全面系统地了解以往训练和当前的竞赛情况,哪些方面应该发扬,哪些问题应该改进,使运动员和教练员对这些做到心中有数,这样他们对以后的训练和竞赛才会有明确的方向,积累更丰富的经验。

2. 参赛总结是探寻训练和参赛工作规律的重要手段

通过参赛总结,教练员和运动员都可以从成功的参赛经历中获取宝贵的经验,或者从失败中吸取教训。对这些问题的思考本身也是一种对参赛规律的探索,为他们在以后的训练竞赛中提供指导,避免一些错误的发生。从参赛总结中升华而来的规律性的东西非常重要,可作为以后训练和竞赛所遵循的基本准则。

3. 参赛总结是提升运动员和教练员工作能力的重要途径

对他们而言，参赛总结是对过去训练和参赛过程的一次完整回顾，也是对前面所积累的知识的一次系统概括和梳理，是一次思维锻炼和自我提升的过程，更是一次由模糊的实践经验向清晰的参赛理论的转化。

（二）参赛总结的时机

1. 赛中及时总结

体育竞赛过程复杂且变化多端，什么样情况都有可能出现，因此，教练员和运动员要针对比赛中出现的各种问题及时总结经验和教训，客观准确地评价前面的比赛情况，这样才更有利于在接下来的比赛中发挥出应有的水平。一般在比赛中会每天安排一次参赛总结，使教练员和运动员做到心中有数，确保比赛方案的有效执行。但是在比赛初期或开局不利的情况下，为避免情况变得更糟，及时进行参赛总结也非常必要。在过去的大赛中经常有类似的事情发生，某一运动员在第一个项目冲击金牌失利后，代表团就及时进行参赛总结，调整参赛方案，在总结失利原因的同时，调整了该运动员参加的第二个项目的比赛安排，并积极进行赛前动员，提振运动员信息，结果在第二天的比赛中就实现了冲金的愿望。事实上，在开局较好或总体表现较理想情况下，也要进行参赛总结，只不过形式和内容侧重上有所不同，一般不再采取集体开会的形式。

2. 赛后全面总结

通常认为，参赛总结就是指在比赛结束后运动员和教练员联合进行的全面总结。一般做法是在比赛结束后，经过短暂的休整，大家对比赛情况及一些细节问题还记忆犹新，内心已恢复了平静，就组织大家总结全队集体或个人的参赛情况。这种参赛总结有两种主要形式：一种是先由个人进行自我总结，在此基础上再由全队做总结；也可以根据具体情况，先由全队进行集体总结，然后再安排个人进行总结。另一种算是延时参赛总结，即在比赛结束后先休息1~2周，再进行全队集体和运动员个人参赛总结。这种情况通常用于一般赛事，且运动员表现正常，或者周期较大的赛事，运动员经过长期的备战也很疲惫，延时总结更符合赛后的实际情况。

（三）参赛总结的归因思路

1. 客观和适度的评价

参赛归因就是对比赛结果的解释，是对由比赛而引起的因果关系的一种探寻，也就是从哪些视角和方面解释运动员比赛成绩的好坏。因此，对比赛结果的正确归因是赛后一项不容忽视的工作，其归因思路也应引起足够重视。赛场就是巅峰对决，比赛有胜负，没有人能永远获得冠军，所以客观适度的评价应该是赛后归因的一条基本准则。在竞技体育实践中，比赛夺标后的一荣俱荣的总结屡见不鲜，比赛失利后的一无是处的总结也很常见，这是不客观的。事实上，不管成功还是失败都将对运动员在比赛后产生很大的心理触动，失利后怪"天气"和"运气",与反思自己有很大不同,如果不能帮助运动员在赛后平衡自己的心态,并减弱比赛结果带来的影响,成功或失败带给运动员的可能都不是动力,而是潜在的阻力。所以,客观而适度的评价更容易被运动员所接受,也应成为他们自己的归因思路,在此基础上将功过分开,肯定自己的获得,也认识某些方面的不足。

2. 积极而理性的归纳

对运动员而言,比赛过程是一场巨大的消耗,身体疲乏、心力交瘁是正常现象,若结果不理想,很容易使运动员产生消极的情绪反应。例如,有些运动员在比赛失利后,感觉已经很努力了,就怀疑"自己是不是干这一行的料""要不要再继续"等想法,肯定不利于提高今后的努力程度。积极和理性的视角看,一分付出就会有一分收获的,成绩的取得也有教练员和相关人员共同付出的结果。教练员要做好运动员的归因工作,不仅要有积极理性的思考,还要学习有关归因的理论与方法,同时还要不断实践。不管成功还是失败,运动员在赛后出现的消极心理都是心态失衡的反映,应引起足够注意。对成功者的赞扬要适度和理性,教练员应多指出他们尚存在的不足之处。处于荣誉状态的运动员忘乎所以的并不罕见,因此,教他们理性地认识自己很有必要。而对失败者应多帮助、多鼓励,教练员要冷静分析失败的主客观原因,及时找出克服问题的方法,努力引导他们以积极心态向下一个目标进军。

二、参赛总结的种类、内容和撰写

(一)参赛总结的种类

参赛总结的种类有很多种,按范围可分为集体、个人参赛总结;按内容可分为技术、战术、心理等参赛总结;按比赛类别可分为一般比赛与重大比赛、国内比赛与国外比赛等参赛总结;按性质可分为全面参赛总结、专题经验参赛总结。划分的角度不同而命名不同,以下3种参赛总结较为常见。

1. 全面参赛总结

通常是指某训练单位、某体育主管部门、运动员或教练员个人在一段时间里对训练与竞赛工作的整体综合和全面概括的书面总结,如年终工作总结。其特点是篇幅较长,涉及范围广,既要反映纵的系统,又要反映横的断面,有时还要求反映全方位情况。

2. 专题参赛总结

也叫专题或典型经验总结。这是对有关单位、部门或运动员个人在一定时间里针对某一项工作或某一个问题的经验或教训所做的专门性总结,如参赛方案、信息回避、参赛管理工作经验总结等。一般侧重于从某方面进行总结,可以重点写出做法和经验,也可以着重探寻问题,从中总结教训。其特点是内容单一而集中,针对性强,分析问题透彻。一般是总结典型经验,以便推广。

3. 参赛工作小结

这是在整个参赛过程中的某一段落之后的工作总结，类似于参赛工作记录的形式，其目的是及时记录参赛者工作中的关键信息，其特点是内容简单，覆盖范围较小，有概括性，篇幅不长。

（二）参赛总结的内容

参赛总结的主体是教练员和运动员，总结内容要重点突出，根据全队或个人的需要，尽可能覆盖与参赛相关的多方面内容。按照赛程的推进，可将参赛总结内容分为以下3个主要方面。

1. 赛前准备情况

①信息的处理，即赛前和准备会上收集、整理的对手信息与临场实际比赛况是否相符。

②参赛设计，即制订的作战方案与对手的实际攻守打法是否相符。

③赛前训练情况，即在比赛阶段，运动员训练计划的实施情况及训练效果，对方的赛前训练等。

2. 赛时临场表现

①运动员执行力，即运动员贯彻教练员的战术意图及全队和个人任务的完成的情况。

②运动员应变能力，即运动员根据临场赛势的变化，在场上的机动性、创造性和应变能力的表现情况；涉及直接得分、失分、关键分和机会把握的能力及处理情况。

③参赛心理状态，即赛场上运动员心理因素中情绪、思维和意志方面的表现情况。

④运动员抗干扰情况，即对待观众、对手以及裁判等异常情况，全队和个人赛风方面的表现等。

3. 赛后的反思

①运动员比赛的适应能力如何。

②教练员临场指挥的情况。

③运动员和教练员学习对手的长处和吸收教训等。

（三）总结报告的撰写

参赛总结一般是由以下5个部分构成：标题、前言、主要工作成绩、赛后体会、存在问题和今后工作打算。

1. 总结标题的写法

标题即总结的名称，参赛总结的标题有多种形式，最常见的由比赛名称、时间、主要内容、文种4个要素组成。常见的参赛总结的标题有两种形式：单行标题形式和双行标题形式。如果是专题经验总结，可以将主要内容、性质作为标题，总结的标题只是内容概括，"总结"二字不出现在标题中，如"超常心理训练的跨越式发展"。还有的总结采用双标题，用主标题概括总结的内容或主题，用副标题补充说明总结的具体对象和工作，如"加强关键技术训练，提高比赛成功率——参加××世界锦标赛的经验"。

2. 总结"前言"的写法

前言写在参赛总结的开头。用简短、精炼的文字，概括交代总结的内容；或引出主要内容；或说明所要总结的问题时间、地点、背景、事情的起因、经过和结果等；或者将参赛总结的主要内容、主要经验、主要成绩和效果等作概况提示；或者将参赛的过程、基本情况、取得的突出成绩等作简单的介绍，为阅读、理解全篇总结打下基础。

3. 主要工作成绩的写法

这是总结的主要部分、核心部分。这部分篇幅大、内容多、范围广，特别要注意结构完整、层次分明、条理清晰。这部分一般应详细叙述、总结事件的过程、措施、体会、经验、教训，并且要做理论的概括，总结出规律性的东西。主要工作成绩部分写作的好坏，是决定参赛总结优劣的关键部分。常见的结构形式有以下3种：

①纵式结构。就是按事物或实践活动的发展过程安排内容。写作时，把总结所包括的时间划分为几个阶段，按时间顺序分别叙述每个阶段的成绩、措施、经验、体会等。这种写法的好处是能把事物或社会活动的全过程表述清楚，但写不好就记成流水账了，所以要注意主题的把握。

②横式结构。按事物的性质和规律的不同，归纳后分门别类地依次展开写作，使各层次之间呈现并列的关系。这种写法的好处是各层次的内容鲜明集中，而且容易突出主要环节。在实际工作中，采用此种写法的较多。

③纵横式结构。安排内容时，既要考虑时间的先后顺序，体现事物的发展过程，又要注意事物的逻辑关系，从几方面总结出经验教训，这种写法运用范围较广。此种写法多数是以时间为主线，先用纵式写出事物发展各阶段的成绩和主要问题，然后用横式归纳写出经验教训，把横式写法的优势融入进去。以上3种写法，在写作中可以根据实际情况和需要进行选择。

4. 赛后体会的写法

赛后体会着重从思想认识或理念来总结自身通过一段时间训练与参赛工作得到的提升，是总结的重要部分。此部分篇幅应少于主要工作成绩部分，要求一定要有哲理性、思想性、启示性、规律性，应认真提炼、归纳自己一段时间或一次比赛中感受最深、思想触动最大、对今后训练与参赛工作具有指导意义和启示的思想和认识等。这种体会和认识可以是一条或几条，应是发自内心的和正确的，应具有理论思考的特性。在写作时要善于归纳并上升为理性认识，体现理论深度，不要就事论事。

5. 存在问题和今后打算的写法

对于参赛过程中的问题，要客观理性、实事求是、一分为二地看，要不回避问题，勇于解剖自己。对存在的主要问题要进行深入分析，根据问题提出对应措施或今后的工作打算。结尾部分或指出存在的问题，或提出今后努力方向，或表示自己的态度，但此部分篇幅不宜过大。

三、参赛总结的撰写原则及应注意的问题

（一）参赛总结的原则

1. 实事求是原则

对所总结的内容，要依据实际训练与参赛情况，做到一分为二、全面辩证的分析，处理好现象与本质、主流与枝节等的关系，不夸大成绩，不回避问题，不弄虚作假。不可否认，有些时候因为碍于自己的面子，在撰写参赛总结时故意夸大成绩、文过饰非。参赛总结的一个重要功能就是要能指导今后的训练工作实践，所以，必须客观反映训练工作中的经验、成绩、问题、教训，不掩饰错误，不夸耀成绩，既报喜也报忧，绝不能脱离实际地胡编乱造。但也要防止以下几种情况：①领导让写，就随便写几行敷衍过去，不结合实际也不谈问题；②把总结当作自我吹嘘、捞取好处的机会，于是弄虚作假、捏造事实，将小事说成大事；③出于所谓的"谦虚"，该写的不写，或是写了怕人讽刺就不写。这些都不是实事求是的态度。

2. 重点突出原则

参赛总结的本身就是对获得的成绩、存在的问题、认识的规律、发现的思想的一种提炼。在广泛收集材料的基础上，要进行认真分析重点事实，分析主要内容和典型材料，切忌将总结中的几个部分像记流水账一样，平均使用笔墨，缺乏详略安排，侧重点不明，没能突出要总结的主要内容。事实上，不管是训练还是参赛，对于不同单位、不同实践的主体、不同阶段而言，会出现不同的侧重点。总结是写给人看的，条理不清，层次不明，特色不突出，人们就看不下去，即使看了也不知其所以然，这样就达不到总结的目的。

3. 以事明理原则

参赛总结不能只停留于对事实的描述上，而应从事实中揭示规律性的认识，从中归纳出经验教训。参赛总结要根据所做工作的特点，通过剖析具有典型意义的事例反映带有规律性的经验和教训。

（二）参赛总结的应注意的问题

1. 做好参赛总结的准备工作

撰写参赛总结前要全面收集材料，尽可能对所要总结的参赛工作要十分了解和熟悉，最好通过多种形式听取多方意见，深入了解相关情况，或者把总结的想法、意图提出来，同有关人员商量。通过认真回顾参加某一次比赛的过程，紧紧围绕参赛总结的总标题，精心归纳和构建参赛总结的框架，构思总结各部分的小标题。紧紧围绕标题，认真收集各部分所需材料。这些材料包括：①正确的认识和清晰的工作思路。②科学的工作方法、得力的工作措施、有效的工作研究、典型案例和突出成果。③获得的各种成绩、荣誉称号等。④其他能说明问题的有关材料。

2. 做好参赛总结定位

参赛总结定位应分为两个方面。第一，对自己的身份定位。即参赛总结一定要围绕某一次比赛来进行。要根据自己所在的部门，所处的职位，所从事的运动项目来写，最好不要超出自己的职责范围。第二，要注意对参赛总结风格进行定位。参赛总结报告中要含有工作目标、工作完成情况、工作思路及后续影响等，也就是对工作完成的情况要有一个总结，这个总结可以是纯文字性的，也可以既有文字说明又有图表，这是对参赛工作总结的文本要求。另外，要善于使用表格及图表，因为表格及图表有一目了然的效果，插入表格或图表可以使参赛总结既生动又易懂。

3. 要全力探寻参赛活动规律

参赛任务无论是超额完成还是未完成，均有其原因。参赛总结要对其原因进行全面仔细的分析，从对人、财、物、设备、时间、环境、工作方法等的管理方面进行分析总结。总结要根据取得的成绩和存在的问题进行分析，不是检讨或表功，要从理性的高度挖掘事物的本质及规律，要从正反两方面总结出经验和教训。要考虑以后的训练和参赛工作，为下一步工作做准备和铺垫，以指导今后的训练及参赛工作。

思 考 题

1. 影响运动员的参赛因素有哪些？
2. 赛前应该做好什么准备？
3. 如何调节参赛状态？
4. 应如何撰写赛后总结？

参考文献

[1] 包晗. 高校体育运动训练理论教学与实践——评《体育院校通用教材：运动训练学》[J]. 新闻与写作, 2016（7）: 127.

[2] 陈小平. 运动训练长期计划模式的发展——从经典训练分期理论到"板块"训练分期理论[J]. 体育科学, 2016, 36（2）: 3-13.

[3] 陈小平. 对马特维耶夫"训练周期"理论的审视[J]. 中国体育科技, 2003, 39（4）: 6-9.

[4] 邓运龙. 竞技体育的训练原则与训练规律的基本关系[J]. 体育科技文献通报, 2008（4）: 12-14.

[5] 陈晓英. 对训练周期理论与板块训练理论的再审视[J]. 体育学刊. 2008（11）.

[6] 高玉花. 技战能主导类隔网对抗性项群的竞技特征及训练要求[J]. 中国体育教练员, 2016, 24（4）: 10-13.

[7] 黄诚. 帆船比赛规则遵守与利用的技战术案例分析[J]. 体育科研, 2010, 31（1）: 44-47.

[8] 黄竹杭. 集体项目运动员战术意识形成过程的理论探讨[J]. 北京体育大学学报, 2003（5）: 685-687.

[9] 黄宝军. 浅谈运动训练的原则[J]. 辽阳石油化工高等专科学校学报, 1999（3）: 3-5.

[10] 郝选明. 运动训练基本原理[J]. 中国体育教练员, 1994（4）: 12-13.

[11] 康士华, 刘硕. 身体功能训练在青少年摔跤运动员身体素质训练中的应用[J]. 辽宁体育科技, 2020, 42（3）: 126-128.

[12] 李林. 我国运动训练学理论体系的现状分析及未来发展[J]. 当代体育科技, 2017, 7（7）: 1-3.

[13] 孟范生, 项贤林, 张忠新. 中国女排奥运攻关研究报告——我国女排主要对手技战术特征分析[J]. 体育科研, 2008, 29（6）: 30-33.

[14] 倪俊嵘, 杨威. 从运动训练周期的"板块结构"理论看刘翔的训练特点[J]. 军事体育进修学院学报, 2006（2）: 60-63.

[15] 欧阳鹏. 提升高校图书馆的社会服务功能——以嘉应学院图书馆青少年足球战术训练设计案例资源库的理论框架构建为例[J]. 科技视界, 2018（7）: 82-85, 50.

[16] 仇乃民. 复杂性科学视角下运动训练超量恢复原理的重新解读[J]. 山东体育学院学报, 2018, 34（4）: 99-104.

[17] 申利军, 左斌. 冰球运动员竞技能力形成的主导影响因素[J]. 冰雪运动, 2013, 35（6）: 19-22.

[18] 孙琰琰.浅析人文关怀在运动训练中的重要性[J].体育科技文献通报,2017,25（8）:144-145.

[19] 苏平,王新国,杨亚红.论难美技能类项群的美学特征与技术创新[J].体育成人教育刊,2003,19（2）:79-80.

[20] 田麦久.运动训练学理论体系中竞技参赛问题的分野[J].中国体育教练员,2020,28（1）:3-6,17.

[21] 田麦久.关于运动训练原则的辩证思考[J].北京体育大学学报,2010,33（3）:1-9.

[22] 田麦久,田烈,高玉花.运动训练理论核心概念的界定及认知的深化[J].天津体育学院报,2020（5）:497-505.

[23] 田麦久.关于运动训练原则的辩证思考[J].北京体育大学学报,2010,33（3）:1-9.

[24] 王雷,陈亮,方千华.运动训练学的学科起源新探：一种知识谱系视角的考察[J].北京体育大学学报,2017,40（5）:100-107,113.

[25] 王游洋.篮球运动员战术意识的形成过程及其训练策略研究[J].吉林广播电视大学学报,2015（12）:151-152.

[26] 王宏.技能主导类表现难美性项群的竞技特点与训练要求[J].中国体育教练员,2016,24（4）:6-9.

[27] 王三保,田麦久,刘大庆.运动训练理论与实践研究进展综述[J].当代体育科技,2013,3（24）:48-49.

[28] 吴鲁梁,谢军.运动训练专业应用型人才培养的路径探析[J].青少年体育,2016（5）:106-107.

[29] 许新,李莉.难美项群青少年运动员艺术表现力提升之管窥[J].体育科技文献通报,2016,24（11）.

[30] 向军.我国运动训练理论研究进展的Citespace分析[J].南京体育学院学报,2019,2（8）:66-73.

[31] 张辉,虞丽娟,刘雅玲,等.中国乒乓球队奥运攻关研究报告——国外主要对手技战术特征分析[J].体育科研,2008,29（6）:6-9.

[32] 张鹏,李炳林,张荣.论技巧类表现难美性项群表现力之异同[J].当代体育科技,2013,3（14）:130-131.

[33] 郑伟.对正确实施技术训练计划的合理控制[J].中国体育科技,1998（3）:3-5.

[34] 张莉清,刘大庆.近5年我国运动训练学若干热点问题的研究[J].体育科学,2016,36（5）:71-77.

[35] 赵启赢.关于竞技体操美学特征的研究[J].北京体育大学高访论文,2000.

[36] 林崇德.心理学大辞典[M].上海：上海教育出版社,2003.

[37] 田麦久,刘大庆.运动训练学[M].北京：人民体育出版社,2012.

[38] 徐本力.运动训练学[M].北京：人民体育出版社,1999.

[39] 钱钰,蒋丽,殷劲.高原训练理论探新——高原训练"天花板"理论的构想及其初步实验研究[C].中国体育科学学会,2018:2.

[40] 张莉清.运动训练学热点问题进展（2016-2019）[C].中国体育科学学会,2019:2.

[41] 中国体育科学学会.第五届中国多巴高原训练与健康国际研讨会论文摘要集[C].中国体育科学学会,2018:2.

[42] 中国体育科学学会.第十一届全国体育科学大会论文摘要汇编[C].中国体育科学大会,2019:2.

[43] 刘建和.论运动技术的序列发展与分群演进[D].北京：北京体育大学,2006.

[44] 王隽.我国男排运动员下肢关节稳定性的评价指标和干预手段研究[D].北京：北京体育大学,2014.